R&B

Tom Hodgkinson

Die Kunst, frei zu sein

Handbuch für ein schönes Leben

Aus dem Englischen
von Bernd Rullkötter

ROGNER & BERNHARD
BEI ZWEITAUSENDEINS

1. Auflage, April 2007.
2. Auflage, August 2007.

Die Originalausgabe erschien 2006 unter dem Titel
How To Be Free bei Penguin Books Ltd, Großbritannien.

ISBN 978-3-8077-1025-9
www.rogner-bernhard.de

Lektorat: Anita Krätzer, München.
Umschlag: Philippa Walz und Andreas Opiolka, Stuttgart.
Satz und Herstellung: Dieter Kohler GmbH, Wallerstein.
Gesetzt aus der Galliard.
Druck und Einband: Kösel, Krugzell.
Printed in Germany.

Dieses Buch gibt es nur bei Zweitausendeins im Versand,
Postfach, D-60381 Frankfurt am Main,
Telefon 069-4208000, Fax 069-415003.
Internet www.Zweitausendeins.de, E-Mail Service@Zweitausendeins.de.
Oder in den Zweitausendeins-Läden in Berlin, Darmstadt, Düsseldorf,
Frankfurt am Main, Freiburg, 2 x in Hamburg, in Hannover, Köln, Leipzig,
Mannheim, München, Nürnberg, Stuttgart.

In der Schweiz über buch 2000, Postfach 89, CH-8910 Affoltern a. A.

Für Victoria

Inhalt

Einführung

In jedem Schrei von jedermann,
In Kindesjammern, Stimmenwirrn,
In jedem Fluch ich hören kann
Vom Geist geschmiedet Fesseln klirrn.

William Blake, »Lieder der Unschuld und Erfahrung«, 1794

Dies ist ein Buch über das gute Leben, und seinen Kern bildet eine schlichte Wahrheit: Wenn du die Göttin der Freiheit willkommen heißt, wird das Leben leichter und billiger und macht erheblich mehr Spaß. Ich möchte zeigen, wie man die »vom Geist geschmiedet Fesseln« entfernt und die Freiheit erwirbt, sich ein eigenes Leben zu schaffen. Nachdem ich mein letztes Buch, *Anleitung zum Müßiggang,* beendet hatte, wurde mir klar, dass Müßiggang für mich fast das Gleiche wie Freiheit ist. Müßig zu sein heißt, frei zu leben. Müßig zu sein heißt, nach seinen eigenen Regeln zu leben. Müßig zu sein heißt, das zusammenzufügen, was getrennt worden ist.

Ich habe versucht, drei Gedankenstränge zu einer Philosophie des Alltagslebens zu verknüpfen, und zwar Freiheit, Frohsinn und Verantwortung beziehungsweise Anarchie, Mittelalterlichkeit und Existenzialismus. Es ist ein Lebensansatz, den man auch als »Spaß haben« oder »Tun, was einem gefällt« bezeichnen könnte. Die westliche Welt hat zugelassen, dass ihr – und uns – Freiheit, Frohsinn und Verantwortung abhandengekommen und durch Gier, Konkurrenz, einsames Streben, Fadheit, Schulden, McDonald's und GlaxoSmithKline ersetzt wurden. Das Konsumzeitalter bietet viele Bequemlichkeiten, doch wenig Freiheit. Die Regierungen reiten, wie es ihrem Wesen entspricht, endlose Attacken gegen unsere Bürgerrechte und schieben Gesundheit und Sicherheit vor, um ihre Macht auszuweiten.

In meiner Suche nach Freiheit würde ich mich als Anarchisten definieren. Anarchie bedeutet, dass Verträge zwischen Individuen, nicht zwischen Bürger und Staat geschlossen werden. Sie basiert eher auf dem Standpunkt, dass die Menschen im Grunde gut sind und in Ruhe gelassen werden sollten, als auf der puritanischen Ansicht, dass wir alle böse sind und von der Obrigkeit kontrolliert werden müssen. Im Mittelalter organisierten die Menschen die Dinge trotz der bestehenden Hierarchien selbst. Die große Mehrheit der in diesem Buch beschriebenen Fesseln hatte man damals noch nicht erfunden. Das Leben war selbstbestimmt und voller Vielfalt.

Heutzutage brauchen wir eine radikale Neudefinition menschlicher Beziehungen, die nicht der Gier des globalen Kapitalismus, sondern den lokalen Bedürfnissen dient. Unser Leben ist in unzählige Fragmente zersplittert, und unser Ziel muss es sein, sie wieder zu einer harmonischen Einheit zusammenzufügen. Dabei liefern uns nicht nur die mittelalterliche Ordnung sowie die Anarchisten und die Existenzialisten Hilfestellungen, sondern auch eine ganze Reihe historischer Persönlichkeiten. Zu Wort kommen werden Aristoteles, der heilige Franz von Assisi, der heilige Thomas von Aquin, die Romantiker, William Cobbett, John Stuart Mill, John Ruskin, William Morris, Oscar Wilde, die Zurück-aufs-Land-Bewegung, Chesterton, Eric Gill und die Distributisten, Bertrand Russell, Orwell, die Situationisten, die Yippies, die Punks und Radikalen der siebziger Jahre wie John Seymour, Ivan Illich oder E. F. Schumacher. Sie alle sind Teil der langen Geschichte, in welcher die Idee der wahre Freiheit ermöglichenden Kooperation statt der Konkurrenz gefördert wird. Wie wir sehen werden, gibt es eine starke Tradition, Geld, Eigentum und Business als Hauptziele des Lebens abzulehnen. Wir müssen aufhören, von anderen zu erwarten, dass sie unser Leben in Ordnung bringen, und stattdessen darauf vertrauen, dass wir selbst dazu in der Lage sind. Wir sind freie Geister. Wir verbitten uns die Einmischung in unsere Angelegenheiten, und wir widersetzen uns der Einmischung in die Angelegenheiten anderer.

In diesem Buch befasse ich mich mit den Schranken der Freiheit und mit unserer Möglichkeit, Angst, Furcht, Hypotheken, Geld, Gewissensbisse, Schulden, Regierungen, Langeweile, Supermärkte, Rechnungen, Melancholie, Schmerz, Depressionen und Verschwendung loszuwerden. Wir haben diesen Feinden Macht über uns verliehen, und nur wir selbst können diese Macht brechen. Es hat keinen Sinn, jammernd herumzusitzen und zu hoffen, dass uns jemand anderes diese Aufgabe abnimmt. Wir müssen vielmehr begreifen, dass all diese Bürden »vom Geist geschmiedet« sind, und schon öffnet sich die Pforte zum Garten der Freiheit.

Im Leben geht es unter anderem darum, verlorene Freiheiten wiederzuerlangen. Durch Ausbildung und Arbeit bestätigen wir einander in dem Glauben, weder frei noch verantwortlich zu sein. Wir schaffen eine Welt der Verbindlichkeiten, Pflichten und Aufgaben und vergessen, dass das Leben von Spontaneität, Freude und Liebe erfüllt sein sollte. Deshalb suche ich in der Vergangenheit nach Ideen für die Zukunft. Die Griechen blickten zum Goldenen Zeitalter zurück, die Römer zu den Griechen, Virgil und Ovid zu einer bukolischen Idylle. Im Mittelalter wiederum schaute man zurück zu den Griechen und zu einem einfacheren Leben. Mehr noch, ein Merkmal jeder Epoche ist ihre Rekonstruktion der »alten Zeiten«, in denen die Menschen glücklich und die Dinge leichter waren.

Der Rückgriff auf eine vermeintlich ideale Vergangenheit ist allerdings durchaus keine realitätsferne Nostalgie, sondern vielmehr eine Methode des Voranschreitens, des Entscheidens über die Prioritäten des Lebens. Und die Vergangenheit ist viel besser als die Zukunft dazu geeignet, nach Ideen für eine Lebensgestaltung zu suchen, denn die Zukunft ist reine Fantasie, während sich die Vergangenheit tatsächlich ereignet hat. Der Traum von einer technologischen Zukunftsutopie, in der Maschinen sämtliche Arbeiten verrichten, ist dummes Zeug.

Wie wird man frei? Nun, ob es dir gefällt oder nicht: Du bist frei. Die eigentliche Frage lautet, ob du dich dafür entscheidest, von deiner Freiheit Gebrauch zu machen. Das Innere des Menschen ist von einem fundamentalen Nichts erfüllt. Wir haben uns unser Universum selbst geschaffen. Das Leben ist absurd. Gott ist Liebe. Wir sind frei.

Tod den Supermärkten
Back Brot
Spiel Ukulele
Öffne den Gemeindesaal
Aktionismus ist sinnlos
Hör auf zu jammern
Mach Musik
Hör auf zu konsumieren
Fang an zu produzieren
Zurück aufs Land
Vernichte den Wucher
Liebe die Schönheit
Akzeptiere die Armut
Schwing den Meißel
Ignoriere den Staat
Reform ist sinnlos
Anarchie im Vereinigten Königreich
Schwing den Spaten
Nutze das Pferd
Preise den Federkiel
Liebe deinen Nächsten
Sei kreativ
Befreie deinen Geist
Grab die Erde um
Mach Kompost
Das Leben ist absurd
Wir sind frei
Sei fröhlich

1

Verjag die Angst; sei sorglos

Lebet in Freuden, o meine Freunde,
frei von Sorgen, Verwirrung, Angst, Kummer,
lebet in Freuden.

Marsilius Ficinus, zitiert von Robert Burton, in: Anatomie der Melancholie, 1641

Bring mir meinen Bogen aus brennendem Gold!
Bring mir meine Pfeile der Hoffnung!

Blake, »Milton«, 1804

Es ist uns egal.

Punk-Parole, 1977

Was die Angst betrifft, so kann ich sagen: Es ist nicht deine Schuld. Wirf die Last ab. Jenes schreckliche, nagende, ekelerregende Gefühl, dass alles schiefgeht, verbunden mit einem chronischen Empfinden der Ohnmacht, ist schlicht die Folge eines Lebens in einer ängstlichen Zeit, in der man von Puritanern unterdrückt, durch seine Karriere geknebelt, von Vorgesetzten erniedrigt, von Banken attackiert, von Berühmtheiten verführt sowie durch das Fernsehen gelangweilt wird und dauernd zwischen Hoffnung, Furcht und Bedauern schwankt. Es – das Ding, der Mann, das System, die Genossenschaft, das Konzept, wie immer man die Machtstrukturen nennen will – wünscht sich, dass du Angst hast. Angst passt prima zum Status quo. Ängstliche Menschen sind gute Konsumenten und gute Arbeiter. Deshalb lieben Regierungen und das Big Business den Terrorismus – sie finden ihn wunderbar; er ist gut fürs Geschäft. Angst treibt uns zurück in die Behaglichkeit des Einkaufens mit Kreditkarten und in die Bequemlichkeit des schlechten Essens. Deshalb erzeugt das System absichtlich Angst, die es gleichzeitig zu beseitigen verspricht.

Die ständigen Schauermärchen in den Zeitungen über eine steigende Kriminalität machen uns ängstlich. Zeitungen liefern Unterhaltung und Klatsch, also Geschichten, die unser Bedürfnis nach Schock und Horror befriedigen. Das tun sie vortrefflich. Blättere mal an einem beliebigen Tag die *Daily Mail* durch, und du wirst feststellen, dass neun von zehn Artikeln negativ und beunruhigend sind. Jede Radio- oder Fernsehnachrichtensendung, jede Zeitung und viele unserer täglichen Gespräche verstärken die eine Botschaft: Mach dir Sorgen, mach dir Sorgen, mach dir Sorgen. Es ist eine gefährliche Welt da draußen, voll von verrückten, selbstmörderischen, Bomben werfenden Terroristen und Mördern und Dieben und Schurken und Naturkatastrophen. Bleib zu Hause! Sieh fern! Kauf dir Sachen im Internet! Leg dich aufs Sofa und guck dir eine DVD an! Mit den Worten des Black-Flag-Songs »TV Party«: »Das Fernsehen kennt sich aus, alles ist ein Graus!« Wie in George Orwells *1984* wird uns weisgemacht, wir befänden uns in einem dauernden Kriegszustand – nur dass sich der Feind manchmal ändere. Wir führen jetzt nicht mehr Krieg gegen die IRA, sondern gegen al-Qaida. Ein anderer Feind, die gleiche Angst und das gleiche Ergebnis: Ohnmacht der Massen.

Aber wenn wir uns ein paar Minuten lang die Mühe machen, solche Mythen zu analysieren, merken wir bald, dass es sich lediglich um zweckmäßige Erfindungen handelt. Laut dem brillanten Angstanalytiker Brian Dean ist die Kriminalität in den letzten 150 Jahren recht konstant geblieben. Dean meint, unsere Furcht vor Verbrechen stehe in keinem Verhältnis zur Realität. Tatsache ist, dass die Wahrscheinlichkeit, Autounfälle und Herzkrankheiten zu erleiden, weit größer für uns ist als die Gefahr, Opfer eines Verbrechens zu werden. Im Vereinigten Königreich sterben täglich zehn Menschen durch einen Autounfall und Hunderte an einer Herzkrankheit – aber niemand fordert, die Autos zu verbieten oder den Stress, der das Herz belastet, zu kriminalisieren. Die Wurzel des Problems liegt, so Dean, in der Propaganda der Unsicherheit: »Unser Glaube bestimmt unsere Wirklichkeit. Wenn wir glauben, dass das Universum durch und durch *unsicher* ist, dann haben wir ständig Angst – keine gute Arbeitsvoraussetzung für unser Gehirn.«

Unsere in Form des verflixten Stellensystems organisierte Arbeit bietet keinen Ausweg, da es so viele von uns zu sinnloser Schufterei verurteilt. E. F. Schumacher war der große Denker, der das Buch *Die Rückkehr zum menschlichen Maß* verfasste. Im Grunde seines Herzens Anarchist und Müßiggänger, erklärte er, die schiere Größe, das gigantische, unmögliche, schwindelerregende Ausmaß des heutigen Kapitalismus schwäche den Geist. Seiner Meinung nach hat diese Enormität die Arbeit zu etwas Sinnlosem, Langweiligem, Seelenzerstörendem gemacht, mit dem man sich abzufinden habe; kein Vergnügen mehr, sondern ein notwendiges Übel. In seinem Buch *Das Ende unserer Epoche* führt er aus, dass die Industriegesellschaft Angst hervorrufe, weil sie uns dadurch, dass sie primär auf Habgier setze – also auf etwas, das im Mittelalter zu den Sünden gezählt wurde –, keine Zeit lasse, unsere edleren Anlagen auszuleben:

> … der gegenwärtigen Industriegesellschaft haftet allenthalben dieser Makel an, dass in ihr unaufhörlich Unmäßigkeit, Neid und Geiz angestachelt werden. … Damit wird sie mechanisch, künstlich, entfernt sich von der Natur, nützt nur einen Bruchteil der Fähigkeiten, über die der Mensch verfügt, und verurteilt die Mehrzahl der arbeitenden Menschen dazu, ihr Arbeitsleben auf eine Weise zu verbringen, bei der es keine wichtigen Aufgaben, keinen Anreiz zur Selbstvervollkommnung, keine Gelegenheit zur Entwicklung und keinen Platz für das Schöne, Wahre oder Gute gibt.
>
> Daher sage ich, es ist ein großes Übel der modernen Industriegesellschaft – möglicherweise ihr größtes –, dass sie durch ihre Kompliziertheit den Menschen eine unmäßige psychische Belastung auferlegt und einen übermäßigen Anteil ihrer Aufmerksamkeit beansprucht.

Unter den heutigen Gegebenheiten konsumieren wir, wenn wir nicht arbeiten. Sobald wir die Fabriktore hinter uns lassen, pumpen wir unseren Lohn durch unseren Einkauf im Supermarkt sofort wieder ins System zurück. Wir erleben eine seltsame Spaltung in unseren gesellschaftlichen Rollen als Arbeiter und Konsument oder als Unterdrückter und Umworbener. Im neunzehnten Jahrhundert wussten die Menschen wenigstens, dass sie lediglich ein Paar Hände zum Betreiben einer Maschine waren und dass sie für den Profit eines anderen ausgebeutet wurden. Deshalb war es möglicherweise leichter aufzubegehren. Der Kontrakt war eindeutig. Wir alle wissen, dass sich unter den Arbeitern des neunzehnten Jahrhunderts, der Zeit des Schuftens und der Sklaverei, eine starke Widerstandskultur entwickelte. Heute dagegen werden wir, sobald wir uns von der Fabrik auf den Heimweg begeben, von allen Seiten mit Werbung überflutet. Die Dienstleistungskultur macht uns zu kleinen Fürsten, umgeben von affektiert lächelnden Höflingen, die sich bei uns einschmeicheln, damit wir ihnen unser Bargeld überreichen oder zulassen, dass sie uns zu nahe treten. Sie vermitteln uns das Gefühl, wichtig zu sein. Die Welt der Werbung praktiziert ihre schwarze Magie der Verführung. In *Die Gesellschaft als Spektakel* (1967) drückte der unglaublich sorglose Situationist Guy Debord es folgendermaßen aus:

> Dieser Arbeiter, von der vollständigen Verachtung plötzlich reingewaschen, die ihm durch alle Organisations- und Überwachungsbedingungen der Produktion deutlich gezeigt wird, findet sich jeden Tag außerhalb dieser Produktion, in der Verkleidung des Konsumenten, mit überaus zuvorkommender Höflichkeit scheinbar wie ein Erwachsener behandelt. Da nimmt der Humanismus der Ware den Arbeiter »in seiner arbeitslosen Zeit und als Mensch« in die Hand ganz einfach deswegen, weil die politische Ökonomie diese Sphären beherrschen kann und muss.

Die Welt des Kommerz behandelt uns alle wie Stars: »weil du es wert bist«. Ihre Vertreter rutschen vor uns auf dem Bauch bis zu dem Moment, in dem wir unsere Kontendaten herausrücken. Dann werden wir beiseitegestoßen und für alle Ewigkeit ins Fegefeuer – in die Warteschleife einer Kundendienstleitung – verbannt. Was für Idioten wir sind.

Der gesamte Apparat der modernen Staatskontrolle dient ebenfalls dem Zweck, uns nervös zu machen. Die Institutionen und Geräte, die unserem Komfort und unserer Sicherheit dienen sollen, bewirken genau das Gegenteil, weil sie uns dauernd an Gefahren erinnern: Polizei, Blitzer, Überwachungskameras, Warnanlagen. Die beiden finsteren Gefängniswärter Gesundheit und Sicherheit werden von den Manipulateuren benutzt, um unsere Freiheit immer stärker zu gängeln. Hier lohnt ein Blick in die Geschichte: Als der britische Innenminister Robert Peel beispielsweise 1828 die Gründung der Polizei vorschlug, ging ein gewaltiger Aufschrei durch die Bevölkerung, die dies als Angriff auf ihre Freiheit empfand. Bevor eine der Regierung unterstellte Polizei eingeführt wurde, waren lokal gewählte Konstabler für die Einhaltung der Gesetze zuständig. Heute gibt es einen riesigen Staatsapparat, der sich vielleicht 50 000 unverbesserlichen Kriminellen im Land widmet, worunter auch die 60 Millionen gesetzestreuen Bürger zu leiden haben. Denn diese Einrichtungen schränken unsere spontane Lebensfreude, unser Vergnügen ein.

Ich bin gegen Kriminalität, aber nicht weil ich moralische Einwände gegen Rechtsbrüche hätte – im Gegenteil, ich fühle mich zu Kriminellen und ASBO*-Kids gerade deshalb hingezogen, weil ihr Verhalten signalisiert, dass

* *Anti-Social Behaviour Order*, besonders auf Jugendliche, die ihre Nachbarn belästigen, zielende Auflagen (Anm. d. Übers.)

sie nicht bereit sind, sich der Obrigkeit unterzuordnen. Straffälligkeit ist ein Zeichen des Lebens. Ich bin gegen Verbrechen, weil sie das Regierungssystem stärken: Jedem Verbrechen folgen zehnfache Angriffe auf die persönliche Freiheit aller Bürger. Eine Bombe führt zu tausend neuen Gesetzen. Regierungen lieben die Kriminalität, denn sie liefert ihnen eine Existenzgrundlage – den Schutz der Bürger – und einen Vorwand dafür, Kontrolle über uns auszuüben. Deshalb sollte der wahre Anarchist kriminelle Taten um jeden Preis meiden.

George Orwells Roman *1984* wird auch in anderer Hinsicht Realität. Während ich diese Zeilen schreibe, bemüht sich die amerikanische Regierung um einen gerichtlichen Zugang zu den Unterlagen von Google. Die Suchmaschine zeichnet all unsere Internetrecherchen auf und kann dadurch einen Einblick in die innersten Vorgänge unseres Geistes geben. Das Internet ist in Gefahr, von einem Instrument der Befreiung zu einem Instrument der Überwachung, einem Spion in jedem Heim, zu werden. Das Gleiche könnte mit unseren E-Mails geschehen. Unsere intimste Korrespondenz wird registriert, aufgezeichnet, gespeichert und für immer auf einer gigantischen Festplatte verwahrt, damit die Behörden sie bei Bedarf überprüfen können. Big Brother beobachtet uns nicht nur, er belauscht uns auch und späht sogar in unsere Gehirne und inspiziert den Inhalt unserer Seelen. Schlimmer noch: Wir haben uns diesem System freiwillig unterworfen. So etwas kam bei der Royal Mail nie vor. Und nun naht im Vereinigten Königreich eine neue Gefahr für unsere Bürgerrechte in Form von Personalausweisen, auf denen man unsere Vergehen festhält.

Angst und die Tatsache, dass wir von Angst auslösenden Faktoren umgeben sind, bilden den Kern des kapitalistischen Projekts. Deshalb sage ich: *»Es ist nicht deine Schuld.«* Überall pflegt man den gleichen Mythos: Du bist nur ein Objekt vom Glück entfernt. Es könnte das neueste U2-Album sein oder die Spende an eine Wohltätigkeitsorganisation, eine umfassendere Versicherungspolice, eine andere Kreditkarte, ein fabelhafter Urlaub, ein besserer Arbeitsplatz, ein schnelleres Auto ... Wie oft wir auch durch das Scheitern dieses Mythos, uns Befriedigung zu verschaffen, enttäuscht werden mögen – wir kehren doch immer wieder zu ihm zurück. Mit den Worten von Penny Rimbaud, dem Gründer der Punkband CRASS, »füttern wir die Hand, die uns beißt«. Wir bleiben unbefriedigt. Der Kapitalismus ist ständig und immerwährend enttäuschend. Das, was uns Freiheit verspricht, kann rasch zu dem werden, was uns unterdrückt.

Angst bedeutet Aufgabe von Kreativität im Dienst der Sicherheit. Sie steht für den Verzicht auf persönliche Freiheiten im Austausch für das nie erfüllte Versprechen von Behaglichkeit, Baumwolle und klimatisierten Einkaufszentren. Sicherheit ist ein Mythos – es gibt sie nicht. Das hält uns jedoch nicht davon ab, ihr dauernd nachzujagen.

Manche von uns empfinden eine Art Freude an der Angst. Vor kurzem saß ich neben einem freundlichen Mann von über sechzig Jahren im Speisewagen eines Zuges. Er fragte mich, ob ich einen Blick in seinen *Evening Standard* werfen wolle. Ich verneinte mit der Begründung, dass Zeitungen mich beunruhigten, weil sie mich mit einer Menge von Problemen konfrontierten, denen gegenüber ich völlig ohnmächtig sei. Er erwiderte: »Oh, ich bin gern beunruhigt. Dann kippe ich mir einen hinter die Binde!«

Skandalöserweise werden wir vom medizinischen Dealer-Establishment noch immer in dem Glauben gewiegt, Herzkrankheiten könnten durch mechanische Verfahren vermieden werden, etwa dadurch, dass man aufhört zu rauchen oder dass man Giftpillen schluckt. Dabei liegt es eindeutig auf der Hand, dass die wahre Ursache von Herzkrankheiten ein besorgtes Herz ist.

Müßiggang und Nichtstun – *buchstäblich* nichts tun – können beim Kampf gegen die Angst helfen. Eine mögliche Strategie besteht darin, sein Ich zu vergessen, es abzulegen und die Dinge durch sich hindurchfließen zu lassen. Das wird von Nietzsche empfohlen:

> Die Thüren und Fenster des Bewusstseins zeitweilig schließen; von dem Lärm und Kampf, mit dem unsre Unterwelt von dienstbaren Organen für und gegen einander arbeitet, unbehelligt bleiben; ein wenig Stille, ein wenig *tabula rasa* des Bewusstseins, damit wieder Platz wird für Neues, vor Allem für die vornehmeren Funktionen und Funktionäre, für Regieren, Voraussehn, Vorausbestimmen (denn unser Organismus ist oligarchisch eingerichtet) – das ist der Nutzen der, wie gesagt, aktiven Vergesslichkeit, einer Thürwärterin gleichsam, einer Aufrechterhalterin der seelischen Ordnung, der Ruhe, der Etiquette: womit sofort abzusehn ist, inwiefern es kein Glück, keine Heiterkeit, keine Hoffnung, keinen Stolz, keine *Gegenwart* geben könnte ohne Vergesslichkeit.

Mit »Vergesslichkeit« meint Nietzsche die Fähigkeit, leben zu lernen. Die Erinnerung kann ein Feind sein. Wie oft liegen wir nachts wach und lassen uns all die Dinge quälend durch den Kopf gehen, die wir in Zukunft noch tun müssen oder die wir in der Vergangenheit falsch gemacht haben? Darum finde ich gemäßigte Besäufnisse wunderbar, solange die Qualität der Getränke hoch ist. Real Ale ist Kompost für die Seele. Aus dem gleichen Grund ist es wichtig, vernünftige Sachen zu lesen. Präge dir hochwertigen Stoff mit hochwertigen Bestandteilen ein. Eine Kost aus guten Schriften, ohne bescheuerte Zeitungen und Zeitschriften, welche die Angst nur erhöhen, bringt wertvolle Gedanken und einen unabhängigen, einfallsreichen Menschen hervor. Ernähre deinen Geist.

Im Gartenbau kommt die weniger aufwendige Mulchtechnik in Mode. Dabei bedeckt man den Boden mit reichhaltigen organischen Stoffen, statt ihn mühsam alljährlich umzugraben. Das ist ein natürliches, kaum Arbeit erforderndes Verfahren. Es erlaubt der Natur, sich mit minimaler Einmischung durch den Menschen zu entwickeln. Das Gleiche gilt für deinen Geist: Mulche ihn mit hochwertigen Bestandteilen – Büchern, Lebensmitteln und Schönheit. Dann wird er fruchtbar und bringt nützliche und schöne Dinge hervor. Den Geist zu mulchen ist ebenfalls weit weniger arbeitsintensiv, als ihn umzugraben. Letzteres kann sogar schädlich sein, da es die Samen von Unkraut an die Oberfläche bringt, die sonst inaktiv geblieben wären. Diese Unkrautsamen keimen nun und sorgen für eine neue Ladung unnötiger Arbeit.

Außerdem brauchen wir eine Diät aus anregender Gesellschaft, gutem Mut, Frohsinn und Spaß. »Guter Mut« oder, in der heutigen Umgangssprache, »mit seinen Kumpeln einen draufmachen« ist eine der größten Wonnen, die das Leben zu bieten hat, und kann die bestehenden Angstgefühle auslöschen, hauptsächlich dadurch, dass man sie miteinander teilt. Es ist ungeheuer hilfreich, Zeitungen und Fernsehen aus seinem Leben zu verbannen. Mir ist es gelungen, mich auf eine Zeitung pro Woche zu beschränken, so dass ich viel mehr Zeit habe, mich auf die wichtigen Dinge des Lebens zu konzentrieren, zum Beispiel auf das Trinken und die Musik. Ersetze das Fernsehen durch Freunde und die Zeitungen durch Bücher.

Jenen von uns, die »eingepfercht in der Großstadt« sind, wie Coleridge es ausdrückte, würde ich dringend empfehlen, auf die U-Bahn zu verzichten und stattdessen mit dem Rad zu fahren. Ich bin zwei Jahre lang mit dem Fahrrad nach London gependelt, rund 25 Kilometer täglich, was fast zwei Stunden dauerte. Welch eine Freude das war! Das Fahrradfahren erzeugt ein berauschendes Gefühl der Freiheit und der Selbstbestimmung sowie eine sehr angenehme Genugtuung darüber, kein Geld auszugeben. Du rollst durch die Stadt – in ihr, doch kein Teil von ihr, lebst in ihr, doch bist nicht von ihr kontrolliert. In Bussen und Zügen bist du eine leichte Beute für die Nutzer von Plakatwänden. Auf einem Fahrrad kannst du einfach an ihnen vorbeisausen. Manche nennen »Gefahr« als Grund dafür, nicht mit dem Rad zu fahren, aber das ist ein lächerlicher Vorwand und ein Beispiel für die Jämmerlichkeit, die ich mit diesem Buch bekämpfen will. Was macht es schon, wenn unser Leben ein wenig Gefahr enthält? Das ist doch gut. Wach auf! Wenn du dich aber partout mit dem Gedanken an ein Fahrrad nicht anfreunden kannst, dann plane viel Zeit für deine Reise ein und setz dich auf das Oberdeck des Busses. Auch das kann ein großes Vergnügen sein, und zwar aus dem gleichen Grund: Du schwebst durch die Stadt, als distanzierter Beobachter. Ich habe im Bus Momente wahrer Freude erlebt, Momente, in denen ich fast alles, was ich eben geschrieben habe, in der Überzeugung hätte bestreiten können, dies sei eine wunderschöne Welt. Oder geh zu Fuß! Spaziere durch die Parks und bewundere die prächtigen Gärten! Aber verzichte in jedem Fall auf die U-Bahn. Mein Freund Mark Manning, auch bekannt als Zodiac Mindwarp, sagt: »Ich kann nicht schweigend dasitzen und Leute anstarren, die ich nicht kenne.«

Eine weitere Strategie für die Bewältigung der Angst besteht darin, seinen Tag abwechslungsreich zu gestalten. Es ist eine der Freuden des Lebens auf dem Lande, dass man eine Menge körperlicher Arbeit verrichten muss. An drei oder vier Nachmittagen pro Woche stapfe ich zu meinem Gemüsegarten und pflanze, grabe, jäte, karre Mist oder gucke einfach vor mich hin. Rein geistige Arbeit ist erstickend. »Offensichtlich ist es viel leichter für einen schwer arbeitenden Bauern, seinen Geist auf das Göttliche einzustellen, als für einen überstrapazierten Büroangestellten«, sagte Schumacher. Mein Nachbar, Farmer John, liefert den Beweis dafür. Eines der großartigen Dinge daran, Bauer zu sein, meint er, sei die viele Zeit, die man zum intensiven Nachdenken habe.

Ein weiterer Vorschlag: *Geh nicht ins Fitness-Studio*. In ihnen zählen nur Eitelkeit und Geld und das absurde Streben nach Perfektion. Hier wird das Konsumethos auf den Körper übertragen. Sie richten sich gegen das Denken, und ihre riesigen Bildschirme löschen unseren Geist aus und lenken uns von uns selbst ab. Manchmal habe ich das Gefühl, dass wir im Leben kaum noch etwas anderes tun, als auf Bildschirme zu starren. Bei der Arbeit starren wir den ganzen Tag lang auf einen Bildschirm. Im Fitness-Studio tun wir das Gleiche. Auch in Bussen sind Mini-bildschirme angebracht worden. Ebenso in Zügen. Dann kommen wir nach Hause und starren auf unseren Computermonitor, bevor wir uns dem Fernseher zuwenden. Zur Unterhaltung blicken wir Kinoleinwände an. Arbeit, Erholung und Spiel – überall betrachten wir Bildschirme. Sie machen uns zu passiven Empfängern. Zertrümmere den Bildschirm und such dir stattdessen einen Bleistift und ein Stück Papier. Leb wohl, Fernsehen; hallo, Kreide!

Der Neo-Luddit Kirkpatrick Sale war auf der richtigen Fährte, als er auf der Bühne einen Monitor zerschmetterte. Dadurch, dass Bildschirme uns ständig das Leben anderer vorführen, entheben sie uns der Verantwortung, uns ein eigenes Leben aufzubauen. Wir schauen zu, wie andere etwas tun, statt selbst etwas zu unternehmen. Dadurch werden wir ganz und gar ohnmächtig, und Ohnmacht führt zu Angst. Angst führt zum Einkaufen. Einkaufen führt zu Schulden. Und Schulden führen uns zurück zur Angst.

Eine andere einfache Lösung für die Angst besteht darin, sich einer fatalistischen Theologie zuzuwenden. Zum Beispiel sind Katholiken wahrscheinlich weniger ängstlich als Protestanten, und Buddhisten sind mit Sicherheit weniger ängstlich als Juden. Wenn man glaubt, dass man kaum etwas Vernünftigeres tun kann, als sich zu amüsieren, schwindet die Angst ebenfalls. Wenn man jedoch eine puritanische Haltung vertritt und meint, eine schrecklich wichtige Rolle in der Welt zu spielen und etwas leisten zu müssen, dann erhöht sich die Angst. Wichtigtuerei erzeugt Angst (siehe Kapitel 24). Wir müssen lernen, *uns keine Sorgen zu machen.* – Nicht im Sinne des Egoismus, sondern im Sinne der Sorglosigkeit. Heutzutage rühmen wir uns, »fürsorgliche Menschen« zu sein, und werfen Blumen auf die Gräber von Fremden, um etwaigen Betrachtern unseren »fürsorglichen« Charakter zu demonstrieren. »Ich bin ein wirklich fürsorglicher Mensch«, sagen wir – was nichts anderes bedeutet, als dass wir uns die Probleme anderer ohne jeglichen Nutzen aufladen. Das Gerede von Fürsorglichkeit ist scheinheilig.

Also befreie dich von der Fürsorglichkeit. Es ist deine revolutionäre Pflicht als Freiheitssucher, fröhlich und sorglos zu werden. Hör auf zu arbeiten; hör auf einzukaufen; fang an zu leben. Feiere und trinke. Iss Kapaune und guten Schinken. Trink Gewürzweine und vortreffliche Biere. Sieh zu, dass dein Tisch unter Speisen ächzt. Stell Marmelade und Chutney her. Spiel Drehorgel. Ich habe gerade meinen Haus-Pub in ein Musikzimmer verwandelt. Wir haben ein altes Nachtclub-Klavier gefunden, das fast nichts gekostet hat. Nun können wir gemeinsam Lieder um den alten Klimperkasten herum singen. Genau wie deine Angst ein Produkt deiner Fantasie ist, wenn auch unter dem Einfluss der kommerziellen Welt, hat deine Fantasie die Macht, sie durch guten Mut zu ersetzen.

FAHR RAD

2
Wirf die Fesseln der Langeweile ab

Lass andre über die bösen Zeiten klagen.
Ich klage darüber, dass sie jämmerlich sind,
denn sie sind ohne Leidenschaft …
Mein Leben wird einfarbig.
Kierkegaard

Wäre die zeitgenössische Wissenschaft aufgeklärter und scharfsichtiger, dann würde sie mit Sicherheit Langeweile als einen der größten Mörder der modernen Welt einstufen. Der belgische Schriftsteller Raoul Vaneigem, einer jener anarchischen Drückeberger, die Situationisten genannt werden, und ein Freund von Guy Debord, stellte in *Handbuch der Lebenskunst für die jüngeren Generationen* (1967) fest: »Die Menschen sterben an Langeweile.« Ich glaube, dass dies im Wortsinne zutrifft. Trägheit und Langeweile sind nicht nur Feinde des fröhlichen Lebens, sondern Mörder. Es würde mich nicht im Geringsten überraschen, wenn man eines Tages feststellte, dass Langeweile krebserregend ist.

Die Langeweile wurde im Jahr 1760 erfunden. Das war das Jahr, in dem man das Wort, wie der Hochschullehrer Lars Svendsen in seiner ausgezeichneten Untersuchung *Kleine Philosophie der Langeweile* (2005) schreibt, zum ersten Mal im Englischen benutzte. Die andere große Erfindung jener Zeit war die Spinning Jenny, eine frühe Spinnmaschine, die den Beginn der industriellen Revolution ankündigte. Mit anderen Worten: Die Arbeitsteilung und die Verwandlung von angenehmer, unabhängiger Tätigkeit in ermüdende Sklavenarbeit ließ also die Langeweile entstehen.

Und wir sind äußerst gelangweilt. Wenn man zwischen 15 und 17 Uhr Chat-Rooms und Foren im Internet aufsucht, stößt man auf Hunderte von Mitteilungen, in denen Büroangestellte klagen: »Ich bin gelangweilt, gelangweilt, gelangweilt!« Diese Hilferufe, diese verzweifelten Aufschreie gefangener Geister sind wie Flaschenbotschaften, die in den Äther, in die Ozeane des Cyberspace hinausgesandt werden. Die Büroangestellten hoffen, dass jemand dort draußen sie hört und ihnen vielleicht zu Hilfe kommt. Aber die Chancen sind natürlich gering.

Vor einiger Zeit habe ich an der Zusammenstellung eines Buches mit dem Titel *Crap Jobs* (Drecksarbeiten) mitgewirkt. Wir hatten die Leser des *Idler* gebeten, uns ihre Geschichten über die Hölle am Arbeitsplatz zu schicken, und mir fiel auf, wie viele die Langeweile als einen der schlimmsten Aspekte ihres Arbeitslebens anführten. Dieser Umstand war für sie geradezu unerträglich, und sie wehrten sich mit allen möglichen Mitteln dagegen: mit Sabotage, groben Scherzen mit Kollegen, verantwortungslosen Handlungen. Eines der Probleme besteht darin, dass viele heutige Tätigkeiten gerade genug Konzentration erfordern, um dich nicht eindösen zu lassen, doch nicht genug, um deinen Geist wirklich in Anspruch zu nehmen. Rein mechanische Arbeiten können zum Beispiel der Beschäftigung in einem Call-Center vorzuziehen sein. Call-Center langweilen ihre Kunden zu Tränen und ihre Angestellten zu Tode, und eine schlechte Bezahlung verbindet sich mit der Ungewissheit, welcher enervierende Anruf als Nächstes folgt.

Eine andere unserer Veröffentlichungen in letzter Zeit hieß *Crap Towns* (Drecksstädte), und wieder fiel mir auf, dass die *Einförmigkeit* moderner Städte häufig als Grund für ihre Minderwertigkeit genannt wurde. Etwas Grässliches ist geschehen: Riesige Warenhausketten haben unsere Städte – einst so lebenssprühend, von Menschen wimmelnd und vielfältig – in phantomhafte, von einkaufenden Zombies bevölkerte Einzelhandelszentren verwandelt. Eine heutige Stadt ist kaum mehr als eine Ansammlung von Wohnungen, die ein mächtiges, stickiges Einkaufszentrum umgibt. Uns vergeht jede Laune, wenn wir durch die Hauptstraßen gehen. Denn uns bedrängen Markennamen von farblosen Einrichtungen, die den Spaß und die Reichhaltigkeit der alten Läden, der Lebensmittel- und Kurzwarenhändler, Fischverkäufer, Bäcker, Blumenhändler, Schuster und Apotheker abgelöst haben. Das Streben nach Wachstum und Rationalisierung hat den unabhängigen Geist verscheucht. Fast. Gelegentlich hält sich noch eine alte Ladenfassade, und ihre Schönheit, Eleganz und Gestaltungsvielfalt funkeln wie die Bestandteile eines Regenbogens. Es gibt noch andere Hoffnungsschimmer: In dem Städtchen in unserer Nähe bemerkte ich gestern ein Schild, das mich aufmunterte. Es befand sich im Fenster eines Fernsehreparateurs – auch das eine aussterbende Art der Dienstleistung. Auf dem Schild stand: »Altmodischer Service durch den Besitzer«.

E. F. Schumachers Feststellung »Small is beautiful« könnten wir die Aussage hinzufügen: »Big is boring«, denn schon die reine Dimension moderner Einrichtungen macht sie so unpersönlich, entfremdend und erschöpfend. McDonald's ist langweilig, das indische Restaurant in meiner Nachbarschaft dagegen nicht. Raoul Vaneigem schrieb, ebenfalls in seinem *Handbuch der Lebenskunst für die jüngeren Generationen*, an die Stelle von Qualität sei Quantität getreten. Wir sind so besessen von Zahlen und Bilanzen, dass Schönheit und Wahrheit auf der Strecke geblieben sind. Langeweile ist genau das Gegenteil von Schönheit und Wahrheit. Das Leben ist dem Profit geopfert worden, und das Ergebnis ist massenhafte Langeweile.

Eine der Hauptursachen der Langeweile ist die Tatsache, dass die Menschen ihrer alltäglichen Kreativität beraubt wurden. Zu dieser Einsicht kam jedenfalls William Morris. In seinem utopischen Roman *Kunde von Nirgendwo* (1890) malte er das Bild einer postrevolutionären Gesellschaft von 2005, in der sich alle einer frei gewählten schöpferischen Tätigkeit widmen. Geld existiert nicht, und der Piccadilly Circus ist von Feldern bedeckt. So stellte Morris sich auch das vierzehnte Jahrhundert vor. Aber entscheidend ist nicht, ob er das Mittelalter romantisierte – es dient ihm als wertvolles Ideal.

Die puritanische Revolution hingegen machte die Massen mit der Langeweile bekannt. Sogar die Religion und der Weg zur Erlösung wurden langweilig. Im Mittelalter war die Religion voll von Blut und Tod. Gotteshäuser dienten nicht nur der Anbetung, sondern auch als wirtschaftliche Zentren und Orte von Festlichkeiten. Die Kirche förderte die Künste und beauftragte lokale Handwerker, ihre Gebäude zu verschönern. Die Predigten wurden in erster Linie wegen ihres Unterhaltungswerts besucht; sie boten wahres Theater. Im mittelalterlichen Florenz standen die Menschen die ganze Nacht hindurch Schlange, um einen großartigen Prediger zu hören. Nach dem Gottesdienst vergossen sie Tränen, während sie die Kirche verließen. All diese Dramatik wurde von den Puritanern beseitigt, die der alten Kirche »Aberglauben« und »Götzendienst« vorwarfen. Mit anderen Worten: Die heidnische Freude, die die katholische Kirche klugerweise beibehalten hatte, wurde den Gläubigen genommen.

Auch die Politiker tragen einen großen Teil Verantwortung für die Monotonie unseres Lebens. Keine Regierung verkündet Parolen wie: »Konsequent gegen die Langeweile. Konsequent gegen die Ursachen der Langeweile.« Die unübertroffen langweiligste Regierung – und sämtliche Regierungen sind ihrem Charakter nach langweilig – war die der Nazis: Linien und Reihen und Kolonnen, das Fehlen von Individualität, die Auferlegung einer bürokratischen Ordnung, die systematische Beseitigung alles Interessanten – besonders der Juden, aber auch der Zigeuner, der Landstreicher, der Arbeitsscheuen und der Regimekritiker. Die Nazis liebten es, Mitteilungen zu verschicken, Formulare auszufüllen, Akten und Listen anzulegen und alles peinlich sauber zu halten. Wie die Puritaner vor ihnen gaben sie sich einer umfassenden Aufräumaktion hin, und deshalb muss man sich gegen übermäßige Ordnungsliebe wehren.

Der Hauptgrund dafür, dass so viele Menschen durch und durch gelangweilt sind, ist der, dass langweilige Personen die Verantwortung übernommen haben. Die Geldverdiener, die vom Profit besessenen Kapitalisten, die Hohepriester der absoluten Langeweile steuern die Geschäfte. Und die Bürokraten – Bürohengste und Gesundheits- und Sicherheitsapostel – sitzen in der Regierung. Langeweile gefällt ihnen, denn es würde sie erschrecken, lebendig zu sein. Aber so ist es nicht immer gewesen, und so braucht es nicht immer zu sein. Früher einmal, vor gar nicht so langer Zeit, wurden die Langweiler als gottlos an den Rand gedrängt. Im Mittelalter, besonders in dessen Anfangsphase, sahen die Krieger, Geistlichen und Bauern auf jene herab, die bürgerliche, auf das Geld fixierte Werte vertraten. »Der Handel hat etwas Schändliches, etwas Schmutziges und Beschämendes an sich«, schrieb ein Meinungsmacher wie der heilige Thomas von Aquin. Glück sei in der Reflexion, nicht in der Ablenkung zu finden:

> Wenn also die letzte Glückseligkeit des Menschen nicht in den äußeren Dingen besteht, die man Glücksgüter nennt; nicht im Körper-Guten; nicht im Guten der Seele, insofern es sich auf den sinnlichen Bereich bezieht; nicht insofern es sich auf den geistigen Bereich, dieser sich aber auf den Akt der sittlichen Tugenden oder jene geistigen Fähigkeiten bezieht, die eine Tätigkeit betreffen, nämlich Kunst und Klugheit: so bleibt übrig, dass die letzte Glückseligkeit des Menschen in der Betrachtung der Wahrheit liegt.

Langeweile ist eine Form gesellschaftlicher Kontrolle. Gleichzeitig mit dem Auftauchen der Langeweile im späten neunzehnten Jahrhundert wurde die Auffassung in Frage gestellt, dass der Plebs seine Vergnügungen selbst organisieren könne. Wie wir alle wissen, entstanden Kunst und Unterhaltung in früheren Epochen von der Basis aus. Theaterstücke wurden meist von Laien aufgeführt. Zum Beispiel lagen die Mysterienspiele in den Händen der

Gilden, denn mittelalterliche Künstler waren gleichzeitig Handwerker. Doch der radikale Historiker E.P. Thompson zeigt uns, wie misstrauisch die Behörden zu Beginn des Industriezeitalters auf derart demokratische Kunstproduktionen reagierten, weshalb sie dem Volk die Kontrolle über Arbeit und Freizeit entzogen. In *The Romantics* zitiert er die wohlmeinende Antwort einer vornehmen örtlichen Liberalen auf den Antrag eines Fabrikarbeiters, 1798 ein Drama zu inszenieren: »Das Stück«, meinte sie besorgt, »könnte die Tendenz haben, euch zu schaden und euch auf Szenen des Aufruhrs und Tumults in der Bierschänke vorzubereiten.« Für Thompson ist dies der Beweis für die zunehmende »Furcht vor einer authentischen Volkskultur jenseits der Steuerung und der Kontrolle der Respektspersonen«. Außerdem macht Thompson das zentralisierte Erziehungssystem verantwortlich und führt den 1911 verfassten Brief eines ehemaligen Hauptschulrats an, der das Bildungswesen überraschenderweise als langweilig kritisierte: »Das Ziel des Lehrers besteht darin, dem Charakter [des Schülers] nichts zu überlassen, genauso wenig wie seinem spontanen Leben oder seiner eigenständigen Tätigkeit; all seine natürlichen Impulse zu unterdrücken; seine Energien völlig stillzulegen; sein ganzes Wesen in einem Zustand der ununterbrochenen und schmerzhaften Spannung zu halten.«

Langeweile ist schmerzhaft. Für Vaneigem wird der Geist durch den Zwang erschöpft, so zu werden wie jeder andere: »Doch während sich die hierarchisierte Organisation der Natur bemächtigt und sich im Kampf verwandelt, wird der den Individuen vorbehaltene Teil der Freiheit und Kreativität von der Notwendigkeit der Anpassung an die gesellschaftlichen Normen und ihre Abwandlungen absorbiert; zumindest außerhalb generalisierter revolutionärer Momente.«

Bevor wir zu deprimiert werden, sollten wir daran denken, dass der kreative Geist weiterlebt. Auf der schottischen Insel Eigg, nicht weit von Skye, kommen sämtliche Bewohner an jedem Samstagabend zum Trinken und Musizieren zusammen. Niemand wird bezahlt, niemand wird angeheuert. Man macht Musik um ihrer selbst willen, nicht des Profits wegen. Um die Langeweile zu bekämpfen, müssen wir die Kontrolle über unsere Arbeit und unsere Freizeit übernehmen.

Der Künstler Jeremy Deller hat viele Jahre damit verbracht, auf den Britischen Inseln herumzureisen und Beispiele dessen, was er als Volkskunst bezeichnet, zu fotografieren. Deller versteht darunter kreative Handlungen, die von normalen Menschen, welche sich nie als Künstler betrachten würden, mehr oder weniger um ihrer selbst willen ausgeführt wurden. Es ist eine Kunst außerhalb der Kunstszene, außerhalb der Cork-Street-Galerien, Museen, Händler und Kunstsachverständigen, also außerhalb von Geld und Bürokratie. Zu den Beispielen zählen eine von mehreren Bauern gefertigte Rieseneule, individuell zusammengebaute Autos, in den Staub auf der Rückseite von Lieferwagen Hineingezeichnetes, ein Gemälde von Keith Richards hinten auf einem Lastwagen, ein riesiger automatischer Elefant und Grimassenwettbewerbe. Es ist ein wunderbares Projekt, denn es zeigt, dass der freie Geist höchst lebendig ist. Mehr noch, hier wird bewiesen, dass die Langeweile uns gegen alle Wahrscheinlichkeit noch nicht restlos zerstört hat.

Was können wir gegen die Langeweile tun? Tja, dasselbe System, das sie geschaffen hat, verspricht auch, uns von ihr zu befreien. Wir werden durch unsere Arbeit gelangweilt, und dann verheißt die Reklame uns, wir könnten die Langeweile gegen Barzahlung loswerden. Man nennt das Müßiggang, im Englischen *leisure*, und das Wort leitet sich ab vom lateinischen *licere*, »dürfen«. Müßiggang ist also das, was uns in unserer »Freizeit« zu tun erlaubt ist. Und er ist teuer. Im Vereinigten Königreich werden in riesigen Geschäften, Virgin Megastores genannt, zahllose Stapel von Musik- und Filmaufzeichnungen verkauft. In ihrer Werbung behaupten die Megastores, die Langeweile zu bekämpfen. Aber wir sollten ihnen nicht gestatten, unsere Langeweile an unserer Stelle zu beseitigen. Wenn wir ihnen diese Aufgabe übertragen und uns vor der Verantwortung drücken, liefern wir unsere Kreativität den Berufsmusikern oder den Filmemachern aus. Wir bezahlen andere dafür, unsere Langeweile zu lindern. Zuvor langweilen wir uns, um das Geld zu verdienen, das wir dann ausgeben, um die Langeweile zu überwinden. Das lässt mich an den absurden modernen Trend namens Extremsport denken. Weil wir den größten Teil des Jahres das Gefühl haben, tot zu sein, springen wir, um uns lebendig zu fühlen, alle paar Monate von einer Brücke. Der Sturz von einer Brücke – oder ein Moment des Nervenkitzels – soll also ein ganzes Jahr der Langeweile wettmachen. Und die Freiheit, an einem Gummiband hängend von einer Brücke zu springen, wird als eine der großen Errungenschaften des modernen Kapitalismus gepriesen.

Das Universum der Langeweile wurde von den Sex Pistols aufs Korn genommen. Wie Johnny Rotten wünsche auch ich mir keinen Urlaub in der Sonne. Ich lehne das kümmerliche Angebot ab, zwei Wochen an einem Strand zu verbringen (langweiliger Müßiggang), um mich von fünfzig Wochen im Büro (langweilige Arbeit) zu erholen. In *Lipstick Traces* verbindet der Rock'n' Roll-Kritiker Greil Marcus auf brillante Art die Dada- mit der Situationisten-Bewegung – und beide mit dem Punk. Was sie gemeinsam haben, ist das Aufbegehren gegen die Langeweile, der einfache Wunsch zu leben. Alle drei Bewegungen teilen den leidenschaftlichen Glauben, dass jeder dazu in der Lage ist. Wir alle können kreativ und frei sein. In der ersten Nummer der Zeitschrift *Internationale Situationiste* wurde im Juli 1958 verkündet, dass sich die Welt ändern werde, »denn wir wollen nicht gelangweilt sein … wütende und schlecht informierte Jugendliche, wohlhabende heranwachsende Rebellen, die keinen Standpunkt, doch durchaus ein Anliegen haben – ihnen allen ist die Langeweile gemeinsam. Die Situationisten werden das Urteil vollstrecken, das der zeitgenössische Müßiggang über sich selbst fällt.« Der Punk wollte dem Volk seine Kreativität zurückgeben. Jeder kann kreativ sein, sagten die Punks. Zum Beweis sind hier die drei Akkorde, die man benötigt, um einen Song zu schreiben: E, A und B7. Versuch es selbst.

Ich kann noch einen Schritt weiter gehen. Statt Gitarre rate ich euch, Ukulele zu lernen. Das viersaitige Wunderding ist billig, leicht zu tragen und sehr leicht zu spielen. Es ist noch punkiger als die Gitarre. Hier sind die drei Griffe, die für die meisten Songs genügen:

C

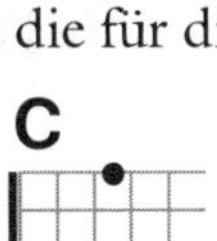

G

F

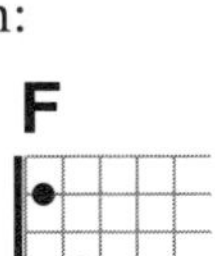

Besorg dir eine Ukulele, und du wirst dich nie wieder langweilen. Du könntest dir sogar etwas Taschengeld durch Straßenmusik verdienen. Die Ukulele steht für Freiheit. Zum Beispiel heißt das erste Album des Ukulele Orchestra of Great Britain sehr treffend: *Anarchy in the Ukulele*.

Hinter dem Angriff auf die Langeweile verbirgt sich der radikale Wunsch, die Kontrolle über unser Leben von den gigantischen Organisationen zurückzugewinnen, denen wir uns mehr oder weniger freiwillig ausgeliefert haben. Das war in schlimmster Weise verantwortungslos. Aber es ist nicht zu spät. Wir brauchen nur unsere eigene Kreativität zu entdecken. Langeweile lässt sich ganz einfach dadurch vertreiben, dass wir Gegenstände selbst herstellen. Hier gibt es bereits Ansätze einer neuen Bewegung, die sich im Erfolg der US-Zeitschrift *Ready Made* (www.readymademag.com) zeigen. Auch der Anblick von Skateboardern lässt mein Herz höher schlagen. Da ich ein Jahr lang in einem Skateboard-Geschäft gearbeitet habe, weiß ich, welch kreative und positive Beschäftigung das Skateboardfahren ist. Es handelt sich um eine Selbstverwaltungsbewegung, einen Verband mit eigenen Zeitschriften, Fanmagazinen, Wettbewerben und Betrieben, die alle einen hohen Grad an Einfallsreichtum, Unabhängigkeit und Kreativität aufweisen. Eines der jüngsten Unternehmen der Szene heißt Death Skateboards – ein brillanter Name, neben dem der genauso aussagekräftige Slogan »Death to Boredom« steht. Darauf ein dreifaches Hoch.

SPIEL UKULELE

3

Die Tyrannei der Rechnungen und die Freiheit des Einfachen

Trotz früherer Mahnungen geht aus unseren Unterlagen hervor, dass wir noch keine Zahlung für Ihre Stromrechnung erhalten haben. Ihre Kontendaten werden nun an die Vertreter unseres Inkassobüros weitergereicht, die Ihre Räumlichkeiten aufsuchen werden, um Ihre Stromversorgung abzuschalten oder einen Münzzähler zu installieren.

Schreiben an den Autor von Steve Hayfield,
Direktor des Rechnungswesens von SWEB, 2005

Am 28.7.2005 wurde durch das West-Londoner Amtsgericht ein Schuldtitel wegen Nichtzahlung des Betrags von 875,40 Pfund gegen Sie erlassen.

Schreiben an den Autor durch das lokale Finanzamt
von Hammersmith und Fulham, »Unserer Gemeinde dienen«

Wir haben allein in den letzten drei Monaten 172 Gebührenhinterzieher in Ihrer Gegend ertappt. Obwohl wir mehrere Mahnungen verschickt haben, stellen wir fest, dass für Ihre Adresse noch immer keine Empfangsgenehmigung erteilt wurde … Falls Sie illegal ein Fernsehgerät benutzen, besteht nun die sehr konkrete Möglichkeit, dass Sie verklagt und mit einer Geldstrafe von bis zu 1000 Pfund belegt werden.

Brief an den Autor von Ross McTaggart,
Fernsehgebühren-Einzugsmanager, 2005

Pflegen Sie die Einfachheit, Coleridge.

Brief an Coleridge von Charles Lamb, 1796

Jeden Tag landet eine Lawine der Unterdrückung in unseren Briefkästen. Überall braune Umschläge. Bedrohliche Lettern. Plastikfenster. Briefe in Rot, Purpurn, Schwarz. Forderungen nach mehr Geld, die meist für die wirklich Einfältigen in großer Schrift und grellen Farben gedruckt sind. Die »tyrannischen Zahnrädchen«, wie Blake es ausdrückte, der bürokratischen Maschinen drehen sich weiter. Wenn wir nur all den Rechnungen entgehen könnten, denken wir, dann würden wir frei von dieser Last an unseren Füßen nach Belieben herumfliegen.

Die ohnehin enormen Kosten des Alltagslebens erhöhen sich, wenn man faul ist wie ich. Mangelnde Organisation wird mit einem Aufschlag bestraft. Diejenigen von uns, die frei, müßig oder überhaupt leben wollen, haben die Neigung – von vernünftigen Leuten als »verantwortungslos« bezeichnet –, sämtliche Rechnungen, Strafzettel, Steuerforderungen, Kontoauszüge, Handyrechnungen und das übrige hässliche Treibgut des modernen Lebens zu ignorieren. Wir stopfen alles in eine Schublade und verschieben Zahlungen. Wir haben Besseres zu tun, zum Beispiel Rauchkringel an die Decke zu blasen.

Aber wenn man seine Zahlungen hinauszögert, nehmen die Rechnungen immer erschreckendere Farben an, und der Tonfall wird mit jeder neuen Mahnung bedrohlicher. Die Schreiben sind, mit den Worten des Satirikers Ian Vince, in einem »gönnerhaften, doch mehr oder weniger autoritären Stil« verfasst. Die Sprache ist falsch, hässlich, kalt, unpersönlich, schuldeinflößend, und sie besagt in Wirklichkeit: »Reiß dich zusammen, du Nichtsnutz. Du schmarotzt. Alle anderen haben bezahlt. Leute wie du schaden dem gesamten System. Erfüll deine Aufgabe.«

In den jährlichen Schreiben vom Finanzamt herrscht ein ähnlicher Tonfall, eine verwirrende Mischung aus Hilfsbereitschaft und Drohung. Dem freundlichen, fürsorglichen Angebot: »Wenn Sie Unterstützung benötigen, sind wir für Sie da – online, am Telefon oder persönlich« folgt sofort die fett gedruckte Warnung: **»Wenn Sie falsche Angaben machen, müssen Sie mit Geldstrafen und Zinsaufschlägen rechnen.«**

Wegen meiner Neigung, finanzielle Angelegenheiten zu vernachlässigen, brummt mir auch meine Bank horrende Gebühren auf. Zum Beispiel sind in den letzten beiden Monaten 300 Pfund von meinem Konto abgebucht worden, weil ich meinen Dispo-Kredit überzogen hatte, in manchen Fällen nur um ein oder zwei Tage. Früher versuchte ich, diese Kosten rückgängig machen zu lassen, und manchmal hatte ich sogar Erfolg. Aber nun habe ich dazu keine Lust mehr. Die Aussicht, dass ein Brief, den ich der Bank schreibe, oder ein Anruf von mir jemanden erreicht, der kein Automat ist, und dass ich dann noch eine Rückerstattung durchsetzen kann, ist zu gering. Also versuche ich es gar nicht mehr, sondern nehme mir halbherzig vor, mein Leben in Ordnung zu bringen. Tief im Innern betrachte ich die Gebühren als angemessene Strafe für meine Nachlässigkeit. Doch dann lese ich in der Zeitung, dass meine Bank, die HSBC, gerade einen Jahresgewinn von fast zehn Milliarden Pfund erzielt hat. Sie scheint also von meiner Unfähigkeit, mit Geld umzugehen, ganz hübsch zu profitieren.

Vor ein paar Tagen klingelte es an der Tür. Es war Emma Brown (das ist nicht ihr wirklicher Name) vom Finanzamt Extable. Wir setzten uns an den Küchentisch, und sie erklärte mir, ich sei dem Finanzamt noch 1700 Pfund schuldig. Wenn ich nicht zu zahlen in der Lage sei, werde sie sich im Haus nach Dingen – Autos oder Fernsehgeräten – umsehen müssen, die man mitnehmen könne. Das Wort »Pfändung« wurde erwähnt. Nun weiß ich zwar nicht genau, was das Wort bedeutet, aber jedenfalls hat es einen drohenden Beiklang. Zum Glück fiel mir ein, dass mein Steuerberater mir kurz zuvor mitgeteilt hatte, ich sei dem Finanzamt nur 500 Pfund schuldig. Ich überprüfte mein Konto und stellte fest, dass mir noch ungefähr 500 Pfund bis zur Überziehung meines Dispo-Kredits blieben. Emma Brown akzeptierte einen Scheck über diesen Betrag und ging ihres Weges.

Ich hatte mich nicht bewusst kriminell verhalten, sondern war nur träge gewesen, vielleicht ein bisschen leichtfertig, geistesabwesend. Trotzdem wurde ich wie ein Verbrecher behandelt. Dabei ist jeder wenigstens ein bisschen desorganisiert. Man müsste ein Roboter sein, um das zu vermeiden. Die Nazis waren gut organisiert. Deshalb werden allen Nichtrobotern der Gesellschaft Geldstrafen auferlegt. Nirgends zeigt sich dieser Ablauf deutlicher als bei der Vergabe von Knöllchen. Wehe dem Autofahrer, der neunzig Sekunden zu spät zu seinem Wagen zurückkehrt. Schon muss er eine hohe Geldstrafe zahlen. Tut er es nicht sofort, verdoppelt und verdreifacht sich der Betrag. Einmal brachte ich es auf fast 1000 Pfund an Geldstrafen, weil ich den Antrag auf einen Anwohner-Parkausweis zu spät gestellt hatte. Und nur weil ich vor einer Art Tribunal erschien – trotz eines dröhnenden Katers gelang es mir, die Sitzung durchzuhalten –, konnte ich die Strafe auf 500 Pfund herabsetzen lassen.

Ja, sie verhängen Geldstrafen. Das Ganze hat etwas von einer Vergeltung für Missetaten. Statt offen als Geschäft oder als legalisierte Form des Diebstahls, was sie ist, einherzukommen, gibt sich die Geldstrafe moralisch. Sie wird von den Behörden verhängt, wenn man etwas verkehrt gemacht hat. Gott bestraft dich. Wenn du zum Beispiel deine Steuererklärung zu spät einreichst, musst du 100 Pfund zahlen – aber durch wessen Vollmacht? Wenn du keine Fahrkarte kaufst, bevor du in einen Zug steigst, zwingen dich manche Gesellschaften, einen astronomischen Betrag zu zahlen. Und natürlich hat nie jemand an etwas Schuld. Das System versteht sich darauf, sich vor seiner Verantwortung zu drücken. Wahrscheinlich wirkt sich die schiere Größe der Unternehmen bereits zu ihrem Vorteil aus. »Ich mache die Vorschriften nicht«, sagen unsere Unterdrücker. »Ich gehorche nur Befehlen.« Diese Befehlskette dient dem Zweck, dass wir Schuldgefühle haben, wenn wir uns über einen kleinen Angestellten oder einen Call-Center-Mitarbeiter aufregen, und dadurch werden wir machtlos.

Im Mittelalter wurden Geldstrafen für einen Verstoß gegen die Vorschriften durch die Gemeinde, das Dorf oder eine Gruppe von Einheimischen verhängt. Mittelalterliche Aufzeichnungen zeigen, dass Vergehen stets mit Geldstrafen durch die Ortsgemeinde geahndet wurden. »John Aubrey erregte Ärgernis, indem er seinen Misthaufen auf der Straße des Königs hinterließ. Geldstrafe 1 Shilling. Aber begnadigt, weil mittellos.« Die Strafe wurde von deinen Nachbarn verhängt, und das Geld landete im Gemeindesäckel und konnte für die Durchführung gemeinschaftlicher Aufgaben verwendet werden. Ähnliches galt für die Gilden: Man verhängte Geldstrafen für Übertretungen der Regeln, sammelte das Geld und verwendete es später, um große Feste zu veranstalten oder es in Form von Almosen auszuteilen. Heutzutage herrscht zwar das gleiche Prinzip: Die Geldstrafen gehen an die Stadt oder die lokalen Behörden. Aber schon die Größe der beteiligten Institutionen verhindert das Aufkommen eines Wir-Gefühls oder Eingebundenseins. Wir fühlen uns einfach nur schlecht behandelt. Als ich kürzlich im Amtsgericht war und auf einen Prozess wegen Fahrens ohne Versicherung wartete, trat ein junges Paar ein. Der Mann öffnete die Tür, schloss sie wieder und brüllte seiner Freundin dann zu: »Es ist wieder die alte Schlampe.« Es gibt kein Gefühl der Teilhabe am Prozess der Gerechtigkeit. Die meisten empfinden ihn als Angelegenheit der Wichtigtuer – der alten Schlampen –, die die Amtsbefugnis haben und ihnen mit dem Finger vor der Nase herumwedeln.

Selbstverständlich funktioniert die Sache nur in eine Richtung. Wir haben keinerlei Möglichkeit, Unternehmen, die etwas vermasselt haben – was häufig vorkommt –, mit Geldstrafen zu belegen. Es ist ein einseitiger Vertrag, der den Großen nutzt und den Kleinen schadet. Die Armen und Machtlosen zu berauben ist leicht. Wie John Ruskin in *Diesem Letzten* schrieb: »Das entgegengesetzte gewöhnliche Straßenräubertum, die Beraubung des Reichen, weil er reich ist, scheint sich dem Gedächtnis des alten Kaufmanns nicht so fest eingeprägt zu haben; wahrscheinlich weil die vorsichtigen Menschen es wegen des geringeren Vorteils und der damit verbundenen größeren Gefahr seltener ausgeführt haben.« Tatsächlich ist es leichter, die Armen zu berauben – man werfe nur einen Blick in die Supermärkte.

Ach ja, die Ordnung! Mein ganzes Leben lang habe ich vergebens versucht, meine Angelegenheiten besser zu organisieren. Ich versäume es, Rechnungen über Geld auszustellen, das mir geschuldet wird. Ich versäume es, verspätete Zahlungen zu beanstanden, und deshalb verliere ich, und die Großunternehmen gewinnen. Es stimmt, dass wir schlechte Karten haben: *Du* bist allein zu Hause, der arme Dichter mit seinem Laptop und seinem Telefon, und du versuchst, alles ohne Hilfe zu erledigen. *Sie* dagegen haben ganze Abteilungen voll grimmiger, professioneller Arbeitssklaven, die sich darauf konzentrieren, dich abzuwimmeln, dir auszuweichen und dich einzuschüchtern, damit du ihnen dein Geld aushändigst. Eines unserer Probleme besteht, glaube ich, darin, dass man uns dazu erzogen hat, an den Arbeitsplatz, die Festanstellung zu glauben, in der uns unsere Geldsorgen abgenommen werden. Wir sind von Arbeitgebern abhängig.

Uns fehlt die unabhängige Mentalität, die für den Freiheitssucher so wichtig ist. Die Mentalität, die fordert, dass wir uns um uns selbst kümmern. Wer sich entscheidet, nicht von 9 bis 17 Uhr zu arbeiten, muss in Geldsachen besser organisiert sein.

G. K. Chesterton schrieb einen Essay über die Beziehung zwischen Organisation und Leistungsfähigkeit: »Uns wird oft mitgeteilt, dass Organisation Effizienz bedeute. Es wäre viel zutreffender zu sagen, dass Organisation Ineffizienz bedeutet.« Große Organisationen seien wegen ihrer endlosen Menschenketten naturgemäß unrationell. Je größer die Organisation, desto mehr könne schiefgehen. Ein kleinerer Verbund sei effizienter. Zum Beispiel besteht die effizienteste Art, einen Kohlkopf zu produzieren, darin, ihn selbst anzubauen. Es ist günstiger, vor der eigenen Haustür einen Baum zur Lieferung von Feuerholz wachsen zu lassen, als sich auf Öl zu verlassen, das in Saudi-Arabien gefördert, irgendwo in einer Raffinerie verarbeitet und dann durch politisch instabile Länder geleitet wird, bis es schließlich dein Haus erreicht.

Buchhaltung sollte ein Teil der Unabhängigkeitserziehung jedes Freiheitssuchers sein. Jenny Uglow enthüllt in ihrer Studie über Pioniere der Aufklärung, *The Lunar Men* (2002), dass die Söhne und Töchter so großer Männer wie Erasmus, Darwin oder Joseph Priestley ganz selbstverständlich in Buchhaltung unterrichtet wurden. Dies ermöglichte ihnen, ihre Geschäfte abzuwickeln, ohne der Barmherzigkeit derjenigen ausgeliefert zu sein, die vom Chaos profitieren. Gandhi tat das Gleiche. Das klingt sehr ermüdend, ich weiß, aber in seinen Schlachten gegen die Behörden und seinen Kämpfen für die Freiheit kam ihm seine übersichtliche Kontenführung zustatten. Aber vielleicht reicht es für dich aus, wenn du am Ende jeden Tages ganz einfach niederschreibst, was du ausgegeben hast. Es ist erstaunlich, wie sehr das hilft, die Übersicht zu behalten.

Mein Freund Dan Kieran hält nichts von Einzugsermächtigungen. Auch dieses System der Bankabbuchungen profitiert von den Faulen und Desorganisierten. Die Boulevardzeitung *Sun* meldete kürzlich, dass jährlich 500 Millionen Pfund über Daueraufträge ausgezahlt werden, die wir vergessen haben. Das heißt, wir erhalten die Dienstleistung nicht mehr, bezahlen sie aber weiterhin. Deshalb begleicht Dan seine Rechnungen mit Schecks oder Bargeld. Das ist ein überraschend schwieriger Schritt, nicht zuletzt deshalb, weil die Unternehmen einen großen

Teil ihres Marketings darauf verwenden, uns von den Vorzügen eines Dauerauftrags zu überzeugen. Auf den ersten Blick scheint alles andere tatsächlich albern zu sein: Einzugsermächtigungen können uns das Leben doch nur erleichtern, weil wir auf die Umständlichkeit verzichten, uns Rechnungen schicken zu lassen und Schecks zu schreiben. Aber in Wirklichkeit vermittelt der kleine Akt der Verantwortungsübernahme für die eigenen Rechnungen – indem man zu dem altmodischen Verfahren zurückkehrt, einen Scheck auszustellen und ihn in den Briefkasten zu stecken – das befriedigende Gefühl, die Kontrolle zu haben. Dadurch wird die Transaktion realer. Daueraufträge entsprechen der tragischen Realität, dass uns unsere Bequemlichkeit wichtiger ist als die Übernahme von Verantwortung.

Rechnungen zu begleichen ist gar nicht so quälend, wenn man sich schließlich dazu aufrafft. Ich lasse zu, dass alle Rechnungen und sonstige Dinge, die ich tun muss – all das vernünftige Zeug –, auf mir lasten und mich mit ihrem Gewicht erdrücken. Aber wenn ich mich schließlich hinsetze, um den Stapel zu ordnen, dauert das Ganze nur ungefähr fünf Minuten. Warum hast du dir solche Sorgen gemacht?, frage ich mich. Das war doch gar nicht so schlimm.

Ein weiterer Tipp stammt von dem Angler und Müßiggänger Chris Yates. Ein- oder zweimal pro Monat legt er einen »Verwaltungstag« ein, an dem er alle sonstigen Aktivitäten ruhen lässt und sich durch seine Rechnungen und Quittungen hindurcharbeitet.

Wer es nicht ertragen kann, organisiert zu sein, hat immer noch die Wahl, radikal desorganisiert zu werden.

Man könnte systematisch sämtliche Organisationen aus seinem Leben entfernen, sie ausmerzen und wegwerfen. Man könnte versuchen, sich dem System von Anfang an zu entziehen. Die einfachste Methode, sich von Rechnungen zu befreien, besteht darin, die Dienstleistungen zu streichen, für welche die Rechnungen ausgestellt werden. Kein Sky TV, kein Handy, kein Internet, kein Auto. Es war wiederum Gandhi, der jenen, die sich auf dem Pfad zur Freiheit befanden, das schlichte Leben empfahl. Zum Beispiel merkte er, dass er eine Menge Geld für die Wäscherei ausgab. Wenn er weniger Geld benötigte, würde er mehr Zeit für seine freiwillige Arbeit aufwenden können. Also wusch er seine Wäsche selbst. Ähnlich kann man sich gegenüber den öffentlichen Verkehrsmitteln verhalten: Statt sich eine Dauerkarte für die U-Bahn zuzulegen, sollte man sich ein Fahrrad kaufen und damit zum Arbeitsplatz rollen.

In den Vereinigten Staaten hat diese Haltung einen Namen: Einfachheitsbewegung. Und was heißt Einfachheit? Nichts anderes als Eigenständigkeit. Immer wenn du eine Rechnung bezahlen musst, bedeutet dies, dass andere etwas für dich getan haben, was du möglicherweise selbst tun könntest. All diese Rechnungshausierer verlocken dich mit dem Versprechen, dir das Leben zu erleichtern. Aber das stimmt nicht: Durch sie wird es schwieriger. Wenn man seine Abhängigkeit von äußeren Dienstleistungen verringert, gewinnt man Zeit und Geld. Du kannst sogar deine eigene Energie erzeugen. Es wird Zeit, dass die mittelalterlichen Technologien – Windmühlen und Wasserkraft – wieder zum Einsatz kommen. Oder installiere Solarzellen. Wind, fließendes Wasser, Regen und Sonne sind kostenlose Geschenke der Natur. Es ist vernünftig, sie zu nutzen.

Einfach ausgedrückt: Wenn du die Produkte des Systems nicht konsumierst, brauchst du sie auch nicht zu bezahlen. So sparst du nicht nur das Geld, das du früher für unzählige Dienstleistungen ausgegeben hast, sondern auch den mit der Abwicklung der Rechnungen verbundenen Aufwand. Die Unterdrückung wird sich allmählich von deiner Schwelle zurückziehen, und du wirst nicht mehr so schwer arbeiten müssen. Dein Leben wird billiger und leichter.

Es ist übrigens faszinierend festzustellen, wie viel Gandhi, der sich selbst verleugnete und daher in mancher Hinsicht genau das Gegenteil eines Müßiggängers war, mit extremen Vergnügungssuchern wie zum Beispiel dem herrlich sorglosen Schauspieler und Wilden Keith Allen gemeinsam hat, der sein Leben völlig ungestört durch Gewissensbisse, Schuldgefühle oder irgendeine bürgerliche Tugend führt. Aber auch er neigt zum einfachen Leben und dazu, Geld und Autorität abzulehnen. Die Mildesten und die Wildesten scheinen also mehr Gemeinsamkeiten zu haben, als man zunächst vermuten würde. Jedenfalls sind es häufig die extremsten Vergnügungssucher, die zu den extremsten Selbstverleugnern werden. Nicht selten geben Popstars, die alles hinter sich haben – Alkohol, Drogen und so weiter –, jeden Luxus auf, um lauwarmes Wasser mit Zitrone zu trinken und gegen 21.30 Uhr ins Bett zu gehen. Die beiden Pfade liegen dicht nebeneinander. Ich selbst bin gemäßigt und bevorzuge den mittleren Weg. Ich möchte nie mit dem Trinken aufhören, und ich habe einen Hang zur Übertreibung, aber in letzter Zeit halte ich mich zurück.

Manchmal muss man sich jedoch den Umständen

fügen. Vor kurzem nahm ich mit Keith Allen an einem Treffen teil, auf dem er einem Verleger seine Autobiografie anbot. »Und warum wollen Sie das Buch schreiben?«, fragte der Verleger. »Aus Steuergründen«, war Keith' ehrliche Antwort.

Es ist durchaus möglich, ein unkompliziertes, von Lohnarbeit freies Leben zu führen. Die Künstler Penny Rimbaud und Gee Vaucher gründeten CRASS, die anarchistische Punkband der achtziger Jahre. Vor vierzig Jahren mieteten sie sich ein baufälliges Haus vor den Toren Londons, renovierten es und füllten den Garten mit Blumen, Obst, Gemüse, Schuppen und Lauben zum Ausruhen. Da ihr Haus immer offen steht, hat ein ständiger Strom hilfreicher Gäste ihnen ermöglicht, das Gebäude und das Grundstück mit sehr wenig Geld auf ein hohes Niveau zu bringen. Die Tätigkeit der Menschen ersetzte das Bargeld. Da sie ein einfaches Leben führen, brauchen sie keinen Arbeitsplatz und haben jede Menge Freiraum, um ihren eigenen Weg durchs Leben zu gehen: zu denken, zu lesen, zu schreiben, zu reden, zu trinken, Kunst zu produzieren. Sie haben praktisch kein Einkommen, doch sie tun, was sie wollen, und das ist für mich eine ungeheure Leistung. Es beweist, dass Geld und Freiheit keineswegs gleichzusetzen sind. Gee sagte zu mir: »Ich glaube nicht, dass ich je Steuern bezahlt habe. Wie viel muss man dazu verdienen? Fünftausend Pfund im Jahr? Ich verdiene nicht annähernd so viel.« Einen weniger von Rechnungen geplagten und befreiteren Haushalt habe ich nie gesehen.

KÜNDIGE ALLE DAUERAUFTRÄGE

4

Pfeif auf die Karriere und all ihre leeren Versprechungen

Die Liebe zur gut durchgeführten Arbeit und
der Wunsch nach einem Vorwärtskommen in der Arbeit
sind heute unauslöschliche Zeichen von Schlappheit
und allerdümmster Unterwerfung.

Raoul Vaneigem, Handbuch der Lebenskunst
für die jüngeren Generationen, 1980

Es gibt keine Arbeit, die gut genug für mich ist.
Es gibt keine Arbeit, die gut genug für irgendjemanden ist.

S. L. Lowndes, Brief an die Sunday Times, 1982

Der Glaube an den abstrakten Begriff »Karriere« ist eine Heimsuchung des Mittelstandes. Die niedrigeren Stände hegen klugerweise nicht den gleichen Glauben an Fortschritt und Weiterbildung wie die bürgerlichen Schichten, genauso wenig wie die Angehörigen der Aristokratie. Die Aristos stehen ohnehin ganz oben und können nicht weiter aufsteigen. Paradoxerweise verleiht ihnen diese Tatsache eine Bescheidenheit, die den erfolgreichen Meritokraten der Mittelschicht fehlt. Wer von höherem Stande ist, dem fehlen die Selbstzufriedenheit und der Stolz des Selfmademan. Im Grunde halten es die meisten Menschen für wenig zweckmäßig, nach Hypotheken und Sicherheit zu streben. Aber die heutige Mittelschicht als Erbin der puritanischen Tradition des Geldverdienens und der Selbstverleugnung hat die »Karriere« zum Zentrum ihres täglichen Ringens erhoben. Und sie versucht heute mehr denn je, allen anderen ihr Karriere-Ethos aufzuzwingen. Das Ganze nennt sich dann »Regierung«.

Die Idee der Karriere beruht darauf, dass sie einem Pfad nach oben zu einem Punkt in weiter Ferne folgt. Es ist die Suche nach Vervollkommnung und die säkulare Version des protestantischen Strebens nach Erlösung. Karriere ist ein puritanischer Begriff, eine Art einsamer Pilgerfahrt. Eine Reise zur seligen Ewigkeit. Regierungen werben mit der Idee der »Chancengleichheit für alle, das Beste aus sich zu machen«, wobei sie in Wirklichkeit »Chancengleichheit für jeden Drecksack« meinen, »der seine Freunde und Kollegen verpfeift, um dem Götzen des Karriereaufstiegs zu huldigen«. Karriere ist angeblich mehr als bloß ein Job: Sie definiert dich, zieht deine Grenzen und soll dir die kreative und kompetitive Erfüllung bieten. Durch sie verdienst du nicht einfach nur dein Brot, sondern sie ist dein Leben. Aber Beförderungen haben meist das Überleben des Tüchtigsten zum Prinzip. Deine Beförderung hängt also davon ab, dass jemand anders nicht aufrückt oder dass er sogar gefeuert wird. Das Konkurrenzprinzip bedeutet, dass dein Erfolg mit dem Scheitern eines Rivalen erkauft wird. Aus diesem Grund sind Großunternehmen Brutstätten der Machenschaften und der Verschwörung. Du fängst mit einem Praktikum an, erreichst eine Stufe, auf der du von Idioten herumkommandiert wirst, du wirst selbst zum Idioten und entwickelst dich schließlich, wenn alles gut geht, zu dem Oberidioten, der andere herumkommandiert. »Doch heute wird ersichtlich, dass die Erpressung für eine bessere Zukunft gelehrig der Erpressung für das Heil im Jenseits nachfolgt. In beiden Fällen ist es immer die Gegenwart, die unter den Schlägen der Unterdrückung leidet«, schreibt Vaneigem.

Unterdessen steigt dein Gehalt, du kaufst dir größere Autos und Häuser und förderst dadurch die Karriere von anderen. Karriere spiegelt die Dynamik anderer moderner Mythen exakt wider. Sie ist ein gieriges Ungeheuer, nie zufrieden, immer mehr begehrend. Und sie ermuntert uns zu einer, wie ich meine, unnatürlichen Spezialisierung. Durch den Konkurrenzdruck werden wir auf einem winzigen Gebiet sehr gut und entziehen uns allen anderen. Das nennt man Professionalismus, aber es sollte zutreffender als »Untauglichkeit« bezeichnet werden. Vor kurzem fragte ich meinen Zahnarzt, ob er daran denke, bald in den Ruhestand zu treten. Er verneinte, denn er wisse nicht, was er sonst tun könne. »Das Problem des Zahnarztberufs besteht darin, dass man am Ende zu nichts anderem mehr fähig ist.« Und wenn du zu nichts anderem mehr fähig bist, wirst du davon abhängig, dass andere deine Bedürfnisse erfüllen: Kultur wird von Experten geschaffen, Musik von Bands, die für Plattengesellschaften arbeiten, die Erziehung liegt in den Händen speziell ausgebildeter Lehrer, und die Medizin ist Sache fachkundiger Ärzte. Wir sind sozusagen behindert. Bald wird es schwierig sein, ein Regal ohne einen entsprechenden akademischen Abschluss anzubringen.

In den Siebzigern analysierte Ivan Illich die Gefahren einer derartigen Überspezialisierung. In Abhandlungen wie »Schöpferische Arbeitslosigkeit« stellte er die Berufe als Ursache von Behinderungen dar. Jedes bisschen Macht, das wir einem Experten überlassen, bedeute ein bisschen weniger Macht für uns selbst:

> Ich schlage vor, dass wir die Mitte des zwanzigsten Jahrhunderts die Epoche der entmündigenden Expertenherrschaft nennen. Diese Bezeichnung wähle ich, weil sie denjenigen, der sie gebraucht, auf ein Engagement festlegt. Sie verweist ferner auf den antisozialen Charakter der Funktionen von Leuten, deren Wert für die Gesellschaft kaum je angezweifelt wird – Erzieher, Ärzte, Sozialarbeiter, Naturwissenschaftler. Zugleich verurteilt diese Bezeichnung die behagliche Gleichgültigkeit der Bürger, die sich als Klienten dieser Experten einer vielgestaltigen Sklaverei unterwerfen.

»Entmündigende Expertenherrschaft« ist ein eindrucksvoller Begriff. Wer sich dem Professionalismus eines anderen unterwirft, räumt ein, auf einem bestimmten Gebiet Schwächen zu haben. Deshalb können wir keiner äußeren Autorität an unserem Mangel an Freiheit die Schuld geben, denn wir haben die Macht über uns selbst abgetreten, oder, mit Illichs Worten, wir haben uns »unterworfen«.

Es ist sehr deprimierend, dass sich auch Frauen für den Karrieremythos begeistern. »Mein Beruf ist mir wirklich wichtig«, sagen die solipsistischen neuen Karrieredamen. Es geht über meinen Horizont, wie es wichtiger sein kann, eine kleine Gruppe von Idioten bei Asda herumzukommandieren, als mit seinen Kindern zu spielen, Zeit mit Freunden und Familienangehörigen zu verbringen oder zu Hause schöpferische Dinge zu tun. In den vergangenen hundert Jahren haben Frauen Karriere mit Befreiung gleichgesetzt. Um der vermeintlichen Langeweile, Tyrannei und Machtlosigkeit des häuslichen Lebens zu entgehen – all das war in viktorianischen Zeiten gewiss Realität –, bemühen sie sich um Arbeit, die ihnen Geld und Erfüllung liefern soll. So lautet die Verheißung, doch wie sieht die Realität aus? G. K. Chesterton meinte witzig: »Ich kenne Frauen, die nicht bereit sind, sich etwas diktieren zu lassen, und dann nehmen sie eine Stelle als Stenografin an.« Ich will nicht darauf hinaus, dass sich Frauen nicht der häuslichen Unterdrückung entziehen und nach Freiheit, Autonomie, kreativer Erfüllung, finanzieller Unabhängigkeit und so weiter streben sollten, sondern ich bin der Meinung, dass diese Dinge wahrscheinlich nicht in konventionellen Ganztagsbeschäftigungen und -karrieren zu finden sind. Vielmehr ist es besser, sich seinen eigenen Beruf zu schaffen.

In einer kürzlich erschienenen Ausgabe des *Idler* brachten wir einen Artikel der bekannten Rundfunk- und Fernsehjournalistin Joan Bakewell. Sie schrieb, sie habe schon früh in ihrem Arbeitsleben die bewusste Entscheidung getroffen, auf eine Karriere zu verzichten. Sie hatte kein Interesse daran, zur Gefangenen zu werden, indem sie die Karriereleiter der BBC emporstieg. Vielmehr fand sie eine Tätigkeit, die ihr gefiel, und blieb ganz einfach dabei. Im Bereich ihrer Wahl galt die Vorstellung vom endlosen, unbegrenzten Aufstieg nicht. Aufstieg ist ein Tyrann. Sich vom Karrieremodell der Arbeit zu lösen bedeutet, sich von den Erwartungen anderer zu befreien. Karriere ist ein Weg, den Autoritätspersonen für dich festlegen, während wirklich freie Menschen ihren eigenen Weg durch den Wald finden.

In *The Uses of Literacy* (1957) merkt Richard Hoggart an, dass Angehörige der Arbeiterschaft häufig gar nicht an

Ehrgeiz, Wettbewerb und Beförderung denken (oder jedenfalls war das in den Fünfzigern nicht der Fall):

> Wenn sie einmal arbeiten, denken die meisten nicht an eine Karriere oder an die Möglichkeit einer Beförderung. Die Arbeitsplätze sind horizontal, nicht vertikal verteilt; deswegen wird das Leben nicht als Klettertour und die Arbeit nicht als sein Hauptfaktor empfunden. Zwar hat man immer noch Respekt vor einem guten Handwerker, aber der Mann an der benachbarten Werkbank wird nicht als tatsächlicher oder potenzieller Konkurrent gesehen ... »Übereifrige« ernten Misstrauen.

Wir werden von der Vorstellung beherrscht, dass es sich nur dann lohne, etwas zu tun, wenn sich damit Geld verdienen lässt oder wenn es zu Anerkennung führt. Mütter haben das Gefühl, dass ihr Leben durch Kinderbetreuung und Schinderei im Haushalt vergeudet wird und dass ein Dasein als Hausfrau und Mutter nicht sonderlich geachtet wird. Nur wer einen Arbeitsplatz hat, ist jemand.

Dabei lässt sich eine Karriere mit nobler Sklaverei vergleichen. Sie ist eine institutionalisierte Verzögerung, ein aufgeschobenes Paradies. Der abstrakte Karrieregedanke ist für uns ein geistiger Maßstab. Manchmal schreiten wir auf dem Karrierepfad, zu dessen Betreten wir uns selbst gezwungen haben, gut voran; manchmal sieht es schlecht aus, und die Karriere anderer scheint sich besser zu entwickeln. Wir benutzen die Karriere als Stock, mit dem wir uns selbst züchtigen. Und stets richten wir die Augen auf die nächste Stufe der Leiter.

Was ist die Alternative? Können wir es allein schaffen? Zu unserem eigenen Chef werden? Der düstere viktorianische Dichter und Kritiker Matthew Arnold war, wie viele andere seiner Generation, entsetzt darüber, dass man die Arbeit im neunzehnten Jahrhundert zu einem religiösen Glauben erhob. Aber ihm schien, dass auf dem anderen Pfad, dem der Freiheit, der Wahnsinn lauerte. Folgender Auszug entstammt dem deprimierenden Gedicht »A Summer Night«, in dem Arnold die beiden Möglichkeiten miteinander vergleicht:

Denn die meisten in einem Kerker leben,
Wo, in der Sonne heißem Auge,
Den Kopf über den Tisch gebeugt, matt
Ihr Leben sie sinnloser Aufgabe widmen,
Von nichts jenseits des Kerkers träumend.
Und wenn, Jahr um Jahr,
Neue Ergebnisse unfruchtbarer Arbeit
Aus ihren müden Händen fallen und
Ruhe nie nahen will,
Legt sich Düsterkeit auf ihre Brust;
Und die Übrigen, nur wenige,
Entkommen dem Kerker und begeben sich
Erneut auf des Lebens breiten Ozean.
Dort der Befreite wird segeln, wohin sein Herz begehrt.

Und dann trifft ihn der Sturm; und zwischen
Blitzschlägen ist nur
Ein treibend' Wrack zu sehen.
Und der bleiche Käpten auf spantenübersätem Deck,
Schmerzgeplagt und mit wehendem Haar,
Packt fest das Ruder und strebt
Immer noch nach einem unbekannten
Hafen, einer imaginären Küste.
Und dumpfer wird das Brüllen von

See und Wind, und durch die Finsternis
verschwommen erscheinen Wrack und Steuermann.
Und dann auch er verschwindet immerdar.

Gibt es kein Leben außer jenem?
Irrer oder Sklave, kann der Mensch nichts andres sein?

Irrer oder Sklave, kann der Mensch nichts andres sein? Heutzutage werden Freiheitssucher zumeist verhöhnt und als Spinner abgetan. Der kühne Abenteurer mit zerzaustem Haar und starrenden Augen kann leicht den Verstand verlieren. Tatsächlich stehen die Chancen schlecht für den Freiheitssucher. Wir könnten sagen: Du brauchst nicht wahnsinnig zu sein, um hier zu arbeiten, aber es hilft. Wir denken an Nietzsche, an Kerouac, der traurig und verbittert zu seiner Mutter zurückkehrte. Wir denken an den armen Coleridge, süchtig nach Laudanum, zurückgewiesen von seinem früheren Gefährten Wordsworth. Aus Arnolds Gedicht scheint hervorzugehen, dass jeder, der versucht, sich zu befreien, nur als Wirrkopf enden kann. O Unglück, Qual, ewige Sorge, stetes Leid!

Es ist hilfreich zu erfahren, dass die heutigen Wahnsinnigen in mittelalterlichen Gesellschaften als normal gegolten hätten. In den frühen Tagen erteilte das Christentum dem Berufsleben eine Absage. »Das Christentum neigte dazu, alle Formen des *negotium*, jegliche säkulare Aktivität, zu verdammen. Andererseits förderte es ein gewisses *otium,* einen Müßiggang, der Vertrauen in die Vorsehung erkennen ließ«, schreibt der Mediävist Jacques Le Goff in *Für ein anderes Mittelalter.* Wahrlich, Müßiggänger sind gottgefälliger als Schwerarbeiter. Faule Menschen blieben untätig, weil sie darauf vertrauten, dass Gott ihnen ihr täglich Brot bescheren würde. Das Land war voll von Bettelmönchen. Im Unterschied zu den Angehörigen der elisabethanischen und der Tudorzeit waren die Menschen des Mittelalters mit Müßiggang einverstanden. Die untätigen Bettelmönche spielten in der Gesellschaft eine wichtige Rolle, denn sie boten dem Volk ein Ventil für seine Barmherzigkeit. Es war ein Paradies für Müßiggänger.

Wer sich in seiner Karriere voranarbeitet, ist im Wesentlichen unfromm, denn er besitzt genug Eitelkeit, um sein Schicksal in die eigenen Hände nehmen zu wollen. Faulheit dagegen erhebt dich in den Rang der Heiligen. »Das Misstrauen der Bauern gegenüber dem Händler und gegenüber dem verächtlichen Hochmut des Adligen fand, ideologisch betrachtet, eine Parallele und eine Rechtfertigung in den Lehren der Kirche«, schreibt der Historiker Aron Ja Gorevich in einem Essay über den mittelalterlichen Kaufmann. Karriere ist also eine protestantische Erfindung und ein Lebensideal, das in der fatalistischen katholischen Gesellschaft des Mittelalters undenkbar gewesen wäre. Damals drehte sich das Leben darum, kreativ zu sein und unterschiedlichste Dinge zu tun. Gott war kreativ, und deshalb sollte auch die Arbeit kreativ sein. Folglich waren Gärtnern, Brotbacken und Bierbrauen die frühesten Formen der Arbeit, die die Kirche billigte. Und als sich das Leben, bevor das elektrische Licht erfunden wurde und alles langweilig machte, noch an den Jahreszeiten orientierte, war es reich und vielfältig.

Von einem taoistischen oder existenzialistischen Standpunkt aus ist Karriere eine absolute Verschwendung von Zeit und Energie. Wenn sämtliche Taten nichtig sind, wenn alles Eitelkeit, das Leben absurd und die Welt ein großes

Nichts ist, warum sollen wir dann nicht faulenzen oder tun, was wir wollen? Die Karriere bemächtigt sich einer potenziellen Quelle der Freude und macht sie zu einer Pflicht, fast zu einer Buße. Möchtest du wirklich, dass auf deinem Grabstein steht: »Er hat sein ganzes Leben lang gelitten«?

In der unschönen Sprache der Gegenwart könnte ich Multitasking als eine der Lösungen nennen. Trink und rauche gleichzeitig! Aber im Ernst, du könntest eine Berufung in den Mittelpunkt deines Arbeitslebens stellen. In meinem Fall ist diese Berufung – oder Begabung – der Journalismus. Seit meinem achten Lebensjahr schreibe ich Artikel und gebe Zeitschriften heraus. Aber diese zentrale Berufung zwingt mich nicht, nur einer einzigen Tätigkeit nachzugehen und andere Aspekte menschlichen Wirkens zu vernachlässigen. Mir macht es ebenfalls Spaß, Gemüse anzubauen, Stroh auf der Erde auszubreiten, Hühner zu halten, Gegenstände aus Holz herzustellen, mit meinem Luftgewehr auf Bohnendosen zu schießen, mit meinen Kindern Pokémon zu spielen oder auf der Ukulele zu klimpern. Diese Dinge tue ich nicht für Geld oder die Karriere, sondern um ihrer selbst willen. Wie ich festgestellt habe, genügen drei Stunden bezahlter Arbeit pro Tag, um über die Runden zu kommen. Die übrige Zeit widme ich unbezahlter Arbeit oder unbezahltem Spiel.

Um Selbstgenügsamkeit und Kreativität in unser Leben zurückzuholen, könnten wir irgendein Geschäft von zu Hause aus betreiben, eine Heimindustrie, eine schöpferische Produktion, für die wir so viel oder so wenig Zeit und Energie aufwenden, wie es uns beliebt und wie es zu unserer jeweiligen Lebensphase passt. »Lerne ein Handwerk«, empfehle ich jungen Schriftstellern, die mit dem *Idler* Kontakt aufnehmen: Tischlern oder Schmieden oder Gartenbau oder Polstern. Solche Beschäftigungen lassen sich sehr gut mit dem Geistesleben vereinbaren. Es ist vernünftig, den unterdrückenden Lehrsatz »Viele Handwerke verderben den Meister« als bourgeoise Propaganda zurückzuweisen. Nein, du kannst zahlreiche Dinge tun: Holz hacken *und* Wasser tragen *und* Gedichte schreiben. Du kannst einen kleinen Landwirtschaftsbetrieb mit Software-Design verbinden. Ein *Idler*-Leser spielt klassische Tuba und ist außerdem ausgebildeter Stuckateur. Er liebt beide Metiers, und beide verschaffen ihm ein Einkommen. Warum soll man sich auf einen einzigen kleinen Bereich beschränken?

Eine wenig hilfreiche Lösung, welche die moderne Gesellschaft zu bieten hat, ist die »Work-Life-Balance«, die Arbeit und Freizeit in ein ausgewogenes Verhältnis bringen soll. O Graus! Ganz abgesehen davon, dass es sich um eine hässliche Formulierung handelt, stimmt mit dem ganzen Konzept etwas nicht, denn es besagt, dass Arbeit schlecht und Freizeit gut sei. Besser wäre es doch, die Arbeit in ein kreatives Vergnügen zu verwandeln. Dann brauchte man sich keine Sorgen um die Ausgewogenheit zwischen Gutem und Schlechtem zu machen: Alles wäre gut. Die Utopie der Müßiggänger zielt nicht darauf ab, Seite an Seite mit den Gewerkschaften die unerfreuliche Arbeit einfach zu verringern, sondern vielmehr darauf, Arbeit und Freizeit zu einem erfüllenden Ganzen zusammenzufügen.

Karrieren gestatten uns nicht, vollauf wir selbst zu sein, denn ihr Erfolgsmaßstab sind nicht Spaß an der Arbeit und Kreativität, sondern Geld und Status. Ein Beruf dagegen – im Sinne von Berufung – ist eine Aufgabe, mit deren Erledigung du deinen Lebensunterhalt verdienst und die dir gleichzeitig Spaß macht. Wie erwähnt, ist meine Berufung der Journalismus, also Kommunikation. Eric Gill fand seine Berufung als Steinmetz, Blake als Graveur, John Lennon als Songschreiber und so weiter. Wenn du diese Aufgabe in den Mittelpunkt deines Lebens stellst, bedeutet das nicht, dass du nichts anderes tun kannst. Ein Steinmetz könnte nebenbei durchaus Gedichte schreiben, das Haus säubern, Objekte aus Holz herstellen oder ein Gemüsebeet jäten. Aber das Bearbeiten von Steinen bildet das Zentrum seines Arbeitslebens und verschafft ihm seinen Unterhalt.

Wir haben die Pflicht, in unser Herz zu blicken und unsere Berufung, unsere Begabung, zu finden. Sobald wir das getan haben, werden wir feststellen, dass sich andere Teile unseres Lebens auf ganz natürliche Weise daraus ergeben. Wenn wir den Beruf – und nicht das Geldverdienen um seiner selbst willen – zum Mittelpunkt unseres Lebens machen, dann folgt das Geld von ganz allein. Wie Max Weber in *Die protestantische Ethik und der Geist des Kapitalismus* schreibt, vertrat die katholische Kirche im Mittelalter gegenüber der Arbeit folgende Auffassung: »Ein jeder bleibe bei seiner ›Nahrung‹ und lasse die Gottlosen nach Gewinn streben.«

Der Beruf orientiert sich an der Gemeinschaft und verleiht Erfahrung, während die Karriere einer egoistischen, ehrgeizigen Arbeitsauffassung entspringt. Die Berufskurve ist stetig und flach, die Karriere dagegen bildet eine nach oben, in die Unendlichkeit weisende Kurve. Wenn wir die Arbeit als Berufung empfinden, können wir kontinuierlich und zufrieden tätig sein.

Ein wunderbar positives Verständnis von der menschlichen Arbeit hat mir der Künstler Joe Rush vermittelt. In den achtziger Jahren gehörte Joe zu den Gründern einer aufsässigen Künstlergruppe namens Mutoid Waste Company, deren Angehörige fantastische Skulpturen aus herumliegendem Altmetall schufen. Zum Beispiel verwandelten sie ein zerbeultes Auto in etwas Wunderbares: in ein Rieseninsekt oder einen Dinosaurier, einen Schädel oder einen Vogel. Sie führten das Leben von Bettelmönchen, reisten in ganz Europa zu Festspielen und wohnten in besetzten Häusern. Ihre einfache Botschaft lautete: »Sei kreativ.« Joe war der Meinung, dass wir alle mit einer Begabung auf die Welt kämen, die wir entdecken und dann erforschen müssten. »Du bist begabt«, sagte er. »Es ist ein persönliches Geschenk … und wenn jemand eifersüchtig darauf ist, dann nur deshalb, weil er nicht nach seiner eigenen Begabung Ausschau gehalten hat.«

Und wie findet man seine Berufung, seine Begabung? Die Antwort lautet: indem man so lange wie möglich nichts tut. So wie kluge Gärtner raten, dass man nach der Übernahme eines Gartens ein Jahr lang nichts tun sollte, um herauszufinden, was dort wächst, um dann erst seinen eigenen einzigartigen, nützlichen und schönen Garten zu entwerfen, würde ich empfehlen, dass du dir ein paar Monate oder, falls du die Möglichkeit dazu hast, vielleicht sogar ein Jahr freinimmst. Meistens sind wir zu beschäftigt, um zu ergründen, was wir wirklich tun möchten. Nimm dir etwas Zeit, und die Dinge werden allmählich klarer. Hör vor allem auf, dir Mühe zu geben. Eine Karriere verlangt höchsten Einsatz, doch freie Geister hören auf, sich abzumühen, und warten stattdessen ab, wie sich die Dinge entwickeln.

FINDE DEINE BEGABUNG

5
Raus aus der Stadt

Denn ich wuchs auf
In großer Stadt, eingepfercht zwischen trüben Gängen,
Und sah nichts Schönes außer Himmel und Sternen.
Coleridge, »Frost at Midnight«, 1797

Die Flucht aus der Stadt ist ein seit langem gehegter romantischer Traum. Von Virgils *Idyllen* über die Dichter der Romantik bis hin zu heutigen Pop- und Folksongs wird deutlich, dass wir alle uns nach Frieden sehnen und versuchen, in den Garten der Liebe zurückzukehren. Diese pastorale Vision findet man zum Beispiel in den Songs von Peter Doherty mit ihren Anspielungen auf Albion und Arkadien und das Hirtenlied. Mit guten Freunden, gutem Essen und in einer schönen Umgebung, der Eile und dem Tumult der Hauptstadt entrückt, weit entfernt von U-Bahnen, Vorortzügen, Bomben und Reklame, könnten wir glücklich sein. Die revolutionäre Gedichtsammlung von Wordsworth und Coleridge, *Lyrical Ballads* (1798), war das Ergebnis einer ländlichen Klausur. Coleridge hatte sich nach Nether Stowey in den Quantocks in Westengland zurückgezogen, während Wordsworth und Dorothy im nahe gelegenen Alfoxden House Unterschlupf gefunden hatten. Dort schloss sich ihnen kurzfristig der radikale John Thelwall an. Sie alle wurden von den Ortsbewohnern sehr misstrauisch beobachtet – und auch von der Regierung, die eigens einen Spitzel (später von Coleridge in *Biographia Literaria* [1817] »Naseweiser Spion« getauft) zu ihrer Beobachtung entsandte. Thelwall beschrieb diese Monate in seinen »Lines Written at Bridgwater« (1797) folgendermaßen:

> Ah, lass mich weit im abgeschiednen Tal
> Bauen mein niedrig Bett; und glücklich mag's sein,
> Mein Samuel! Nah dem deinen, damit wir oft
> Süße Gespräche tauschen können, geliebtester Freund!
> Lang geliebt, bevor bekannt, denn gleiche Gefühle
> Verbanden trotz der Ferne unsere verwandten Seelen …
>
> Und hold wär's,
> Nach getaner Arbeit und literarischer Müh,
> Abwechselnd in des andren Laube
> In milder Sommerzeit zu sitzen,
> Oder, wenn Winters Schwall
> Des Laubes Schirm gesprenkelt hat,
> Am lodernden Kamin, gesellig und froh,
> Karge Nahrung und den Krug
> Mit selbstgebrautem Trunk zu teilen –
> An unsrer Seite deine Sara und meine Susan
> Und vielleicht Alfoxdens sinnend' Mieter
> Und die Maid feurigen Auges, die ihm mit
> Schwesterliebe die Einsamkeit versüßt.

Der »selbstgebraute Trunk« klingt mir sehr verlockend. »Alfoxdens sinnend' Mieter« ist übrigens William Wordsworth und die »Maid feurigen Auges« seine Schwester Dorothy. Eine solche Idylle habe ich versucht, hier in unserem gemieteten Bauernhaus in Devon zu schaffen. Wir haben einen eigenen Pub und eine Speisekammer voller Bier und laden unsere Freunde zu angenehmen

Gesprächen und fröhlichen Zechereien ein. Mein Haus-Pub wird in der Tat eine Stätte der Freiheit sein, denn nun, da das Rauchen an allen öffentlichen Orten verboten werden soll, könnte mein Wirtshaus, The Green Man, bald das einzige in England sein, wo man zum Tabakgenuss ermuntert wird.

Während sich die industrielle Revolution quälend voranwälzte, kam es zu häufigen Protesten gegen ihre Auswirkungen. Es gab zahlreiche Bemühungen, ideale Gemeinschaften zu gründen und das Leben nach genossenschaftlichem oder kommunistischem Vorbild zu gestalten (in jenen frühen Tagen des politischen Radikalismus besaß das Wort »kommunistisch« noch keine der heutigen albtraumhaften Assoziationen von Zentralismus und Ödheit). William Morris, W. B. Yeats und D. H. Lawrence träumten alle von einem irdischen Paradies, und es hatte in der Regel nichts mit der Stadt zu tun. »Wo immer Menschen sich ein vollkommenes Leben vorstellen«, schrieb Yeats,

> denken sie an einen Ort, an dem gepflügt, gesät und geerntet wird, nicht an einen Ort, wo sich große Räder drehen und Rauch ausgespien wird … Wir wollen ein uraltes Lebensideal bewahren. Wo seine Bräuche herrschen, dort wirst du das Volkslied, das Volksmärchen, das Sprichwort und die bezaubernden Sitten der alten Kultur finden … Wir müssen auf eine Weise wirken, dass sich jene noble alte Lebensart in unserem Volk kraftvoll ausbreitet.

William Morris hatte einen ähnlichen Traum:

> Es scheint mir niemandes Aufgabe zu sein, die Dinge zu verbessern – trotz meines Murrens ist es jedenfalls nicht

> meine Aufgabe –, aber nehmen wir an, die Menschen lebten in kleinen Gemeinschaften zwischen Gärten und grünen Feldern, so dass man nach fünfminütigem Spaziergang auf dem Land sein könnte, und nehmen wir an, sie hätten wenig Ansprüche, zum Beispiel fast kein Mobiliar, und keine Bediensteten und widmeten sich den (schwierigen) Künsten des Lebensgenusses und fänden heraus, was sie wirklich wollen. Dann dürfte man hoffen, dass die Zivilisation wirklich begonnen hätte.

In den siebziger Jahren des zwanzigsten Jahrhunderts hatte John Seymour mit seiner Anleitung für Selbstversorger, *Das große Buch vom Leben auf dem Lande*, erheblichen Erfolg. Wie William Cobbetts *Cottage Economy*, ein früheres Werk, enthält Seymours Buch eine positive Philosophie und nicht bloß praktische Ratschläge. Und wie Cobbetts Band ist es von einem unabhängigen und exzentrischen, doch ganz und gar vernünftigen Geist durchdrungen. Seymour traf seine Entscheidung, dem modernen Industriesystem zu entfliehen und auf dem Land zu leben, aus pragmatischen Gründen. In seinem Buch *Wir ziehen hinaus aufs Land* (1961) schildert er, wie seine Familie und er nach einer billigen Lebensweise Ausschau hielten, damit er als freier Journalist nicht so hart arbeiten musste. Die Stadt zu verlassen und ein Landleben zu führen kann jedoch Schwerarbeit sein. Rustikale Abgeschiedenheit mag romantisch erscheinen, doch das Leben ist leichter im Kreis von Freunden und Nachbarn. Man braucht andere Menschen. In *Das große Buch vom Leben auf dem Lande* schwärmt Seymour – wie Yeats und Morris – von einer ländlichen Gesellschaft:

Ich glaube, wenn ein halbes Dutzend Familien beschlössen, sich teilweise selbst zu versorgen, und sich ein paar Kilometer entfernt voneinander niederließen und wüssten, was sie tun, könnten sie ein sehr gutes Leben führen. Jede Familie würde über ein Gewerbe oder einen Beruf oder ein Handwerk verfügen und deren Produkte an die übrige Welt verkaufen. Jede Familie würde eine Vielzahl von Objekten anbauen, züchten oder produzieren, die sie selber nutzt und mit den anderen Familien gegen deren Güter austauscht. Niemand würde sich bei der Ausübung seiner spezialisierten Kunst oder seines Handwerks langweilen, da man nicht den ganzen Tag damit verbringt, sondern daneben zahlreiche andere Arbeiten verrichtet. Diese Teilspezialisierung würde wenigstens eine gewisse Muße ermöglichen – wahrscheinlich mehr, als der städtische Lohnsklave erhält, nachdem er die Strecke zu und von seiner Fabrik oder seinem Büro zurückgelegt hat.

Genau das ist meine Hoffnung für meinen eigenen Wohnort. Wenn die fünf Häuser in unserer Siedlung allmählich zum Verkauf angeboten werden, kann ich dann meine Freunde überreden, sie zu erwerben und hierherzuziehen? Wir alle würden eigene Gemüsebeete besitzen, manche könnten Hühner, andere Schweine und noch andere Ziegen züchten. Man braucht Freunde und Nachbarn, um so etwas zu realisieren. Es allein zu versuchen ist zu schwierig. Wir könnten Erzeugnisse austauschen und einander in Ruhe lassen, wenn uns der Sinn danach steht.

Im Idealfall bringt man ein Element der Stadt mit aufs Land. Einige empfinden Städte als befreiend. Im späten zwölften Jahrhundert schrieb ein Mönch namens Richard von Devizes missbilligend über die Ausschweifungen von

London: »Niemand wohnt dort, ohne irgendeinem Verbrechen anheim zu fallen … die Zahl der Schmarotzer ist unendlich. Schauspieler, Gaukler, glatthäutige Burschen, Mauren, Schmeichler, hübsche Jungen, weibische Männer, Päderasten, Gesangs- und Tanzmädchen, Quacksalber, Bauchtänzerinnen, Zauberinnen, Erpresser, Nachtwanderer, Magier, Mimen, Bettler, Possenreißer: dieses Volk füllt sämtliche Häuser.« Es klingt großartig, fast so wie die Dean Street heutzutage an einem Donnerstagabend. – Mehr noch, es klingt genau so, weshalb ich meine Nächte dort draußen zu schätzen weiß.

Ich bin in London aufgewachsen, in London zur Schule gegangen und habe die ersten zwölf Jahre meines Arbeitslebens in London zusammen mit den Nachtwanderern, Bettlern und Possenreißern verbracht, und das machte mir großen Spaß. Erst spät merkte ich, dass ich in meinem Verhalten eingeschränkt wurde. Die jeweilige Sicht der Stadt beruht vermutlich darauf, ob man das kommerzielle Leben als befreiend oder einengend empfindet. Im Gegensatz zum entsetzten Richard von Devizes meinte einer seiner Zeitgenossen beifällig: »Die Londoner City verbreitet ihren Ruhm weiter, schickt ihren Reichtum und ihre Waren in fernere Gegenden und trägt den Kopf höher als alle anderen … Die Bürger von London sind wegen ihrer erlesenen Sitten, ihrer Gewandung und ihrer Tafel bekannter als die aller übrigen Städte.« Es ist interessant, welche Prioritäten im Mittelalter galten: Feine Manieren, elegante Kleidung und gute Speisen stehen ganz oben.

Trotz des unleugbaren Reizes der Zauberinnen und Bauchtänzerinnen – und trotz des Reichtums – ließ ich mich irgendwann vom Landleben verlocken. Ungeachtet der unvermeidlichen Schwierigkeiten und des schlechten Wetters und aller übrigen Probleme stellte ich fest, dass wir plötzlich über Zeit und Raum verfügten. Außerdem kann man auf dem Lande von weniger Geld leben, und das bedeutet weniger Arbeit. Unzweifelhaft ist meine Familie nun nicht mehr so geldorientiert wie früher. Die Stadt scheint einem die Scheine aus der Tasche zu saugen, wenn man durch ihre verführerischen Straßen geht. Vermutlich ist es leichter, auf dem Land tugendhaft zu sein, da es dort, wie Oscar Wilde schrieb, keine Versuchungen gibt.

Typische Stadtmenschen beklagen sich über die Stille auf dem Lande. Sie vermissen die Sirenen. Auch gefällt es ihnen nicht, dass auf dem Land jeder über deine Schritte Bescheid weiß. In der Stadt kann man seine Privatsphäre und seine Anonymität pflegen. Andererseits ist es dort viel leichter, Gruppen gleichgesinnter Individuen zu finden. Die Arts-and-Crafts-Bewegung im Vereinigten Königreich hatte, obwohl ihre Mitglieder das Landleben liebten, starke Bande zu London. William Morris zum Beispiel verbrachte dort viel Zeit in geschäftlichen Angelegenheiten.

Es ist möglich, beides zu tun. Man kann einen gesunden Dialog zwischen Land und Stadt pflegen, indem man auf dem Lande reflektiert und dann in die Stadt zurückkehrt, um seine Geschäfte zu tätigen. Man braucht die Stadt, um seine Waren zu verkaufen, seien es Schriften oder Skulpturen oder Karotten. Wie der heilige Thomas von Aquin in seiner *Summe der Theologie* schreibt: »Beide Lebensformen sind legitim und lobenswert – nämlich dass sich ein Mensch aus der Gesellschaft anderer zurückzieht und Enthaltung übt oder dass er mit anderen umgeht und wie sie lebt.« Beispielsweise hielten sich die mittelalterlichen Baumeister im Winter auf ihrem kleinbäuerlichen Landbesitz auf, während sie in den helleren Monaten die Straßen entlangzogen und ihre Dienste feilboten. Gutsbesitzerfamilien des achtzehnten Jahrhunderts hingegen verbrachten den Winter in London. Das Problem der Städte ist nicht, dass sie Städte sind, sondern ihre Größe. Die Dimensionen sind einfach schwindelerregend und nicht zu bewältigen. Beispielsweise nehmen Fahrten in London von einem Ort zum anderen oft eine Stunde in Anspruch. Allerdings ist dieses Problem leicht zu lösen: Verkauf das Auto, leg dir ein Fahrrad zu.

Eine Kleinstadt dagegen kann einen außerordentlichen Grad an Freiheit bieten. Das Mittelalter mit seinen freien Stadtstaaten liefert uns hierfür Beispiele. Vom zwölften Jahrhundert an bestand eine gigantische Demokratiebewegung in ganz Europa, die darauf abzielte, Städte mit 50000 bis 100000 Einwohnern zu schaffen. Sie sollten sich selbst regieren und frei von Einmischung durch den Adel sein. Die Initiatoren waren die neuen Bürger, welche die Einschränkungen auf den Lehnsgütern nicht mehr ertragen und ein freies Leben führen wollten.

Diese Kultur wird von Fürst Pjotr Kropotkin in *Gegenseitige Hilfe* (1902) erforscht. Es ist ein außerordentlich inspirierendes Buch, verfasst von einem bedeutenden Mann. 1842 als Kind aristokratischer Eltern geboren, wurde er durch die Ungerechtigkeiten der Leibeigenenkultur, in der er aufwuchs, zum Revolutionär. Nach 1917 lebte er hauptsächlich in Europa und verbrachte längere Zeit im Vereinigten Königreich. Oscar Wilde beschrieb Kropotkin als einen der beiden wirklich glücklichen Menschen, denen er je begegnet sei. *Gegenseitige Hilfe* erschien, als Kropotkin in Bromley, Kent, wohnte – eine recht kleinbürgerliche, vorstädtische Adresse für einen der größten anarchistischen Denker aller Zeiten.

In *Gegenseitige Hilfe* führt Kropotkin aus, dass mittelalterliche Städte bewusst auf Prinzipien aufgebaut wurden, die man heute wieder als gefährlich radikal betrachten würde. Dadurch wollten die Bewohner der Herrschaft der Adligen entgehen und eine im Umgang mit Arbeit und Kreativität vorbildliche Gemeinschaft aufbauen, in der Gerechtigkeit, Gleichheit und Hilfsbereitschaft die vorherrschenden ethischen Grundsätze waren. Ähnlich wie wir heute durch die Werte der Konkurrenz und des Gewinns motiviert werden, vertrat man im Mittelalter die Vorzüge der Zusammenarbeit. Die Menschen wurden nachhaltig durch die Wiederentdeckung von Aristoteles' *Ethik* (man bezeichnete Aristoteles als »den Philosophen«, als wäre er als Einziger der Rede wert) und durch die Bergpredigt beeinflusst. Es ist wichtig, sich klarzumachen, dass sich die Änderungen nicht von selbst vollzogen, sondern auf einer Philosophie und dann dem bewussten Versuch beruhten, diese Philosophie umzusetzen und zu verbreiten. Die betreffenden Städte hatten um die 50 000 Einwohner, und in ihnen gab es Schulen, Krankenhäuser, Badehäuser, Werkstätten und die herrlichste Architektur. Die Arbeit wurde nach dem Gildensystem organisiert. Die Städte hatten eine natürliche Wachstumsgrenze, denn sie waren von Mauern umgeben. In ihren Kathedralen sahen Kropotkin und andere Bewunderer des Mittelalters wie Ruskin den leidenschaftlichen, kreativen Unternehmungsgeist am intensivsten ausgedrückt. Folgendermaßen beschreibt Kropotkin die Entstehung der mittelalterlichen Stadt:

> Mit einer Übereinstimmung, die fast unbegreiflich ist und lange Zeit hindurch von den Historikern nicht verstanden wurde, begannen die städtlichen Bevölkerungen, bis hinab zu den kleinsten Marktflecken, das Joch ihrer weltlichen und geistlichen Herren abzuschütteln. Das befestigte Dorf erhob sich gegen das Schloss des Adligen, bot ihm erst Trotz, griff es dann an und zerstörte es schließlich. Die Bewegung dehnte sich von Ort zu Ort aus, ergriff jede Stadt in ganz Europa, und in weniger als hundert Jahren waren an den Küsten des Mittelmeeres, der Nordsee, der Ostsee, des Atlantischen Ozeans bis zu den Fjorden Skandinaviens, am Fuß der Apenninen, der Alpen, des Schwarzwaldes, des Grampiangebirges und der Karpaten, in den Ebenen Russlands, Ungarns, Frankreichs und Spaniens freie Städte ins Leben getreten. Überall trat dieselbe Rebellion ein, mit denselben charakterlichen Erscheinungen, ging durch dieselben Etappen hindurch, führte zu denselben Resultaten. Überall, wo die Menschen hinter ihren Mauern einigen Schutz gefunden oder zu finden geglaubt hatten, errichteten sie ihre »Verschwörungen«, ihre »Bruderschaften«, ihre »Freundschaften«, die zu einer gemeinsamen Idee verbunden waren und kühn sich einem neuen Leben gegenseitigen Beistandes und der Freiheit zuwandten. Es gelang ihnen so gut, dass sie in drei- oder vierhundert Jahren das Aussehen Europas völlig umgewandelt hatten. Sie hatten das Land mit schönen, prächtigen Gebäuden erfüllt, die dem Geiste freier Vereinigungen freier Männer Ausdruck gaben und denen in ihrer Schönheit und Ausdrucksfülle seitdem nichts gleichgekommen ist; und sie hinterließen den folgenden Generationen all

> die Künste, all die Industrien, in deren Gefolge unsere heutige Zivilisation, mit all ihren Verbesserungen und Versprechungen für die Zukunft, nur eine Weiterentwicklung ist. Und wenn wir jetzt nach den Kräften uns umsehen, die zu diesen großen Ergebnissen geführt haben, dann finden wir sie – nicht im Genie individueller Helden, nicht in der mächtigen Organisation riesiger Staaten oder den politischen Fähigkeiten ihrer Regenten, sondern in eben der Strömung gegenseitiger Hilfeleistung, die wir in der Dorfmark am Werke sahen und die im Mittelalter durch eine neue Form der Vereinigung belebt und neu gestärkt wurde, die derselbe Geist eingegeben hatte, die aber nach neuem Muster gebildet war – die Gilden.

Im Florenz des dreizehnten Jahrhunderts gab es sieben höhere und vierzehn niedrigere Gilden oder *arti*. Neben den höheren Gilden der Richter und Notare, der Bekleider und Färber ausländischer Stoffe, der Wollhersteller, der Seidenhersteller, der Bankiers und Geldwechsler, der Ärzte und Apotheker sowie der Kürschner bestanden die niedrigeren Gilden der Schlachter, Schuhmacher, Gerber, Baumeister, Ölhändler, Tuchhändler, Schlosser, Waffenschmiede, Sattler, Zimmermänner, Gastwirte, Schmiede, Weinhändler und Bäcker – und alle lebten mehr oder weniger harmonisch in einer Art anarchistischem Staat zusammen, wobei die Oberhäupter der Gilden jeweils zwei Monate lang dem Rat der Stadt angehörten.

Könnten wir heute ähnliche Städte neu erschaffen? Sollte nicht jeder Stadtplaner und Architekt gezwungen werden, das Buch *Gegenseitige Hilfe* zu lesen? Offenkundig müssen wir eine Stadt mit 50000 Menschen, 50000 Freiheitssuchern, finden, sie mit einer Mauer umgeben, eine unabhängige Republik ausrufen und dann nach den Wünschen der Beteiligten verfahren. Die mittelalterlichen Städte lieferten für Kropotkin den Beweis, dass wir, wenn wir uns selbst überlassen sind, unsere Angelegenheiten viel besser organisieren können als jede Regierung. Der reisende Hillbilly, Punk und Skateboarder William Elliot Whitmore brachte es auf den Punkt: »Wir haben alle dieselben Ideale, und der Durchschnittsbürger ist gut, aber unsere Regierungen bauen nur Scheiße.« Die mittelalterliche Stadtbewegung zeigt uns auch, dass Autorität und Konkurrenz keineswegs unvermeidliche Organisationsprinzipien sind, wie uns manche Stammtischphilosophen weismachen wollen.

Was ich gern sehen würde – und was im mittelalterlichen England existierte –, ist ein Land aus kleinen autonomen Föderationen von Städten, Dörfern, Gemeinden und Siedlungen. Schon der Gedanke, alles zentral organisieren zu wollen, ist absurd, weil er Unterschiede innerhalb des Landes nicht berücksichtigt: unterschiedliche Lebenseinstellungen, Kulturen, Sprachformen, Bräuche, Wetterbedingungen und sogar unterschiedliche Kleidung. Zentralisierung bedeutet Uniformität, die auf Langeweile und schließlich den Tod hinausläuft (siehe Kapitel 2). Stell dir vor, ein kleines Dorf oder eine kleine Stadt mit deinen Kumpeln zu besiedeln und eure eigene freie Gesellschaft zu gründen.

Ich frage mich, welche Änderung oder Krise zu einer neuen westlichen Welt und einer neuen Denkweise führen könnte. In den Siebzigern sprachen alternative Denker fast hoffnungsvoll von einer Ölkrise, doch das Öl scheint immer noch aus dem Boden zu sprudeln. Wann wird es aufhören? Ich persönlich würde eine Ölkrise begrüßen, denn dann würden wir vielleicht zum Holz als Energiequelle zurückkehren. Holz ist endlos erneuerbar, wächst an Bäumen und wird geerntet, nicht abgebaut (mir gefällt sogar die Vorstellung, dass wir uns mit Pferden fortbewegen und mit Schiffen von Land zu Land gelangen). Da die Treibstoffkosten steigen, hat sich die Nachfrage nach lokaler Energie erhöht, und Firmen, die Solarzellen, Wärmepumpen oder Brennstoffzellen liefern, sind sehr erfolgreich. Auch mittelalterliche Techniken wie Wasserräder und Windmühlen kommen wieder in Mode. Wir begreifen allmählich, dass die Forderung nach erneuerbarer Energie keineswegs spinnerhaft, sondern vernünftig ist – und billiger als die ineffiziente konventionelle Stromversorgung. Ich vermute, dass die Erzeugung zumindest eines Teils deiner eigenen Elektrizität ähnliche Emotionen hervorruft wie der Anbau von eigenem Gemüse: Es ist ein sehr angenehmes und befriedigendes Gefühl, die Abhängigkeit vom zentralisierten Verteilungssystem in einem Teilbereich überwunden zu haben. Solarzellen sind Anarchie in Aktion.

Natürlich ist es durchaus möglich, eine Art Landleben in der Stadt zu führen, wenn man damit ein – im heutigen Jargon – nachhaltiges Leben vor Augen hat. Mein in der Stadt wohnender Freund Graham Burnett machte mich mit der Permakultur-Bewegung bekannt. Dies ist eine Lebensweise, die ein Mann namens Bill Mollison in Australien ersann. Der Permakultur liegt die Idee zugrunde, Lebenssysteme aufzubauen, welche die Erde und andere Menschen nicht ausbeuten; sie sollen mit der Natur verschmelzen, sich dem Alltagsleben und der Umgebung anpassen und zudem wenig Arbeit erfordern. Permakultur ist praktizierter Müßiggang. Die Zeitschrift *Permaculture* zum Beispiel enthält zahlreiche Artikel über Menschen, die ihren vorstädtischen Hintergarten in wahrhafte Wälder aus Obstbäumen verwandelt haben, oder über Stadtbewohner, die ihr gesamtes Gemüse auf einer Parzelle züchten. Es ist ein praktisches Verfahren, weil wir auf diese Weise nicht gezwungen sind, alle in bäuerliche Kleinbetriebe umzuziehen und Selbstversorger zu werden. Hier wird uns gezeigt, wie man auch in der Stadt frei sein kann. Beispielsweise kann man sich einen Schrebergarten zulegen oder auf der Fensterbank Pflanzen anbauen. Grab den bürgerlichen Rasen um und pflanze Himbeer-, Stachelbeer- und Blaubeersträucher, Pfirsich- und Birnbäume. Der andere sehr attraktive Teil der Philosophie ist der, dass sie die Reflexion über die Aktion stellt: Nach der Einrichtung des Systems kann man die äußerst produktive Permakultur-Parzelle weitgehend sich selbst überlassen. Permakultur lehnt Schwerarbeit ausdrücklich ab, denn letztere läuft häufig auf übermäßige Eingriffe in die Natur hinaus. Daher ist das System ideal für Müßiggänger. Ich empfehle es.

Um unsere Städte zu regenerieren, müssen wir alle so viele Samen wie möglich ausstreuen. Wenn du einen Spaziergang machst, nimm Samen – Mohn, Mangold, Senfkohl – mit und streue sie zwischen das Unkraut auf brachliegenden Grundstücken. Dann warte ab, was geschieht. Hier ist wieder John Seymour:

> Ich kann mir, eines Tages in der Zukunft, eine hoch entwickelte Gesellschaft vorstellen, in der einige in Städten

von menschlicher Größe leben und andere über eine gut gepflegte Landschaft verstreut sind, alle voneinander abhängig und doch in mancher Hinsicht sehr unabhängig, wobei die Städte ihren Beitrag zu den Landgebieten leisten und umgekehrt. Dies wäre keine stark mechanisierte oder industrialisierte Gesellschaft, sondern eine Gesellschaft, in der die wahren Künste der Zivilisation ein hohes Niveau erreichen, in der Literatur, Musik, Drama, die bildenden Künste und das Kunsthandwerk, die zum guten Leben führen, von allen Menschen praktiziert und geschätzt werden. Dies wäre keine »Rückwendung«, was immer das bedeutet. Es wäre, wenn man in solchen imaginären Fortschritten denken will, ein »Vorangehen« in ein Goldenes Zeitalter. Das perikleische Athen war gar kein so schlechter Ort, von ein paar Sklaven abgesehen. Wenn wir einen Weg finden könnten, das gleiche Ergebnis ohne Sklaven zu erzielen, dann hätten wir etwas sehr Verdienstvolles geleistet.

Was die Landwirtschaft betrifft, kann man die Menschen des Mittelalters als Permakulturisten bezeichnen: Die Systeme waren nachhaltig. Es gab keine Belastung, keine Intensivnutzung der Böden; vielmehr betrieben die Bauernhöfe eine Mischwirtschaft. Das Land befand sich in vielen Händen und war meist in kleine Grundstücke aufgeteilt. Zudem recycelten die Menschen alles ohne Hilfe durch die Ortsbehörden. Das Geld blieb in der lokalen Wirtschaft, statt von Supermärkten abgesaugt zu werden. Man kannte keine Autos, und die Bewohner bauten ihre Häuser weitgehend selbst. Streitigkeiten schlichtete man vor Ort. Es gab keine Plastikverpackungen und deshalb kaum Müll: ein Paradies für Permakulturisten. Heute haben wir die

Möglichkeit, all die guten Ideen, die in der mittelalterlichen Lebensweise steckten, ohne die Dominanz des Klerus zu übernehmen.

Wenn du deine Lebenseinstellung und entsprechend dein Verhalten geändert hast, spielt es also letztlich keine Rolle, ob du fröhlich in der Stadt oder auf dem Land wohnst. Du brauchst die Stadt nicht zu verlassen, um dem Stadtleben zu entgehen.

PACHTE EINEN SCHREBERGARTEN

6

Schluss mit dem Klassenkampf

Numquam libertas gratior exstat
Quam sub rege pio.
(Nie tritt die Freiheit angenehmer hervor
als unter einem gottesfürchtigen König.)
Claudianus, 370 – ca. 404 n. Chr.

Als Adam grub und Eva spann,
Wer war da der Edelmann?
Spruch der aufständischen mittelalterlichen Bauern

Unser heutiges Klassensystem entspricht in etwa der dreistufigen Struktur, die sich im frühen Mittelalter entwickelte. Die drei Klassen bestanden aus den Bauern, den Geistlichen und den Adligen. Die Bauern *(laboratores)* bearbeiteten das Land, die Geistlichen *(oratores)* lasen, schrieben, reflektierten, beteten und kümmerten sich um die Armen, während die Adligen *(bellatores)* in den Krieg zogen. Ich hätte nichts dagegen gehabt, einer jener Klassen anzugehören, denn sie scheinen weit mehr Vorzüge gehabt zu haben als unsere jetzigen: Der heutigen Arbeiterschaft anzugehören heißt, man geht einer langweiligen Tätigkeit nach und macht Schulden; Teil der Mittelschicht zu sein bedeutet, man geht einer langweiligen Tätigkeit nach und macht noch größere Schulden; und wer Mitglied der Oberschicht ist, hängt herum, streitet sich mit Familienmitgliedern und verkauft nach und nach seine Anwesen und seinen sonstigen Besitz, um die Steuern bezahlen zu können.

Ja, ich wäre als mittelalterlicher Bauer, Geistlicher oder Adliger glücklich gewesen. Wahrscheinlich habe ich am meisten mit den Geistlichen gemein, da Lesen und Schreiben meine Hauptbeschäftigungen sind, aber mir gefällt der Gedanke, auch etwas von einem Bauern an mir zu haben, weil ich gern den Boden, in Gestalt meines Gemüsebeets, bestelle, und ein bisschen von einem Adligen, da ich es liebe, herumzuhängen und nichts zu tun. Ich möchte also in meiner eigenen Person die besten Aspekte der drei Klassen vereinen.

Erstaunlicherweise bot das mittelalterliche System im Grunde mehr, nicht weniger Gleichheit als das heutige. Schaut man sich Gutsverzeichnisse zwischen den Jahren 1100 und 1500 an, so sticht einem der hohe Grad an wirtschaftlicher Gleichheit ins Auge. Mit Ausnahme des Gutsherrn befanden sich alle auf dem gleichen Niveau. Das ist das Paradoxon der mittelalterlichen Autorität: Sie schuf mehr Freiheit. Von Jesus inspirierte Kleriker predigten, dass alle Menschen vor Gott gleich seien; der Fürst sei nicht besser als der Bauer, wodurch Ersterem ein gewisses Maß an Bescheidenheit und Letzterem ein gewisses Maß an Adel vermittelt wurde. Der Mittelalterspezialist Jacques Le Goff meint, über jeder mit dem Land verbundenen Aktivität habe ein »Heiligenschein« geschwebt. Wer den Boden bestellte, stand Gott näher. Und in der demokratischen Troubadour-Kultur des südlichen Frankreich erklärten etliche Dichter, Adel sei eine Frage des Charakters, nicht der Geburt, und deshalb für den Bauern, den Bürger und den Edelmann gleichermaßen erreichbar. In England erkauften sich Leibeigene die Freiheit, und Bauern wurden zu Freisassen. Das war die Schicht, zu der Chaucers selbstbewusster, wohlhabender und großzügiger Gutsbesitzer zählte. Es hieß,

> dass sich der Tisch in seinem Haus vor Essen
> und Trinken und allen Köstlichkeiten, die man sich
> überhaupt vorstellen konnte, nur so bog.

Sogar Bischöfe stammten aus den unterschiedlichsten sozialen Schichten, die erheblich durchlässiger waren, als man der Epoche gemeinhin zuschreibt, besonders im Spätmittelalter. Und die damalige Mittelschicht, zu der beispielsweise die Landbesitzer gehörten, wussten im Gegensatz zum heutigen Bürgertum ihre Freiheit zu schätzen. Dazu der Historiker M. H. Keen: »Der Wohlstand solider Menschen der mittleren Ränge hatte … eine tiefgreifende Wirkung auf den englischen Nationalcharakter. Sie ermöglichten den Engländern, der Tyrannei zu widerstehen.«

Heutzutage arbeiten wir alle zu schwer für andere und tun unkreative und langweilige Dinge. Wir haben uns der Tyrannei der Arbeitsethik unterworfen. Sogar einige Aristokraten haben eine Arbeit angenommen und scheinen recht stolz darauf zu sein. Die Herrschaft der Bourgeoisie durch das Parlament ist die Herrschaft der Starken mit Hilfe der Faden und Schwachen, und durch die so genannte Chancengleichheit droht der grässliche, breiige Strudel, den die puritanischen Mittelschichtparlamentarier geschaffen haben, uns alle in den höllischen Schlamm zu saugen. Die Arbeiterschaft wird ermutigt, sich der Mittelschicht durch Plackerei anzuschließen, und die Mitglieder der Oberschicht werden ermutigt, ihrerseits dumpfe

Demokraten zu werden, Arbeitsplätze zu übernehmen und langweilig zu sein!

Die einstige Einstellung der Arbeiterschaft, wie sie Richard Hoggart in *The Uses of Literacy* beschreibt, ist positiv, denn sie stellt Hilfsbereitschaft, Vergnügen und Freunde über Arbeit und Karriere:

> Was immer man unternimmt, der Horizont dürfte begrenzt sein. Ohnehin, fügen Vertreter der Arbeiterschaft rasch hinzu, kann man mit Geld niemanden glücklich machen, genauso wenig wie mit Macht. Die »wirklichen« Dinge beträfen das Menschliche und Gesellige: das Zuhause und die Zuneigung in der Familie, Freundschaft und die Fähigkeit, »Viel Spaß!« zu sagen. »Geld ist nichts Wirkliches«, meinen sie, und: »Das Leben ist nicht lebenswert, wenn du dich dauernd für zusätzliches Geld abrackern musst.« In den Liedern der Arbeiterschaft ist häufig von Liebe, Freunden und einem guten Zuhause die Rede; dort heißt es immer, Geld spiele keine Rolle.

Das scheinen mir gute Werte zu sein, und sie sind in Gefahr, weil alles in die Mittelschicht einbezogen wird. Hoggart verweist auch auf eine lobenswerte Haltung des In-den-Tag-Hineinlebens, die sich von der »Opfere die Gegenwart für die Zukunft«-Gesinnung, also der auf Pensionsplanung ausgerichteten Lebenshaltung der Mittelschicht, abhebt (übrigens brillant durch die Beatles in »She's Leaving Home« zum Ausdruck gebracht):

> … im Allgemeinen begünstigt der direkte, gegenwartsorientierte Charakter der Arbeiterschaft den unmittelbaren Genuss. Er tritt der Planung für ein künftiges Ziel oder im Lichte irgendeines Ideals entgegen. »Das Leben ist kein

> Zuckerschlecken«, vermuten sie, aber: »Morgen kommt schon alles in Ordnung.« In dieser Hinsicht sind die Angehörigen der Arbeiterschaft seit langem fröhliche Existenzialisten ... Das Vergnügen hat einen hohen Stellenwert, Laken werden geflickt und nicht durch neue ersetzt, so dass genug Geld für das Trinken und Rauchen übrig bleibt ...

Ja, ja, ja! Solange die Kohle heute für Bier und Glimmstängel ausreicht, brauchen wir uns nicht um morgen zu kümmern. Zerrissene Laken und eine Speisekammer voll Bier sind mir lieber als ein Abstinenzler mit neuer Bettwäsche. Auch die hier beschriebene Haltung zur Vorsorge gefällt mir. Und was Zukunftspläne angeht? Schön, wir alle kennen den jüdischen Witz: Wie bringst du Gott zum Lachen? Erzähl ihm von deinen Plänen.

Wir sollten den Klassenkampf durch Klassenharmonie, Klassenintegrität, Klassenrespekt, Klassenfrieden ersetzen. Wir haben Klasse, aber wir gehören keiner an. Wir können einander helfen und voneinander lernen. Im Allgemeinen mag ich piekfeine Leute. Die aristokratische Tradition sagt mir zu, einfach weil so viele Aristokraten antibourgeois sind. Sie halten nichts von Arbeit oder zumindest nichts von dem, was aus der Arbeit geworden ist. Dort oben gibt es immer noch Platz für Exzentrizität und Andersartigkeit. Sie blicken auf jene herab, die arbeiten müssen, und liegen lieber herum und tun nichts – ein nobles Unterfangen, wie ich hoffentlich oben nachgewiesen habe. Aber sie bringen auch Menschen zusammen und leisten Nützliches in der Gemeinschaft: Sie fördern Künstler, öffnen ihre Türen, veranstalten Feste, sind gastfreundlich und charmant – und all das ist sehr wichtig in einer freien Gesellschaft. Nicht den Bruchteil einer Sekunde lang beneide ich sie um ihr

Geld oder um ihre Häuser, denn ich weiß, dass die Häuser und das Geld eine Menge Scherereien mit sich bringen. Aber ich bin ihnen dankbar dafür, dass sie die prächtigen Gebäude und Gärten behüten, und freue mich, wenn ich ihnen gelegentlich einen Besuch abstatten kann.

Doch unser Groll erschwert uns das Entkommen. Groll kann eine Hürde für die Freiheit sein. Immer wenn ich einen Vortrag über die Vorteile des Nichtarbeitens halte, fragt irgendjemand aus dem Publikum mehr oder weniger höflich nach meiner Klassenherkunft und danach, ob ich ein Privatvermögen besitze. Hier schwingt unausgesprochen mit: »Du hast gut von Müßiggang reden.« Dann erwidere ich, dass ich über kein Privatvermögen verfüge und nie eines hatte und dass ich sämtliches Geld, von dem ich lebe, durch meine eigenen Bemühungen auf dem Markt verdiene.

Aber lässt sich damit wirklich prahlen? Warum sollten wir die Gedanken eines Menschen missachten, nur weil er ein Privatvermögen hat? Viele große intellektuelle Durchbrüche und Ideen, zahlreiche Beiträge zu Kunst und Literatur kommen von Angehörigen der Ober- und Mittelschicht: Lord Byron, Marx und Engels, William Morris, Bertrand Russell, um nur einige zu nennen. Der Groll auf andere – »Du hast gut reden« – muss als erste Fessel auf der Suche nach Freiheit abgeworfen werden.

Obwohl ich ein Feind der Unterdrückung und der Ausbeutung bin, liegt mir nichts ferner, als alle Klassenschranken beseitigen zu wollen. Dann bleibt nämlich nur eine furchtbare protestantische Meritokratie übrig wie in den Vereinigten Staaten, wo niemand eine Entschuldigung hat, wenn er nicht zum Herrn des Universums wird – ein

Zustand, den Tom Wolfe so trefflich in *Jahrmarkt der Eitelkeiten* geschildert hat. Im Grunde ist Gleichheit Unsinn. Wo alle gleich sind und Chancengleichheit für alle besteht, ist das Scheitern nicht zu rechtfertigen. Ein Klassensystem liefert automatisch eine Erklärung dafür – wenn man sie denn braucht –, warum jemand nicht arbeitet, sondern schlicht das Leben genießt. Und wenn dir deine Klasse nicht gefällt, dann setz dich in Bewegung. Bekanntermaßen brachte es ein Bauer bis zum Papst. Und einer anderen Klasse anzugehören bedeutet nicht, weniger wert zu sein. Ich habe nichts dagegen, mich in meiner Klassenherkunft von anderen zu unterscheiden, doch ich fühle mich der Oberschicht nicht unterlegen und der Arbeiterschaft nicht überlegen.

Übrigens kannst du dich deiner Klassenherkunft mühelos entziehen, indem du einfach die üblichen Konventionen zurückweist und deine eigene Welt erschaffst. Auf diese Weise findest du Gleichgesinnte, die geistig und nicht durch ihre Klassenzugehörigkeit mit dir verbunden sind. Es gibt keine Entschuldigung dafür, herumzusitzen und mit seinem Schicksal zu hadern. Ja, es mag stimmen, dass man dir und den Deinen schreckliche Ungerechtigkeiten zugefügt hat, aber du zerbrichst die Fesseln jener Ungerechtigkeiten nicht dadurch, dass du dich über frühere Verstöße beklagst, sondern indem du dich über die Sache erhebst und dich auf das gute Leben konzentrierst. Die Boheme kann einen Ausweg aus der Verengung bieten, die uns durch unsere Herkunft aus der Arbeiterschaft, dem Mittelstand oder der Oberschicht auferlegt wird, denn jede Klasse schränkt, wie man argumentieren könnte, unsere Freiheiten auf ihre Weise ein. In den Kreisen der

Boheme dagegen finden sich Lords und Räuber ebenso wie Trunkenbolde, Dichter oder Musiker – Menschen, die sich von ihren Fesseln befreit haben.

Das Problem besteht nicht in den Unterschieden zwischen den Menschen, sondern darin, dass sie die Unterschiede nicht respektieren. Das ist die Schwierigkeit mit Regierungen, die behaupten, eine klassenlose Gesellschaft einzuführen: In Wirklichkeit meinen sie eine Gesellschaft, in der wir alle gleich sind – Roboter, Arbeitsdroiden, Automaten wie Charlie Chaplin in *Moderne Zeiten*. Es ist eine Gesellschaft, die nach ihrem eigenen öden, mutlosen Bild geschmiedet ist.

Klassenunterschiede verleihen unserem Leben Farbe. Die Ritter und Krieger und Bischöfe haben zu unserem Entzücken überall auf der Welt großartige Werke hinterlassen: Schlösser, Gärten, Kirchen. Kinder scheinen eine natürliche Vorliebe für Könige und Königinnen und Geschichten über die Ritter aus alter Zeit zu haben. König Arthur war Aristokrat, kein sowjetischer Bürokrat. Die Monarchie kann Spaß machen. Im siebzehnten Jahrhundert skizzierte Robert Burton in der brillanten, weitschweifigen Selbsthilfeanleitung *Anatomie der Melancholie* seine persönliche Utopie: Auch er hätte Klassenunterschiede deshalb beibehalten, weil sie das Leben vergnüglicher, abwechslungsreicher und bunter machen. Er griff Platons *Staat* als langweilig an:

> Platons Staat ist in vielerlei Hinsicht gottlos, absurd und lächerlich und entbehrt allen Glanzes und aller Prachtentfaltung. Ich werde also mehrere Adelsränge einführen, wobei jeweils der älteste Sohn den Titel erbt, aber auch für seine jüngeren Brüder Vorsorge treffen, denn sie sollen

mit ausreichenden Renten ausgestattet oder in einem ehrbaren Beruf ausgebildet werden, der sie ernährt. ... Meine Regierungsform ist die Monarchie.

Meine eigene Utopie würde wahrscheinlich drei Gesellschaftsklassen enthalten, die den Rittern, Geistlichen und Bauern im Mittelalter ähneln würden. Die Aristokraten wären die Krieger, und sie hätten die Aufgabe, herumzusitzen und nichts zu tun, außer schöne Gärten anzulegen, in ihren großen Häusern Feste zu veranstalten, die Künste zu fördern und gastfreundlich zu sein, also Speisen und Bier zu verschenken. Genau das tut die Familie Eliot aus Cornwall heutzutage. Sie nutzt ihr prächtiges Anwesen als Treffpunkt und Zentrum künstlerischer Tätigkeit. Die Geistlichen wären Schriftsteller, Dichter, Künstler und so weiter. Sie würden, wie die Bauern, frei und unabhängig leben. Und die Bauern wären die Handwerker, die Steinmetze, Schuhmacher, Holzarbeiter, Keramiker, Töpfer und Schmiede. Alle drei Klassen wären an der Schöpfung von Musik und Architektur beteiligt: die Geldgeber, die Denker und die Handwerker.

Jeder würde die Bibliotheken der Aristokraten nutzen, durch ihre Gärten spazieren und in ihren Pools schwimmen können. Sie würden die Rolle des Staates übernehmen, und zwar auf einer persönlichen Ebene. Keine Kunstgremien, keine Gesundheits- und Sicherheitsbehörden. Wir würden Gemeindeland und Weiderechte wieder einführen. Wir würden die Zäune niederreißen. Wir würden die Flurbereinigung rückgängig machen. Respekt vor Unterschieden wäre an der Tagesordnung. Es würde eine grundlegende Abneigung gegen alles Roboterhafte geben, und Effizienz und Regelmäßigkeit würden bemitleidet werden.

Wir würden über kleinliche Beamte lachen und sie aus der Stadt jagen. Wie Robert Burns in »Der Teufel ist fort mit dem Zollmann« schrieb:

> Jetzt machen wir Malz und brau'n unser Bier,
> Und tanzen und saufen uns voll, Mann;
> Und herzlichen Dank dem schwarzen Kerl,
> Der fortgetanzt mit dem Zollmann.

Föderalismus und Respekt. Meine Haltung ist nicht besser als deine. Keine Sache ist besser als eine andere. Alle Dinge und alle Menschen sind ganz und gar verschieden und ganz und gar gleich.

Die wahre Aufgabe besteht darin, den inneren, nicht den äußeren Feind zu finden. Wir müssen, wie es der Beatnik-Denker Alexander Trocchi formulierte, »›den Feind‹ an seiner Basis, in uns selbst, angreifen«. Der Klassenkampf kräftigt die Mittelschicht, denn wenn man gegen etwas kämpft, macht man es stärker. Dabei sollte man einfach die Dinge ignorieren, die einem an den Klassen missfallen, und sich auf die Merkmale konzentrieren, die einem an ihnen gefallen. Klassenkampf ist zudem eine Sackgasse, denn er entspringt einer unverantwortlichen Lebenseinstellung, mit der man aussagt: »Wenn ihr Gauner mich nicht beschissen hättet, dann wäre alles in Ordnung.« Aber in gewissem Maße hast du ihnen erlaubt, dich zu bescheißen, und du kannst dir vornehmen, so etwas nicht mehr zuzulassen. Auf diese Weise wirst du frei.

Was wir in Frage stellen müssen, ist unsere eigene Komplizenschaft mit der gegenwärtigen Organisation. Wenn ich von Anarchie spreche, meine ich keine Auflösung der Ordnung, keine Mad-Max-Umgebung, in der die Gewalttätigsten überleben. Ich meine eine Dezentralisierung der Macht; Macht für das Volk. D. H. Lawrence schrieb, es gehe nicht darum, das System zu zerschmettern, sondern darum, es durch ein humaneres zu ersetzen: »Es muss ein System geben; es muss Klassen von Menschen geben; es muss eine Differenzierung geben – entweder das, oder es herrscht ein amorphes Nichts. Die eigentliche Wahl liegt nicht zwischen System und Nichtsystem, sondern zwischen System und System, mechanisch oder organisch.«

Interessanterweise benutzt er das Wort »organisch«, das heute in Feinschmeckerkreisen so sehr in Mode geraten ist und leicht als Marotte der Mittelschicht abgetan werden kann. Aber »organisch« ist ein einprägsames Wort, und wenn wir ihm, wie Lawrence es tut, den Begriff »mechanisch« gegenüberstellen, wird seine Bedeutung völlig klar. Nieder mit den Robotern, es lebe der Mensch. Nieder mit der Eintönigkeit, es lebe die Vielfalt. Nieder mit der Abhängigkeit, es lebe die Eigenständigkeit. Und so weiter.

Als Müßiggänger und Anarchist liebe ich Menschen aus allen Schichten, die für die Freiheit kämpfen. Ich liebe die Aristokraten, ich liebe die Unterschicht, und ich liebe die bourgeoise Boheme (zu der ich gehöre). Ich liebe die Kriminellen und die Drogensüchtigen. Es ist ganz einfach, sich den Auserwählten, den Farbenfrohen, den Kreativen anzuschließen. Schaff deine eigene Welt. Wirf den Groll ab. Verdränge den Gedanken des »Müssens«. Du musst gar nichts tun. Du besitzt Willensfreiheit. Übe sie aus.

SEI EIN BOHEMIEN

7
Wirf deine Uhr weg

Die neue Bewegung baut langsam und lässig eine Alternativgesellschaft auf. Sie ist international, interrassisch, geprägt von der Gleichberechtigung der Geschlechter, ungezwungen. Sie basiert auf einem anderen Verständnis von Zeit und Raum. Die Welt der Zukunft wird möglicherweise keine Uhren haben.

Tom McGrath, International Times, März 1967

In meinem letzten Buch habe ich dir geraten, deinen Wecker wegzuwerfen. Nun fordere ich dich dazu auf, auch deine Uhren in den Müll zu tun. Aus unerklärlichen Gründen scheint jeder eine teure Uhr haben zu wollen. Aber ist es nicht äußerst seltsam, dass ein Symbol der Sklaverei zugleich zu einem Statussymbol geworden ist? Das Tragen einer Uhr zeigt anderen, dass du dich an das moderne Industrietempo gefesselt hast. Das Tragen einer teuren Uhr bedeutet, dass du stolz darauf bist, auf diese Weise gefesselt zu sein. Sie ist buchstäblich eine äußerst kostspielige Kette. Die Uhr ist eine goldene Handschelle. Die Gitter des Käfigs sind vergoldet.

Von dem Historiker E. P. Thompson und von Jay Griffiths, dem Autor des Buches *Pip Pip: A Sideways Look at Time*, wissen wir, dass sich unser moderner Zeitbegriff mit der Konsumwirtschaft herausgebildet hat. In den frühen Tagen, bevor jemand daran gedacht hatte, Arbeitsabläufe zu organisieren und zu standardisieren, benutzte man in

Klöstern Glocken, um dem aus Beten, Studieren und Gärtnern bestehenden Alltag eine gewisse Struktur zu verleihen. Später wurden Glocken in ganz Westeuropa eingesetzt, um Ortsversammlungen anzukündigen. Wenn man die Glocke hörte, sollte man die Arbeit niederlegen, die Felder verlassen und zu einem Treffen in die Stadt eilen. Bald erschienen Uhren auf den Marktplätzen; sie hatten den Zweck, den Arbeitsrhythmen eine gewisse Art Uniformität aufzuerlegen. Aber die Zeit war immer noch lokal und öffentlich und nicht überall identisch. Jede Ortsuhr zeigte eine unterschiedliche Zeit an, die jedoch für alle Gemeindemitglieder galt. In gewissem Sinne war die Zeit, eingeteilt durch die öffentliche Uhr, kostenlos. Das heißt, man brauchte sich keine eigene Uhr zu kaufen, weil ein öffentlicher Zeitmesser zur Verfügung gestellt wurde. Außerdem kostete die Zeit nichts, da sie nur in der jeweiligen Gemeinde galt.

Allerdings ließen sich bereits im vierzehnten Jahrhundert die Ansätze dessen erkennen, was Jacques Le Goff als »Kaufmannszeit« bezeichnet, nämlich die Kolonisierung der Zeit, um effektiver Geld zu verdienen:

> Im Jahr 1355 gestattete der königliche Statthalter von Artois den Menschen von Aire-sur-la-Lys, einen Turm zu bauen, dessen Glocken die Stunden geschäftlicher Unternehmungen und die Arbeitsstunden der Textilarbeiter verkünden würden … die Gemeindeuhr war ein Instrument der wirtschaftlichen, sozialen und politischen Herrschaft, welche die Kaufleute, die Führer der Gemeinde, ausübten. Sie benötigten eine strikte Zeitmessung, denn im Textilgewerbe »ist es angebracht, dass die meisten Tagelöhner – das Proletariat des Gewerbes – die Arbeit zu festgelegten Stunden beginnen und beenden«.

Die »infernalischen Rhythmen«, schreibt Le Goff, waren bereits zu spüren. Im Mittelalter wetteiferte die »Kaufmannszeit« mit der religiösen Zeit. Die vorherrschende religiöse Einstellung besagte, dass Zeit nicht verkauft werden könne. Folgendes antwortete ein Franziskanermönch im vierzehnten Jahrhundert, als er nach Krediten und Zinsen befragt wurde:

> Frage: Ist ein Kaufmann berechtigt, bei einem Geschäft eine höhere Bezahlung von jemandem zu fordern, der seine Rechnung nicht sofort begleichen kann, als von jemandem, der dazu in der Lage ist? Die Antwort hierauf lautet Nein, weil er in diesem Fall Zeit verkaufen und damit Wucher begehen würde, da er etwas verkauft, das ihm nicht gehört.

Heute vertreten wir den genau entgegengesetzten Standpunkt: Banker und vermögende Menschen werden verehrt. Zeit und Geld, die man im Mittelalter so mühevoll zu trennen versuchte, sind miteinander verschmolzen. Wodurch kam es zu diesem Wandel? Wie in anderen Fällen auch gebe ich dem heimtückischen Rackerer und Moralisten Benjamin Franklin die Schuld, der im achtzehnten Jahrhundert eine völlig neue Denkweise hinsichtlich der Zeit vertrat. Zeit war kein Gottesgeschenk mehr, sondern Zeit war Geld. Die folgende Passage wurde als Propaganda für junge Männer, die sich in die Welt hinausbegaben, geschrieben:

> Zeit ist Geld. Wer einen Thaler täglich durch seine Arbeit verdienen kann, aber den halben Tag spazieren geht oder müßig sitzt, der giebt nicht nur den Groschen aus, den er vielleicht während der Zeit seines Müßigganges verzehrt;

er hat auch den halben Thaler weggeworfen, den er sich hätte erwerben können. Kredit ist Geld. Wenn Du Dein zur Zahlung fälliges Geld noch in meinen Händen lässt, so schenkst Du mir die Zinsen oder den Verdienst, den ich während der Zeit mit dem Geld erringe. Wer also guten, ausgebreiteten Kredit besitzt und denselben auch zu benutzen weiß, kann sich einen eben so bedeutenden Gewinn dadurch verschaffen, als mit barem Gelde. Geld ist von Natur schaffend und fruchtbar. Das Geld ist so fruchtbarer Natur, dass das eben Geborene (Gewonnene) sich sogleich in dem Zustande befindet, anderem wieder das Leben zu schenken. Wenn aus fünf Thalern durch Umsatz sechs werden, so bedarf es nur eines nochmaligen Umsatzes, um sieben und ein Viertel zu erhalten, je mehr vorhanden ist, desto mehr wird durch jeden Umsatz gewonnen. Wer eine trächtige Sau schlachtet, vernichtet ihre ganze Nachkommenschaft bis in die tausendste Generation. Wer einen Gulden todtschlägt, vernichtet alles, was dieser gebären kann, selbst Hunderte von Thalern.

Für Franklin ist es nicht nur eine moralische Pflicht, Zeit als Geld zu betrachten, sondern für ihn ist auch die Anhäufung von Geld um ihrer selbst willen zu einem würdigen Ziel geworden. Verbunden mit Geld, ist Zeit kein Mittel des Austausches mehr, sondern sie nimmt ein eigenes Leben an. Gewinn als abstrakter Begriff wird zu einem erstrebenswerten Ziel, ohne dass gesagt wird, warum Profit gut ist und auf welche Weise er der Gesellschaft nützt. Auf Wiedersehen, menschliche Bruderschaft; hallo, einsame Streber.

Wenn wir also wie der boshafte Franklin glauben, dass Zeit Geld sei, dann ist es kommerziell recht sinnvoll, eine

Uhr zu tragen und all der wertvollen Zeit auf der Spur zu bleiben, damit sie nicht in der Bierschänke vergeudet wird. Die Zeit ist nicht mehr lokal und öffentlich, sondern global und privat. Aber wenn du dir der Zeit ständig bewusst bist, lebst du nicht mehr in der Gegenwart, da du stets deinen nächsten Schritt planst. Du verzichtest auf jenes köstliche Gefühl, dass die Zeit ihren eigenen Vorsätzen folgt oder dass du »die Zeit aus den Augen verlierst«. Das ist der wunderbare Zustand, in dem sich niemand von den Stunden fesseln, sondern sie dahinstreichen lässt. Plötzlich können vier Stunden wie im Fluge vergehen. Nimm die Uhr ab, und du bist buchstäblich frei von der Zeit. Wenn du wissen willst, wie spät es ist, such nach einer Uhr oder ruf die Zeitansage an – es gibt viele Möglichkeiten.

Ich befürworte übrigens keinen Mangel an Verantwortung und keine Saumseligkeit im Umgang mit anderen. Da wir alle uns auf eine bestimmte Art Zeit geeinigt haben, sollten wir uns an sie halten. Trotzdem ertappe ich mich manchmal bei dem Gedanken, ob es nicht schön wäre, auf afrikanische Weise mit der Zeit umzugehen? Dort werden Verabredungen nicht getroffen, sondern sie kommen einfach zustande. Der Gedanke an Termine wäre für einen Afrikaner – zumindest für einen altmodischen, ländlichen Afrikaner – lächerlich, weil das Leben unberechenbar ist. Ein afrikanisches Supermodel kam zu ihren Terminen in New York dauernd zu spät, weil sie sich einfach nicht an das neue, strenge Zeitverständnis gewöhnen konnte.

Obwohl es zweifellos unhöflich ist, sich zu verspäten, versuche ich, so vage Zeitangaben wie möglich zu machen, zum Beispiel: »Ich müsste zwischen fünf und sechs eintreffen.« Außerdem lerne ich, mir jede Menge Zeit einzuräumen, um mein jeweiliges Ziel zu erreichen, denn unterwegs kann es zu allen möglichen Verzögerungen kommen. Vielleicht begegne ich jemandem und werde in ein Gespräch verwickelt. Falls ich jedoch zu früh eintreffe, umso besser. Ich erinnere mich an Joe Ortons Tagebücher, in denen er schrieb, er erscheine stets früh zu Verabredungen, weil er dann Gelegenheit habe, in aller Ruhe herumzuspazieren, bevor er an die Tür klopfe. Er hatte keine Angst vor Zeitverschwendung. Es gibt zwei Arten von Menschen: diejenigen, die Verzögerungen und Missgeschicke genießen, und diejenigen, die sich sofort aufregen und anfangen, nach Luft zu ringen, als würde sich dadurch irgendetwas ändern.

Es dürfte unmöglich sein, sich völlig von Uhren, Armbanduhren und der Zeit zu befreien, aber wir können unsere Beziehung zur Zeit recht mühelos ändern und, statt ihr Diener zu sein, Gleichberechtigung mit ihr erlangen. Eine bewährte Methode sind bekanntlich Drogen. Drogen können die Zeit verbiegen und ausdehnen und ihre eigene Logik schaffen. Zum Beispiel ist kein Heroin-User je pünktlich. Drogen können eine Minute zu einer Stunde werden oder drei Tage innerhalb von Minuten verschwinden lassen. Ihre Beliebtheit verdankt sich der Tatsache, dass sie eine kurze Flucht vor der Sklavenzeit, der kommerziellen Zeit, der Zeit als Ware im Sinne von Benjamin Franklin bieten. Sie machen es möglich, das Konstrukt zu verlassen und zu tanzen oder zu reden oder zu meditieren.

Wir dulden, dass wir Sklaven der Zeit werden. Sogar die Arbeitswelt wird durch den Beschäftigungsablauf von 9 bis 17 Uhr definiert: Ich bin einer, der einen geregelten

Arbeitstag hat, ein Kuli, ein Automat. Was für ein elendes Leben! Immer bedrängt uns die Zeit, treibt uns an, damit wir uns beeilen, mehr schaffen, organisiert sind. Die Uhr ist ein gigantischer Ermahner, der uns unablässig zur Ordnung ruft.

Wie also befreien wir uns aus dem Griff der Uhr-Zeit? Etwa einfach dadurch, dass wir jegliche Zeitpläne aufgeben. Ich habe eine Tendenz, zu viel in einen Tag hineinzustopfen, und das ist fraglos ein Fehler. Sei realistisch. Fordere dir nicht zu viel ab. Tu weniger. Gib dir Spielraum. Reduziere deine geplanten Besuche und Treffen auf ein absolutes Minimum, damit du Platz für die angenehmeren, positiven Dinge hast, die »sich von ganz allein ereignen«. Wenn du zulässt, dass sich Dinge ereignen, dann wird dein Leben erfüllter. Also lass große Lücken zwischen den Terminen. Lass große Lücken in deinem Leben, denn in ihnen spielt sich das Wichtigste ab. Zum Beispiel kann es großartig sein, wenn etwas schiefgeht. Als ich mich einmal auf der Insel Eigg aufhielt, konnte die Fähre wegen schlechten Wetters drei Tage hintereinander nicht auslaufen. Dadurch verlängerte sich unsere Reise wie durch Zauberei, und wir hatten die perfekte Entschuldigung, warum wir unseren Verpflichtungen zu Hause nicht nachkommen konnten.

Auch müssen wir die sklavische Vorstellung aufgeben, dass »der Tag nicht genug Stunden« und man selbst »einfach nicht genug Zeit« hat. Wer sagt, ihm fehle die Zeit, etwas zu tun, meint in Wirklichkeit: »Ich habe andere Prioritäten gesetzt.« Manche behaupten: »Ich habe keine Zeit zu lesen/spazieren zu gehen/zu spielen/zu kochen/aus dem Fenster zu gucken.« Aber sie scheinen genug Zeit zu haben, jeden Tag stundenlang fernzusehen. Das Gefühl, dass die Zeit zu knapp ist, gleicht einem Sklaventreiber, der mit der Peitsche knallt und uns weiterjagt. Einer der Triumphe des kapitalistischen Projekts besteht darin, dass der Sklaventreiber nun in unserem Innern lauert, was enorme Lohnkosten einspart. Schlimmer noch: Man hat uns dazu gebracht, unser eigenes Geld für einen kleinen Sklaventreiber an unserem Handgelenk auszugeben. Das weiße Kaninchen ist ein Sklave der Königin, ein kriecherischer Speichellecker. Es ist also wirklich deine revolutionäre Pflicht, deine Uhr wegzuwerfen.

Der Gedanke, es mangele uns an Zeit, ist absurd, denn jedem von uns steht exakt die gleiche Menge zur Verfügung, nämlich vierundzwanzig Stunden pro Tag. Niemand kann weniger Zeit haben als jemand anderes. Statt zu erklären: »Ich habe nicht genug Zeit«, zwinge dich zu der Aussage: »Ich habe eine Menge Zeit.« Manchmal können die Worte der Realität vorausgehen. Das Gefühl des Zeitmangels ist ein Motor für die Konsumwirtschaft. Wenn du meinst, es fehle dir an Zeit, dann bist du eine leichte Beute für die Werbung, die dir Zeit- und Arbeitsersparnis verspricht. Das Auto beispielsweise spart insgesamt überhaupt keine Zeit. Ivan Illich rechnete einmal Folgendes aus: Wenn man all die Stunden zusammenzählt, die man für ein Auto verwendet, darunter die Fahrten zur Werkstatt und die Zeit, in der man das Geld für Benzin und Instandhaltung verdient, und sie durch die Zahl der zurückgelegten Kilometer teilt, dann liegt die Durchschnittsgeschwindigkeit bei 8 km/h. Ein Fahrrad wäre schneller. Paradoxerweise frisst Tempo deine Freizeit auf. Deshalb hör auf, dich der Uhr-Zeit zu unterwerfen, wenn du Geld sparen willst.

Ich bemühe mich jeden Tag, unvorhergesehene Zwischenfälle zu akzeptieren. Das ist leichter gesagt als getan, doch ein Missgeschick kann als Abenteuer empfunden werden, wenn man seinen zu strikten Stundenplan aufgibt. Zwischenfälle unterbrechen außerdem die Routine. Vor kurzem hatte mein Lieferwagen auf der Fahrt zum Bahnhof eine Panne. Ich kam zwar zu spät nach London, aber dafür genoss ich eine unerwartete Bummelei, während ich auf den Mann vom Automobilclub wartete. Das Leben innerhalb der Uhr-Zeit scheint auch das Leben in der Gegenwart zu verhindern, weil wir uns immer über das sorgen, was in der Zukunft zu tun ist, statt den konkreten Moment zu nutzen. Wir müssen die Kaufmannszeit aufgeben und uns wieder in der natürlichen Zeit bewegen. Lebe den Jahreszeiten entsprechend, genieße die sich dehnende Zeit. Verschwende sie nicht mehr auf sinnloses Streben, Fernsehen und Arbeit. Lass die Dinge geschehen, und sie werden geschehen. Zeit ist kostenlos, und wir sollten auf den Ausdruck »Freizeit« verzichten, weil er das Gegenteil, nämlich »Sklavenzeit«, impliziert. Zeit ist ein Gottesgeschenk, und wer behauptet, sie sei das Gleiche wie Geld, begeht eine Sünde. Also entferne die Uhr von deinem Handgelenk, schleudere sie in den Fluss und tanze, endlich frei, durch die Straße.

SCHMEISS DEINE UHR
AUF DEN MÜLL

8

Hör auf mit dem Konkurrenzkampf

Die Prinzipien des mittelalterlichen Handels
waren bekanntermaßen Kameradschaft und Gerechtigkeit,
während die Prinzipien des modernen Handels
erklärtermaßen Konkurrenz und Gier sind.
G. K. Chesterton, William Cobbett, 1926

Seit Darwin, dessen Theorien in einer von Konkurrenz bestimmten Epoche der europäischen Geschichte entstanden, sind wir uns als Gesellschaft weitgehend darin einig, dass Fortschritt aus Wettbewerb hervorgeht. Die Regel vom »Überleben des Tüchtigsten« gilt seit langem und hat sich nicht nur als biologische Theorie, sondern auch im Alltagsleben durchgesetzt. Wenn Bonzen in den Medien debattieren, benutzen sie die Formulierung »gesunde Konkurrenz« und setzen dabei stillschweigend voraus, dass sämtliche Zuhörer Konkurrenz wirklich für gesund halten. Natürlich ist es kein Zufall, dass Darwins Theorien – oder wenigstens eine gewisse Interpretation seiner Ausführungen – genau zu dem Zeitpunkt auftauchten, als eine Rechtfertigung für eine neue und besonders raubgierige Form des Kapitalismus benötigt wurde. Nun könnte man meinen, dass wir uns mit diesen Gedanken abfinden müssen. Das Wettbewerbsprinzip hat sich im Geschäftsleben durchgesetzt, und es beherrscht das Ausbildungswesen. Durch das Geschwätz der Regierung von »Zielen« ist es sogar Teil der Gesundheitsversorgung und des öffentlichen Verkehrs geworden. Angestellte werden innerhalb ihrer Unternehmen ermutigt, miteinander zu konkurrieren. Die Vorstellung hat sich tief in unserem Bewusstsein eingenistet.

Theoretisch führt Wettbewerb zu einer hohen Warenqualität und zu vernünftigen Preisen. Aber die Wirklichkeit sieht ganz anders aus: Ungezügelte Konkurrenz, das heißt kommerzieller Krieg und die damit zusammenhängende endlose Expansion, lässt unvermeidlich Monopole entstehen, denn ein gigantisches Unternehmen schluckt allmählich alle gescheiterten Konkurrenten. Ein Beispiel ist der verblüffende Aufstieg von Tesco, der allwissenden, allgegenwärtigen britischen Supermarktkette, die Gemeinschaften zerstört und lokale Läden durch gnadenlose Preiskämpfe zur Schließung gezwungen hat. Auf diese Weise wird Geld aus den Gemeinden gesogen und in die Taschen der Aktionäre geleitet. Und die Unternehmen sind sogar stolz darauf. Ich erinnere mich an zahllose Unternehmensversammlungen, auf denen immer wieder jemand einwarf: »Schließlich sind wir kein Wohltätigkeitsverein«, was ein allgemeines beifälliges Murmeln auslöste.

Das Aktionärssystem wirkt sich auch negativ auf die Qualität aus, denn die reine Quantität – höhere Verkaufszahlen – wird zum wichtigsten Faktor. In Wirklichkeit tötet Konkurrenz die Vielfalt ab. Sie führt zur Entstehung von Riesenkonzernen mit rackernden Leibeigenen auf den unteren Stufen und leuchtenden Senkrechtstartern an der Spitze. Sie führt zu Ladenketten, welche die Einzelläden verschwinden lassen. Sie führt zu dem Phänomen der Klonstädte, die sich weitgehend gleichen, und zur Starbucksisierung der Welt, durch die sich jeder Freiheitsgedanke auf die Frage reduziert, ob man sich für einen Cappuccino oder einen Mocca latte entscheiden soll. Konkurrenz ist ein Feind der Freiheit und der Gerechtigkeit.

Ich muss zugeben, dass ich selbst einen Hang zu heftigem Ehrgeiz habe. Das wurde deutlich, als ich ein Team des *Idler* in dem intellektuellen BBC-Quiz »University Challenge« 2005 zu einem überwältigenden Sieg über die Vertreter der *Financial Times* führte. Obwohl unser Sieg nicht mir, sondern fast vollständig dem literarisch beschlagenen Koch Rowley Leigh zu verdanken war, überkam mich eine überschwängliche Stimmung. Meine Freundin Victoria meinte, der Erfolg habe einen wunderbar positiven Effekt auf unsere häusliche Harmonie gehabt: Ich sei zwei Wochen lang nicht im Geringsten brummig gewesen.

Wie also kann ich das Gewinnen in Frage stellen, wenn ich es selbst so sehr zu schätzen weiß? Ich glaube, es gibt zwei sehr unterschiedliche Arten des Wettbewerbs: nämlich eine im Bereich des Spiels und eine im Bereich der Arbeit. Wenn die Konkurrenz auf das Spiel beschränkt wird, macht sie Spaß, hat keinerlei Konsequenzen und wird um ihrer selbst willen genossen. Wer zum Beispiel würde aufhören wollen, Darts, Snooker oder Krocket zu spielen? Spiele sind uralt und unterhaltsam. Schon an den katalanischen Höfen des dreizehnten Jahrhunderts liebte man Spiele und bewarf sich tagelang mit Orangen. Linda M. Paterson zitiert eine herrliche Schilderung in ihrer Untersuchung *The World of the Troubadours*:

> Der Admiral hatte ein Brett sehr hoch heben lassen, denn nach dem Lordkönig Pere und dem Lordkönig von Mallorca war er der geschickteste Werfer aller Ritter in ganz Spanien; und sein Schwager Lord Berenguer d'Etenca war

> genauso gut. Ich selbst habe beide werfen sehen, doch unzweifelhaft waren König Pere und der König von Mallorca überragend unter allen, die ich beim Zielen auf den Taulat beobachten konnte. Beide warfen stets drei Pfeile und eine Orange; und der letzte Pfeil war immer so groß wie eine kurze Sarazenerlanze; und die beiden ersten schossen stets weit über das Brett hinaus, wie hoch es auch sein mochte, und der letzte traf unweigerlich ins Ziel. Und danach ließ der Admiral einen runden Tisch aufstellen; und seine Matrosen hatten zwei bewaffnete Schiffe vorbereitet, solche mit flachem Kiel, die flussaufwärts fahren. Auf ihnen fanden Orangenschlachten statt; man hatte gut fünfzig Baumladungen aus dem Königreich Valencia schicken lassen … Die Feiern dauerten länger als vierzehn Tage, in denen kein Mann in Saragossa etwas anderes tat, als zu singen und sich zu vergnügen und Spiele zu spielen und Frohsinn zu pflegen.

Zwei Wochen des Feierns und des Vergnügens! Heutzutage haben wir, arbeitsbesessen wie wir sind, keine Ahnung, wie solch eine Feier ablaufen würde. Wie der ungewöhnliche niederländische Historiker Johan Huizinga in *Herbst des Mittelalters* ausführt, sieht der moderne Mensch sich in erster Linie als Arbeiter, und das ist der große Wandel. Kein Beten, kein Kämpfen, kein Bestellen des Bodens. Nur Arbeit, schwere Arbeit. Drei Tage hintereinander sind der längste Zeitraum, den wir uns für Frohsinn und Belustigung gönnen. Manchmal allerdings überlassen wir uns zwei Wochen lang der Selbstfolter namens Urlaub, aber auch dafür ist Schwerarbeit erforderlich, denn Urlaub kostet eine Menge Geld. Das soll nicht heißen, dass der spielerische Konkurrenzgeist nicht mehr existierte: Wir haben immer noch Armdrücken, Kräftemessen, Kneipenspiele, Turniere und Kegeln. Doch wenn Konkurrenzdenken in der Geschäfts- und Arbeitswelt als ethisches Leitprinzip hingestellt wird, dann kann etwas nicht stimmen.

Genau wie die Kapitalisten die Zeit zu einer Ware gemacht und dann die Uhr-Zeit verinnerlicht haben, so manipulieren sie auch unseren Konkurrenztrieb, der zutreffender als »Liebe zum Spiel« bezeichnet werden sollte, und nutzen ihn zu ihrem Vorteil. Wenn die Sklaven von selbst miteinander wetteifern, brauchen die Gebieter sie nicht mit physischer Gewalt anzutreiben und erreichen ihre Ziele viel leichter. Die Firmenchefs finden es wunderbar, dass sich ihre Angestellten unter minimaler Aufsicht für niedrige Löhne abrackern und dabei miteineinander konkurrieren. Dadurch haben die Topmanager viel Zeit, Golf zu spielen und in Sitzungssälen in sich hineinzulachen.

Der Zwang, andere im Geschäftsleben um jeden Preis zu übertreffen, ist schuld an der erschreckenden Behandlung der Arbeiter, die für kümmerliche Löhne und unter schlechten Bedingungen schuften müssen. Der Siegeswille und die Notwendigkeit endlosen Wachstums als Resultat des Aktiensystems führen zu Gaunereien, Sabotage und dem völligen Verlust der Freude an der Arbeit. Der Zweck heiligt die Mittel. Wir wissen, dass diese knauserige Einstellung im protestantischen Zeitalter durch die Puritaner, durch Benjamin Franklin, Wesley und die übrigen grauen Republikaner und Förderer der Langeweile entstand. Aber was ist die Alternative?

Wenn ich dieses Thema im Pub anschneide, höre ich, es gebe keinen anderen Weg. Ständiger Kampf sei das einzige Prinzip, nach dem Leben und Arbeit funktionieren könnten. Andere Systeme, zum Beispiel der Kommunismus, seien gescheitert, und deshalb müssten wir uns mit den Kämpfen und der Grausamkeit des Kapitalismus abfinden. Man müsse zäh sein, um in der heutigen Welt zu überleben. Dieses Wort »überleben« finde ich besonders deprimierend. Habt ihr all die grässlichen Ratgeber mit dem Wort »überleben« im Titel gesehen? *Familien und wie man sie überlebt* und dergleichen. Ist das Dasein auf eine bloße Überlebensfrage reduziert worden? Ich halte dies für kein sonderlich lohnendes Bestreben. Zu lieben, freudig zu leben, das Leben zu genießen – das sollten unsere Ziele sein.

Ohnehin stimmt es einfach nicht, dass der Kapitalismus das einzige funktionierende Betriebssystem ist. In *Gegenseitige Hilfe* führt Kropotkin anhand von Beispielen aus der Natur und aus dem menschlichen Leben, in denen das Prinzip der gegenseitigen Hilfe der dominierende Faktor ist, eine methodische Untersuchung durch. Nachdem er entsprechende Fälle bei den Tieren analysiert hat, legt er dar, dass primitive Gesellschaften und sogar die herrlichen Barbaren soziale Verhaltensmuster hatten, die sich stark von unserem Egoismus unterschieden. In bestimmten primitiven Gesellschaften ist die Gastfreundschaft so wichtig, dass ein Mann, der allein durch den Wald spaziert und sich hinsetzt, um Mittag zu essen, vorher dreimal laut anbieten muss, seine Mahlzeit mit jedwedem vorübergehenden Fremden zu teilen.

Das mittelalterliche England – »Merry Old England« – war ebenfalls von diesem Geist der Gastfreundschaft durchdrungen. Die Haltung ging von Mönchen und Nonnen aus, die ihre Türen permanent offen hielten und sich um wandernde Bettler oder in Not geratene Bürger kümmerten, indem sie ihnen Bier, Brot und Schinken gaben. Inspiriert durch die Bergpredigt, nahmen sie das Prinzip der Nächstenliebe, der *caritas*, sehr ernst. In jenen Tagen wäre es einem Pfarrer aus moralischen Gründen unmöglich gewesen, über einen Obdachlosen hinwegzusteigen. Die Bauern und Handwerker gaben zehn Prozent ihrer Erträge oder ihres Lohnes an das Ortskloster ab, das in vielen Fällen auch ihr Landesherr war. Dieser Zehnte diente vor allem der lokalen Armenfürsorge. Damals versorgten wir unsere Armen selbst und übertrugen diese Aufgabe nicht einer fernen Clique von Bürokraten.

Mönche und Priester ermahnten das Volk ständig, dass jegliches Emporstreben eitel sei und dass man seinen Nächsten nicht übervorteilen dürfe. Der Gedanke der »menschlichen Bruderschaft« wurde intensiv gefördert. Auffällig ist zum Beispiel, dass der heilige Thomas von Aquin seine Leser immer wieder auffordert, »Gott und deinen Nächsten zu lieben«. Gott und der Nächste sind im großen Weltentwurf so gut wie gleichwertig. Wir kümmern uns umeinander. Das ist das Prinzip der Wohltätigkeit, wie es im Mittelalter ersonnen wurde.

Im vierzehnten Jahrhundert war die protestantische Ethik, die Europa und Amerika später so gründlich und katastrophal infizieren sollte, natürlich noch nicht erfunden worden. Das Hauptanliegen aller Menschen bestand nicht darin, viel Geld zu verdienen, sondern darin, ihre Seelen zu retten. Im Gegenteil, wer viel Geld verdiente, würde fast mit Sicherheit in der Hölle enden: Eher gehe ein Kamel durch ein Nadelöhr, als dass ein Reicher ins Reich Gottes komme. Jesus und die Apostel lebten in

Armut, und der Lieblingsphilosoph des Mittelalters, Aristoteles, pries die *vita contemplativa*. Deshalb war man im Mittelalter, obwohl es sich unleugbar um eine merkantile Epoche handelte, zutiefst gespalten, was das Geldverdienen betraf, und diskutierte unablässig über das Thema.

Die neuen Handelsgilden, die seit dem zwölften Jahrhundert entstanden, beruhten auf der Vorstellung eines »gerechten und festen Preises« sowie auf dem Gemeinwohl. Die Gilden mussten eine Wirtschaftsform schaffen, die der mittelalterlichen Ethik – und damit dem Misstrauen gegenüber harter Arbeit, Handel und Wettbewerb – entsprach. Das Vaterunser – »Unser täglich Brot gib uns heute« – ist ein gegen den Wettbewerb gerichtetes, in seinem Fatalismus geradezu orientalisches Glaubensbekenntnis. Gewisse Formen der Arbeit waren von den Priestern für akzeptabel erklärt worden – Landbau, Backen und Bierbrauen –, doch Arbeit im Allgemeinen, besonders der Handel, galt als eitles Unterfangen. Aber dann änderte sich die Einstellung, wie Jacques Le Goff beschreibt:

> Die Menschen des Mittelalters betrachteten Arbeit zunächst als Buße oder Züchtigung für die Erbsünde. Dann, ohne den Standpunkt der Buße aufzugeben, legten sie zunehmenden Wert auf Arbeit als Mittel der Erlösung, der Würde, der Rettung. Sie sahen Arbeit als Kooperation mit dem Werk des Schöpfers, der am siebenten Tage ruhte. Arbeit, jene geliebte Last, musste der Ächtung entwunden und, individuell und kollektiv, in den Felsenpfad zur Befreiung verwandelt werden.

Mithin war es die Aufgabe der neuen Gildenmitglieder und Kaufleute, die ungehindert arbeiten und handeln wollten, komplexe Wertsysteme zu etablieren, die Gott nicht kränkende Arbeitsweisen festlegten. Die Prinzipien der Arbeit lauteten, dass sie kreativ und von hoher Qualität sein solle; dass man nicht zu viel Arbeit verrichten dürfe, sich über Preise einigen, seine Handwerkerkollegen schützen und auf Wettbewerb verzichten solle. Mit anderen Worten: Ausbeutung war zu vermeiden. Zum Beispiel verbot man Nachtarbeit, da sie den unfairen Wettbewerb fördern könne. Die Preise waren fix, und Geldverleih gegen Zinsen – oder Wucher – wurde wie früher geächtet. Das System war eindeutig wettbewerbsfeindlich. Mitgliedsbeiträge und Bußgelder wurden in eine Gemeinschaftskasse eingezahlt und für prächtige Feste, den Bau von Innungshäusern und für Almosen verwendet.

Diese lange Periode der Kooperation wurde von Heinrich VIII. rüde beendet, der die katholische Kirche zu ruinieren begann, weil er Sex mit Anne Boleyn haben und seine Schatzkammern mit Gold, das der Kirche gehörte, füllen wollte. Die Reformation wird in der Regel als bedauerliche Notwendigkeit hingestellt, aber das ist ein protestantischer Standpunkt, und man muss fragen, ob wir nicht einer gewissen Gehirnwäsche unterzogen worden sind. William Cobbett beschreibt den Prozess in seiner Geschichte der protestantischen Reform wie folgt:

> Eine gründliche und ehrliche Untersuchung wird uns nunmehr zeigen, meine Freunde, dass es in hohem Grade eine Änderung zum Schlimmen war; dass die »Reformation«, wie sie heißt, in thierischer Brunst erzeugt, in Gleisnerei und Treulosigkeit auferzogen, und mit Raub, Zerstörung und Strömen unschuldigen englischen und irischen Blutes gefüttert wird; und das, was ihre entfernteren Folgen be-

trifft, einige davon nunmehr uns vor Augen in dem Elende, in der Bettelei, in der Entblößung, in dem Hunger, in dem ewigen Hader und Groll, die wir jetzt allerwärts gewahr werden und die unser Ohr betäuben, und die uns die »Reformation« zum Ersatz für den Wohlstand, die Glückseligkeit, die Eintracht und christliche Liebe gab, deren sich unsere katholischen Voreltern in so vollem Maße und durch eine so lange Reihe von Jahren erfreuten.

Heinrich VIII. war zwar nicht gerade ein Puritaner, doch seine Plünderung der Klöster und sein Bruch mit Rom kamen dem entstehenden Puritanismus sehr zustatten. Zwischen 1500 und 1760 wuchs das puritanische Lager in England – gemeint sind die ernsten, jeglichem Vergnügen abgeneigten Menschen, die Schwerarbeiter, die Selbstverleugner, die Gegner des Weihnachtsfestes, die einsamen Pilger, die Abreißer des Maibaums, die Parlamentarier, die Feinde der Freude und des spontanen Lebens –, bis es sich schließlich durch die industrielle Revolution und die verschiedenen Flurbereinigungsgesetze, mit denen der Boden privatisiert wurde, auf das ganze Land ausweitete. Diese Leute hassten Prunk, Pracht, Gold und Weihrauch, und die Tatsache, dass man die Kirchen ihres Glanzes beraubt hatte, passte gut zu ihrem herben Geschmack. Danach kehrte sich das gesamte Projekt gegen sie, denn der logische nächste Schritt nach dem Protestantismus ist der Atheismus: Warum sollte man überhaupt noch an Gott glauben?

Aber die Erinnerung an die kommunistische Lebensweise, die vor der Revolution geherrscht hat, dauert an, und seit dem Beginn des neuen Systems rebellieren wir immer wieder und träumen von humaneren Alternativen. Es ist faszinierend festzustellen, dass ungefähr zur selben

Zeit etwas Ähnliches in der Mayakultur in Mexiko geschah. Laut dem Archäologen J. Eric S. Thompson glaubten die Mayas, genau wie die Menschen des europäischen Mittelalters, dass niemand »nach mehr als seinem gerechten Anteil streben sollte, denn das kann nur auf Kosten des Nächsten bewirkt werden; Rücksicht auf andere ist überaus wichtig«. Diese Gesellschaft wurde, wie wir wissen, von den Konquistadoren zerstört. Thompson zitiert die Chilam-Balam-Bücher der Mayas: »Vor der Ankunft der mächtigen Männer und Spanier gab es keinen gewaltsamen Raub, es gab keine Gier, und kein Mitmensch wurde blutig niedergeschlagen; nichts ging auf Kosten der Armen, zulasten der Speisen für alle und jeden.« Die Ankunft der Spanier, so Thompson, sei der Beginn des individuellen Unfriedens gewesen.

Eine der ersten ernsthaften Bewegungen, die gegen die aufkommende Neuordnung in Europa protestierten, war jene der Digger von 1649, die das Gemeindeland umgruben. Ihr Anführer John Winstanley, ein gescheiterter Getreidehändler, war der Meinung, dass die Menschen »gemeinsam arbeiten und gemeinsam ihr Brot essen« sollten. Sie rebellierten gegen die Bodenprivatisierungspolitik der Tudor-Regierung, die dörfliches Gemeindeland hatte beschlagnahmen und einzäunen lassen, wonach Schafe auf die Felder getrieben worden waren. Die Digger planten laut einer Gerichtsmitteilung:

> sich zu erheben und die Erde umzugraben und zu pflügen und deren Früchte zu ernten … Ihre Absicht ist es, die Schöpfung wieder in ihren früheren Zustand zu überführen. Da Gott versprochen habe, den unfruchtbaren Boden fruchtbar zu machen, stellten sie die alte Gemeinschaft des

Genusses der Früchte der Erde wieder her und verteilten die Erträge an die Armen und Bedürftigen und speisten die Hungrigen und bekleideten die Nackten.

Winstanleys Stellvertreter John Everard erklärte, die Zeit der Erlösung stehe bevor und Gott werde sein Volk aus der Sklaverei holen und ihm die Freiheit zurückgeben, an den Früchten und Erträgen der Erde teilzuhaben. Die Digger standen hinter einer der ersten Revolten gegen die neue protestantische Ordnung, die allmählich das alte England infizierte. Die Situation verschlimmerte sich ab 1760 durch die Flurbereinigungsgesetze, welche die Menschen zwingen sollten, aus den Landgebieten in die Städte überzusiedeln, wo sie als billige Arbeitskräfte in den neuen Fabriken benötigt wurden. Eine Landbevölkerung von großer Vielfalt und mit ausgedehntem Gemeindeland zum Weiden ihres Viehs und zum Sammeln von Feuerholz wurde durch riesige Schafherden auf trockenen Feldern verdrängt. Schafe ersetzten Menschen, da sie rentabler waren, und nirgends wurde der Prozess brutaler durchgeführt als in den schottischen Highlands, wo gesellschaftlich aufstrebende Gutsherren die Menschen von ihren kleinen Bauernhöfen vertrieben, so dass sie entweder verhungerten oder ihr Glück auf den nach Amerika segelnden Schiffen versuchen mussten.

Das siebzehnte Jahrhundert erlebte auch die Entstehung der anarchischen Ranter-Bewegung. In *Die Sehnsucht nach dem Millennium* zeigt Norman Cohn, dass die Ranter die Nachfahren der Freigeistersekten waren, die überall in Europa im elften, zwölften und dreizehnten Jahrhundert florierten. Wie die Angehörigen jener Sekten vertraten sie den Standpunkt, dass jemand, dessen Seele rein sei, keine Sünde begehen könne, selbst wenn er mit seiner eigenen Schwester auf dem Kirchenaltar schliefe. Die Ranter waren gegen die Arbeit. Sie meinten, alle Dinge sollten Gemeinbesitz sein, und der Begriff der Sünde sei nicht absolut, sondern ein von Menschen geschaffener Mythos, der den Zweck habe, andere zu unterwerfen. Sie waren die Existenzialisten ihrer Zeit, denn sie behaupteten, dass nichts einen immanenten Sinn habe, sondern dass jeder Sinn vom Menschen geschaffen worden sei. Der Wanderprediger Laurence Clarkson (1615–1667) beschrieb den Ranterismus in seiner Biografie (1650). Es handelt sich um eine äußerst relativistische Philosophie, und man hat den Eindruck, Nietzsche zu lesen:

> Gott hat alle Dinge gut gemacht, und so gibt es nichts Böses außer dem, was der Mensch als solches beurteilt. Denn ich begriff, dass es solche Dinge wie Diebstahl, Betrug oder Lügen nur deshalb gibt, weil der Mensch sie so gemacht hat. Denn wenn das Geschöpf seine Welt [nicht] durch »Mein« und »Dein« schicklich gemacht hätte, würden Bezeichnungen wie Diebstahl, Betrug oder Lüge nicht existieren.

Sünde existiere nur in der Fantasie, alles sei vom Geist geschmiedet:

> Betrachte jeglichen Akt, und sei es denn der Akt des Fluchens, der Trunkenheit, des Ehebruchs oder des Diebstahls. Doch diese Akte unterscheiden sich schlicht und einfach nicht vom Akt des Gebets und des Preisens. Warum überlegst du? Warum bist zu zornig? Alle sind eins; in einem ist nicht mehr Heiligkeit, nicht mehr Reinheit als im anderen.

Die Moral ist vom Menschen gemacht. Diese Auffassung geht auf die Sufis und die Freigeist-Bewegung zurück und erstreckt sich bis hin zu Nietzsche, Sartre, den Situationisten und den Punks.

Im neunzehnten Jahrhundert gab es eine Fülle von Versuchen, den Wettbewerb als Organisationsprinzip zu beseitigen. Zum Beispiel gab es Robert Owen, den zum Philanthropen gewordenen Fabrikanten; die Kolonien der Chartisten; John Minter Morgan, der sich »ordentlich gebaute Dörfer voller Einheit und Kooperation« ausmalte; James Smith, der 1833 den Glauben des Saint-Simonismus verkündete: »Wettbewerb und Antagonismus müssen Genossenschaft und Gemeinschaftsinteressen weichen.« Alle möglichen Gesellschaften entstanden: die National Community Friendly Society, die Association of All Classes (später zu Universal Society of Rational Religionists zusammengefasst) und die United-Advancement-Gruppen. In Tytherley in Hampshire und in Manea Fean in East Anglia wurden Genossenschaftskolonien gegründet.

1871 schuf John Ruskin die St. George's Guild, die zum Teil auf den mittelalterlichen Gilden basierte. Er plante, eine Gemeinschaft aus Handwerkern nach genossenschaftlichem Modell aufzubauen, und erwarb zu diesem Zweck die St. George's Farm in Sheffield. Seine Arbeiter sollten die »Behüter eines neuen Lebens« sein, »eher im Geist einer zum Missionarsdienst zusammengekommenen Schar von Mönchen als einer Schar von Handwerkern«. Die Kolonie scheiterte wegen eines wahnsinnigen selbst ernannten Sehers namens Riley, der sie zu tyrannisieren versuchte. Gleichwohl waren Ruskins Ideen und Experimente außerordentlich einflussreich, besonders für einen anderen

Kenner des Mittelalters, nämlich William Morris. Dieser schrieb: »Kameradschaft ist der Himmel und Mangel an Kameradschaft die Hölle; Kameradschaft ist Leben und Mangel an Kameradschaft der Tod.«

Ein anderer großer Denker auf diesem Gebiet war der christliche Anarchist Leo Tolstoi, der nach Art der Digger von »der Gründung einer neuen Religion« träumte, »die dem gegenwärtigen Zustand der Menschheit entspricht, also der Religion des Christentums, doch befreit von Dogmen und Mystik; einer praktischen Religion, die nicht künftige Glückseligkeit verheißt, sondern sie auf Erden verwirklicht«. Was ihm vorschwebte, war kein gütiger Staatssozialismus – der, wie wir heute wissen, ein Unheil ist –, sondern Selbstregierung und die freie Kooperation föderierter Gruppen. Tolstois Buch *Das Königreich Gottes ist in euch*, in dem Jesu Bergpredigt als Anleitung für ein Leben ohne Gewalt und ohne Wettbewerb interpretiert wird, machte einen starken Eindruck auf die damaligen Intellektuellen. Er war sozusagen ein früher Vorläufer von CRASS.

Zwei Männer namens J. C. Kenworthy und J. Bruce Wallace gründeten, durch den russischen Schriftsteller inspiriert, 1894 den Brotherhood Trust. Als Erstes bauten sie eine Obst- und Gemüse-Genossenschaft auf, die genug Geld für den Kauf von Land einbringen sollte. Ähnliche Zellen wurden in Hackney und Walthamstow eingerichtet, und 1896 verkündete Kenworthy auf dem Internationalen Sozialistischen Arbeiterkongress in London:

> Die englische Nation ist bereit, Politik als Waffe aufzugeben und sich der industriellen Zusammenarbeit nach freien anarchistisch-kommunistischen Prinzipien zuzuwenden … wir sind in den letzten Stadien einer korrupten

Zivilisation. Eine falsche Lebenseinstellung, ein Glaube, dass Selbstsucht das notwendige Verhaltensgesetz sei, hatte jede breitere Sicht der geistigen Wahrheit für uns beendet und uns den gröbsten Irrtümern des Materialismus ausgeliefert.

Kenworthy gründete seine kleine Kolonie in Purleigh in Essex. Bald umfasste sie 65 Menschen, und ein Reporter des *Clarion* schrieb: »Sie haben die Kluft vom Wettbewerb zur Kooperation übersprungen, ohne auf die Brücke der Sozialdemokratie zu warten, und sind an den Ufern des Anarchismus angekommen.« Die Mitglieder besaßen knapp zehn Hektar Land, 200 Apfelbäume, 250 Stachelbeersträucher, Kühe und Hühner und bauten genug Gemüse für den eigenen Bedarf an. Auch verfügten sie über eine Druckerpresse. Andere Kolonien beruhten ebenfalls auf dem Prinzip des Teilens. In Essex gab es Althorne, Asingdon und Forest Gate. Weitere Versuche, tolstojanische Gruppen zu bilden, wurden in Leeds, Blackburn und Leicester unternommen. Purleigh scheiterte jedoch – teils deshalb, wie ein Mitglied sagte, weil solche Experimente typischerweise Verrückte anziehen, die sich nirgendwo sonst einfügen können: »In Purleigh war der Wahnsinn verbreitet. Wenigstens fünf von denen, die in der Kolonie wohnten, während ich dort war, wurden später wegen ihres psychischen Zustands unter Aufsicht gestellt. Selbst diejenigen von uns, die bei Verstand blieben, verloren manchmal die Beherrschung.«

In den zwanziger Jahren des zwanzigsten Jahrhunderts wurde das attraktive Prinzip des Distributismus von katholischen Priestern und Intellektuellen wie Chesterton, Arthur J. Penty, Hilaire Belloc und Eric Gill – von den

Männern, die mein Freund James Parker »jene dicken Katholiken« nennt – gefördert. Sie planten, jeden Haushalt mit einem eigenen Grundstück zu versehen und erneut ein Gildensystem einzuführen. Ich werde in dem Kapitel »Vergiss die Regierung« noch einmal zum Distributismus zurückkehren.

Später im zwanzigsten Jahrhundert folgte die antimaterialistische Hippiebewegung der Sechziger und Siebziger, als Leute wie Abbie Hoffman und Jerry Rubin ihren Kampf gegen die Krawatten tragenden »Spießer« führten. In den Siebzigern kam es auch zu ernsthaften Versuchen, dem Albtraum des Industriesystems zu entgehen. Zu den Pionieren zählten John Seymour, der radikale Katholik Ivan Illich, E. F. Schumacher und der junge Satish Kumar, der um die Welt wanderte und sich dann in Hartland niederließ, einem Dorf in North Cornwall, das etwa eine Stunde von meinem Wohnort entfernt ist. Satish gibt nun in Hartland die Zeitschrift *Resurgence* heraus und besitzt einen wunderbaren Gemüse- und Obstgarten, den ich vor kurzem besucht habe. Heute verzeichnet der *Diggers' and Dreamers' Guide to Communal Living* ungefähr hundert Gemeinschaften im Vereinigten Königreich, und zahllose weitere Menschen leben in Dörfern, züchten Gemüse, kommen ohne Geld und Arbeit aus, helfen einander und sind zufrieden. Die Zeitschrift *Permaculture* veröffentlicht Artikel über Gemeinschaften überall auf der Welt, die sich der Selbstversorgung, dem Handwerk und dem Kommunalleben zugewandt haben, etwa Tinker's Bubble in Somerset oder Ragman's Lane Farm in Gloucestershire.

Man kann Berichte über Menschen lesen, die diese Prinzipien befürworteten, ihre Abhängigkeit vom Geld verringerten, selbständig wurden und nun ein gutes Leben führen. Ihr größtes Problem sind offenbar die absurden Bauvorschriften, die es fast unmöglich machen können, eine Hütte im Wald zu errichten, während monströse Verbrauchermärkte von den Lokalbehörden gefördert werden. Wie ich höre, kommen Baugenehmigungen für solche Schandflecke häufig aufgrund geschickter Präsentationen durch Supermarktvertreter vor Stadträten zustande, wobei man Arbeitsplätze und Dienstleistungen für die Anwohner in Aussicht stellt.

Die oben angeführten ermutigenden Beispiele zeigen jedoch, dass es nicht nur den einen Weg durchs Leben – den über einen Arbeitsplatz, Schulden und Leid – gibt. Dies mag der Weg sein, auf den unsere Schulen und Medien verweisen, aber wir kennen eine Million Alternativen, von denen jede vergnüglicher ist als das für uns arrangierte Modell. Und sie alle beruhen nicht auf Wettbewerb, sondern darauf, einander zu helfen und das Vorhandene miteinander zu teilen. »There's a better world a-comin', can't you see, see, see«, sang Woody Guthrie, »when we'll all be union and we'll all be free.«

Es kann überaus vergnüglich sein, in einer Gemeinschaft zu arbeiten. Je mehr du anderen hilfst, desto wahrscheinlicher ist es, dass sie dir helfen, und so weitet sich der Freundschaftskreis aus. Gewiss, das System der ganztägigen Lohnsklaverei behindert den Gedanken an gegenseitige Hilfe, schon weil es so viel von unserer Zeit beansprucht. Wenn wir von der Arbeit heimkehren, wäre uns nichts unwillkommener, als an einem Treffen der Gesellschaft zur Erhaltung des Gemeindesaals teilzunehmen oder den Hund des Nachbarn zu füttern. Also stellen wir den Fernsehapparat an und lassen uns stundenlang mit Werbung berieseln. Das nennen wir Entspannung. Der Nachbarschaftsgeist ist seit fünfhundert Jahren Angriffen ausgesetzt. Das Prinzip des Wettbewerbs dominiert. Aber es hat sich als klarer Irrweg erwiesen, da es uns dazu bringt, einander wie die Verrückten an die Kehle zu gehen. Wettbewerb ist das Glaubensbekenntnis von Sklaven. Wir meinen, uns zu erhöhen, indem wir den anderen niedermachen, doch in Wirklichkeit würdigen wir uns auf das Niveau eines Sklaven herab. Zu konkurrieren ist ein Zeichen der Unterwerfung, denn es bedeutet nur, dass wir die Wünsche unseres Vorgesetzten erfüllen. Es wird Zeit, zu Kooperation, Nachbarschaftsgeist, zweiwöchigen Festlichkeiten und Freigebigkeit zurückzukehren.

Die Gewerkschaften haben den Fehler gemacht, das Management zu bekämpfen beziehungsweise mit den Chefs zu wetteifern. Die Schlacht zwischen Gewerkschaft und Geschäftsführung ist eine Schlacht zwischen Groll und Habgier. Die Arbeiter knurren, und die Bosse wollen mehr Gewinn. Sämtliche Energie wird für den Kampf gegeneinander vergeudet und nicht kreativ eingesetzt. In den Gilden des Mittelalters vereinten sich Gewerkschaft und Geschäftsführung, denn die Gilden wurden von ihren Mitgliedern geleitet. Also müssen wir Gilden gründen. Ich habe bereits zwei angekurbelt: die Clerkenwell Freedance Writers Guild und die North Devon Diggers Guild. Wir planen, ein Wappen zu kreieren und aus unserer Gemeinschaftskasse üppige jährliche Feste zu finanzieren. Und wir werden einander in Zeiten der Not helfen.

GRÜNDE EINE GILDE

9
Entkomme den Schulden

Vor einem Jahr hatte ich noch keinen roten Heller.
Nun habe ich zwei Millionen Dollar Schulden.
Mark Twain

Banken sind böse. Das mag sich nach einer unbedachten Vereinfachung des Problems von Geld und Schulden anhören, aber vor nicht allzu langer Zeit galt dies buchstäblich. Vom frühen Mittelalter bis über das Jahr 1500 hinaus kam der Geldverleih gegen Zinsen – oder Wucher – für niemanden in Frage, dem ernsthaft an seiner Erlösung gelegen war. Ein solches Verhalten war eine Sünde, es war verboten, es war böse.

Der Grund für die Ächtung des Wuchers bestand, wie gesagt, darin, dass Zeit als Gottesgeschenk galt und deshalb nicht gekauft oder verkauft werden durfte. Im Lukasevangelium sagt Jesus: »Tut wohl und leihet, dass ihr nichts dafür hoffet« (6, 35). Wucher widersprach außerdem deshalb der christlichen Lehre, weil dadurch ein in Not geratener Nachbar ausgebeutet wurde. Und genau darum geht es beim Geldverleih. Zudem wurde Wucher als träge Methode des Geldverdienens verurteilt, da man nur abzuwarten braucht, um einen Gewinn zu erzielen. Er war keine wirkliche Arbeit, denn er brachte nichts hervor, sondern verursachte Elend. In mittelalterlichen Kirchen gibt es zahlreiche Plastiken, die überreiche Geldverleiher darstellen.

Um zu ermessen, wie sehr sich die Dinge geändert haben, sollten wir einen Blick auf die Geschichte von Pater O'Callaghan werfen, dem idealistischen Priester, der Anfang des neunzehnten Jahrhunderts, in jener großen Ära der kapitalistischen Expansion, versuchte, die Gesetze gegen den Wucher wieder einführen zu lassen. Natürlich geriet er in eine Sackgasse, denn seine Ideen widersprachen der Raffsucht jener Zeit. Nachdem er 1819 seine Erleuchtung gehabt hatte, verweigerte er einem Getreidehändler auf dem Totenbett die Absolution, bis dieser sämtliche Zinseinnahmen an seine Schuldner zurückgezahlt hatte. Diese Praxis entsprach den mittelalterlichen Bräuchen: Laut Jacques Le Goff erstatteten überreiche Geldverleiher auf dem Totenbett ihren Opfern alle eingestrichenen Einnahmen zurück, um nicht in der Hölle zu enden. In jenen Tagen dürfte es zumindest leicht gewesen sein, jemanden zu finden, der Verantwortung übernahm, während in der heutigen Zeit, in der jeder »nur seine Arbeit macht«, niemand für irgendetwas verantwortlich sein will.

Der Getreidehändler zeigte also Reue, und das Geld wurde zurückgezahlt. Aber nach Beschwerden anderer Wucherer – oder anderer Geschäftsleute, geschäftiger Leute, Gschaftlhuber – aus der Gegend wurde Pater O'Callaghan von seinem Bischof zur Ordnung gerufen und schließlich daran gehindert, die Messe zu zelebrieren. Der arme, geächtete O'Callaghan, der schlicht eine Aussage gemacht hatte, die im Jahr 1200 so unumstritten gewesen wäre wie die Worte »Schwarz ist schwarz«, wanderte durch die Welt, um orthodoxe Katholiken zu suchen, mit denen er sich zusammentun konnte. Diese Suche scheiterte, und sogar der Vatikan war des Priesters nach einiger Zeit überdrüssig. Immerhin wurde O'Callaghans Buch über den Wucher von William Cobbett veröffentlicht, da es dessen eigene Meinung wiedergab, dass das moderne Industriesystem nicht der Befreiung, sondern der Versklavung der Menschen diene. Cobbett warb für das Werk mit den Zeilen: »Es sollte von jedem Mann, und besonders von jedem jungen Mann, im Königreich gelesen werden.«

Das Bankwesen war von der einflussreichen Familie Medici im dreizehnten Jahrhundert in Florenz erfunden worden. Irgendwie gelang es ihren Mitgliedern, Wucher mit Heiligkeit zu kombinieren, wahrscheinlich weil sie die Banker des Papstes waren. Cosimo de Medici, das Familienoberhaupt, unternahm häufig lange Spaziergänge mit seinem Priester, um die aktuellen Themen zu besprechen. Er machte seine Wuchertätigkeit dadurch wieder gut, dass er gewaltige Summen für Bauprojekte und die Kunst ausgab.

Kriege führten zu hohen Regierungsschulden. Wenn eine Monarchie Geld für einen Krieg benötigte, nahm sie einen Kredit bei einer vermögenden Familie, etwa den Barings, auf. Die Letzteren erhoben dann Zinsen, und das Land sah sich permanent verschuldet. Laut Cobbett war es Heinrich VIII., der dieses System begründete. Andererseits waren die Banken damals relativ unbedeutend, da sie lediglich die Regierung oder die Monarchie im Griff hatten. Heute besitzen diese monströsen Konzerne unser gesamtes Geld. Außerdem fließen unsere Steuern in Form von Zinszahlungen für die Staatsanleihen an die Banken zurück. Damit werden beispielsweise vergangene oder künftige Kriege finanziert.

Die heutigen Banken erzielen astronomische Gewinne. Im Jahr 2005 gab die HSBC bekannt, einen Gewinn in Höhe von zehn Milliarden Pfund erzielt zu haben. Damit verglichen waren die Medicis Besitzer eines Tante-Emma-Ladens. Wucher ist überaus einträglich, wenn er durchorganisiert ist und in globalem Maßstab realisiert wird. Die Banken teilen uns mit, sie würden selbstlos für ihre Aktionäre und ihre Kunden arbeiten, womit sie sich geradezu als Wohltätigkeitsinstitutionen hinstellen. Diese Fassade der Gutherzigkeit bröckelt natürlich sofort ab, wenn man herausfindet, dass die Unternehmenschefs gleichzeitig die größten Aktionäre sind und deshalb das stärkste Interesse an der Rentabilität haben. Die Personen an der Spitze dieser Konzerne verdienen unverschämte Summen, indem sie uns Übrige versklaven. Es sollte ein gewisser Trost für uns sein, dass sie direkt zur Hölle fahren werden, aber es wäre noch viel befriedigender, sie auch auf Erden leiden zu sehen.

Doch vorläufig müssen wir uns fragen, wie wir der Falle entgehen können. Wie entziehen wir uns der durch Schulden verursachten Knechtschaft? Es ist wichtig, von Wucher zu sprechen, denn dadurch werden die Banker in ihrem wahren Licht gezeigt: nämlich als käuflich und profitorientiert, keineswegs als paternalistisch. Zudem wird wiederum deutlich, dass die Menschen des Mittelalters im Wesentlichen antikapitalistisch eingestellt waren. Jacques Le Goff schreibt in seiner Untersuchung des Themas, *Wucherzins und Höllenqualen*:

> Der mittelalterliche Wucherer fand sich in einer seltsamen Situation wieder. In einer Geschichte der *longue durée* (einer Geschichte des tief Verwurzelten und sich langsam

Ändernden) ist der Wucherer der Vorläufer des Kapitalismus, eines Wirtschaftssystems, das trotz seiner Ungerechtigkeiten und Misserfolge Teil der Fortschrittskurve des Westens ist. Doch aus jeglicher zeitgenössischen Sicht war dies, in seiner eigenen Zeit, ein Mann der Unehre.

Der Mann auf der Straße kann sich also den Bankern moralisch überlegen fühlen. Die Eigenwerbung der Banken – »Wir kümmern uns um Sie« – ist genau das: Werbung, ein Marketingtrick, eine Verführungstechnik. Sie interessieren sich lediglich für größtmögliche Profite, und damit basta. Deshalb sollten wir uns nie schuldbewusst fühlen, wenn wir unser Konto überziehen. Denn sie benutzen dieses Schuldgefühl nur, um uns glauben zu machen, wir hätten es verdient, wenn sie uns Super-Wuchergebühren aufladen – jene Verwaltungs- und Zusatzkosten, die sie uns ohne Umstände stehlen. Und das zusätzlich zu den Zinsen, die sie uns bereits in Rechnung stellen! Sie sind es, die sich schuldig – zutiefst schuldig – fühlen sollten. Was ein Mönch des dreizehnten Jahrhunderts wohl über ihre üblen Tricks zu sagen hätte? Tja, das wissen wir sogar, denn der Mönch Thomas von Cobham schrieb damals: »Es ist klar, dass der Wucherer nicht als aufrichtiger Büßer anerkannt werden kann, bevor er nicht alles zurückgibt, was er durch die Sünde des Wuchers erpresst hat.«

Wahrlich, die Banker sind doppelt und dreifach verdammt! Das Erstaunliche ist, dass wir, die untertänigen Massen, so tun, als wären wir dankbar, wenn sie uns einen Überziehungskredit gewähren! Wir verbeugen uns und flüstern: »Oh, vielen Dank, gütiger Herr! Sie sind so großzügig!« Dabei gibt es in Bankkreisen einige Diskussionen darüber, ob die verschiedenen super-wucherischen Überziehungsgebühren usw. tatsächlich vor Gericht durchsetzbar sind. Jedenfalls erstatten die Banken das Geld häufig zurück, wenn man sich beschwert, wie ich es vor einiger Zeit angesichts von Überziehungsgebühren in Höhe von 130 Pfund tat. Sie versuchen einfach, sich so viel wie möglich zu erlauben, und obwohl unsere Chancen schlecht zu sein scheinen, weil sie mächtig und wir klein sind, kann man ihnen durchaus die Stirn bieten.

Außerdem muss man begreifen, dass Banken begeistert sind, wenn man Schulden macht. Das lieben sie über alles, weil es ihnen viel Geld einbringt. Deshalb werden wir dauernd zu unbesonnenen Ausgaben ermutigt und aufgefordert, einen Traumurlaub oder ein neues Auto oder ein neues Fernsehgerät mit unserer Kreditkarte zu finanzieren. Deshalb geben die Wucherer so hohe Summen aus, um ihre »Finanzdienste« – wenn das kein Euphemismus für Wucher ist! – in der Fernsehwerbung anzupreisen. Sie berieseln uns mit Werbespots, und viele werden im Kinderfernsehen gezeigt, so dass Fünfjährige in die Küche gehen und ihre Mutter und ihren Vater fragen: »Habt ihr mal an Ocean Finance gedacht? Das sind wirklich nette Leute.« Überhaupt ist jede Werbung, die uns zum Geldausgeben auffordert – was die meisten tun –, kostenlose Reklame für die Banken, denn je mehr wir ausgeben, desto mehr verdienen sie. In jüngster Zeit sind viele Supermärkte ebenfalls ins Wuchergeschäft eingestiegen und bieten Kredite, Konten und all die übrigen traurigen »Finanzdienste« an.

Die Tatsache, dass wir täglich und auf empörende Art durch die uns umgebende Kultur ermutigt, nein, einer

Gehirnwäsche unterzogen werden, Schulden zu machen, müsste sämtliche Gewissensbisse beseitigen. Du sollst doch verschuldet sein! Schulden halten die Welt in Gang.

Aber verschuldet zu sein kann das Gefühl vermitteln, man trage Bleistiefel. Dadurch wird eine mächtige Schranke zwischen uns selbst und unseren Träumen errichtet. Es ist eine Knechtschaft. Es fesselt uns. Wir machen die Schuldenrückzahlung zur Priorität und verschieben die Dinge, die wir wirklich tun möchten. Deshalb bleiben wir schließlich in unserem Sklavenberuf. »Ich hasse meine Arbeit und würde liebend gern kündigen«, sagen manche, »aber ich schulde der Bank fünf Riesen. Also kann ich's nicht.« In dieser Hinsicht lassen sich Schulden, wie viele meinen, mit einer modernen Form der Zwangsarbeit vergleichen. Du verschuldest dich, und dann sitzt du in deiner verhassten Tätigkeit fest, weil du die Schulden abbezahlen musst. Das ist nützlich für das System, denn es bedeutet, dass die meisten von uns mehr oder weniger ruhiggestellt sind und weiterschuften. Schulden verursachen zudem große Angst, Gesundheitsprobleme und Nervenzusammenbrüche. Deshalb wurden in jüngster Zeit auch immer mehr Schuldenberatungsstellen gegründet. Die Menschen des Mittelalters hatten recht: Wucher ist böse. Warum haben wir nicht hingehört?

Meiner Erfahrung nach ist die Aufgabe des Arbeitsplatzes in Wirklichkeit die einzige Methode, seine Schulden zu begleichen. Je höher dein Gehalt, desto größer sind deine Schulden. Paradoxerweise erhöht, wie jeder Lohnsklave bestätigen wird, eine Erwerbstätigkeit die Schulden eher, als zu ihrem Abbau beizutragen. Ich habe Freunde, die doppelt oder zehnmal so viel wie ich verdienen, aber trotzdem verschuldet sind, weil sie eine Menge Geld ausgeben. Wenn du zu Hause arbeitest, ändern sich deine Aufwendungen. Zum Beispiel bezeichneten sich die aus dem Konkurrenzkampf Ausgeschiedenen, die früher an John Seymours Selbstversorgerkursen teilnahmen, als DFKs, das heißt Debt Free Killers (Schuldenfreie Killer, wobei sich das letzte Wort auf die Schnecken bezieht, die sie vernichteten). Nur wenn du das System verlässt, kannst du dich allmählich deiner Schulden entledigen. Bleibst du im System und wirst von ihm abhängig, so dürften sich deine Schulden erhöhen. Erneut empfehle ich die Lektüre der Zeitschrift *Permaculture*, denn auf ihren Seiten findet man zahlreiche Ratschläge, auf welche Weise die Befreiung von Schulden ein Teil der Reise zur Unabhängigkeit sein kann.

Die Alternative ist Gleichgültigkeit. Der versklavende Charakter von Schulden ist im Grunde ein Mythos. Sie können uns nur dann versklaven, wenn wir das zulassen. Das Thema Schulden wird häufig im Internet-Forum des *Idler* diskutiert, wo Teilnehmer behaupten: »Ich würde nur zu gern ein Leben des Müßiggangs führen, aber ich habe enorme Schulden.« Mir gefällt besonders die Entgegnung der *Idler*-Mitarbeiterin Sarah Jones: »Ich denke nicht über meine Schulden nach.« Auch John Wilkes, der große Radikale und Freigeist des achtzehnten Jahrhunderts, war dauernd verschuldet, aber dadurch ließ er sich nicht von dem abhalten, was er tun wollte. Er gestattete nicht, dass die Schulden ihn intellektuell außer Gefecht setzten. Damit soll der sehr reale Effekt hoher Schulden auf unsere psychische und physische Gesundheit nicht geleugnet werden. Ich weiß, wie es ist, denn ich selbst habe, den Kopf in den

Händen, am Küchentisch gesessen und die Rückseite von Umschlägen und einen Taschenrechner angestarrt. Doch wenn wir begreifen, dass Geld »vom Geist geschmiedet« ist, sind wir eher in der Lage, die Fesseln abzuwerfen. Wir sind an der Schaffung des Schulden-und-Geld-Mythos selbst beteiligt. Hör auf, daran zu glauben, und er hat keine Macht mehr über dich. Das ist der erste Schritt.

Es ist sehr unwahrscheinlich, dass man dich auf die Straße werfen wird. Eine *Idler*-Leserin machte sich so große Sorgen wegen ihrer Schulden, dass sie zur örtlichen Bürgerberatung ging. Dort verabredete man mit ihren Schuldnern, dass sie den lächerlichen Betrag von zwei Pfund pro Monat zurückzahlen solle. Achtzehn Monate später stellte sie die Zahlungen aus Faulheit ein. Seitdem sind zwei Jahre vergangen, und niemand hat ihr wegen des Geldes zugesetzt. Was für eine ermutigende Geschichte! Anscheinend gaben ihre Gläubiger irgendwann auf und schrieben die Schulden ab.

Um den im Grunde fiktionalen Charakter von Schulden zu verstehen, ist es hilfreich, den im Grunde fiktionalen Charakter von Geld selbst zu durchschauen. Denn Geld existiert nicht, wie der ehemalige Banker und spätere Schriftsteller Edward Chancellor ausführte. Seiner Ansicht nach ist es nicht das Geld, sondern der Kredit, der die Welt in Gang hält. Der Kreditrahmen – jenes seltsame Maß, das festlegt, wie viel Geld du borgen darfst. Deine Kreditfähigkeit ist mit Vorstellungen von dem Vertrauen verbunden, das andere in dich setzen. Damien Hirsts Mutter erzählte einmal die Geschichte von den Anfängen ihres Sohnes als Künstler. Er benötigte einen Überziehungskredit, sprach in seiner Bank vor und wurde rundweg abgewiesen. Aber als er, begleitet von seinem enorm selbstbewussten Kunsthändler Jay Jopling, einem ehemaligen Eton-Schüler, in die Bank zurückkehrte und diesem die Verhandlungen überließ, wurde ihm der Kredit gewährt.

Nicht Bargeld, sondern Kredit bringt Reichtum hervor, denn offenbar sind vermögende Menschen oft viel atemberaubender verschuldet als wir Übrigen. Man braucht also keine Angst vor Schulden zu haben. Wenn ich mir meine Kontoauszüge auf dem Computerschirm ansehe, wird das Wesen des Geldes klarer. Bloße Zahlen auf einem Monitor. Wie können diese Zahlen meine psychische Gesundheit beeinträchtigen, wenn ich es ihnen nicht gestatte?

Der flüchtige, flatterhafte Charakter von Schulden wurde von Daniel Defoe in »An Essay upon the Loans« (1710) treffend beschrieben:

> Ich werde von dem reden, was alle Menschen beschäftigt, doch was nicht eine von vierzig Personen versteht ... Wenn jemand es mit Worten erklären will, verirrt er sich eher im Wald, als andere herauszuholen. Es lässt sich am besten durch sich selbst schildern: Dem Wind gleicht es, der weht, wohin er will; wir hören das Geräusch, wissen jedoch kaum, woher er kommt oder wohin er geht.
>
> Wie die Seele im Körper scheint es Substanz zu haben, ist jedoch immateriell; es sorgt für Bewegung, doch man kann nicht sagen, dass es existierte; es schafft Gestalten, doch es selbst hat keine Gestalt; es ist weder Quantität noch Qualität; es hat kein Wo oder Wann, keine Stätte oder Beschaffenheit. Wenn ich sagte, es sei der essenzielle Schatten von etwas, das nicht ist, dann würde ich die Sache verwirren und nicht erklären und dich und mich noch stärker im Dunkeln lassen als zuvor.

Wieder wird der Kreditbegriff als etwas völlig Formloses hingestellt, als eine Art Nebel, der nur im Geist oder durch allgemeine Verblendung existiert. Zu Hause greifbare, reale Dinge herzustellen ist eine wirkungsvolle Methode, sich den Überlegungen über das unmöglich abstrakte Wesen des Geldes zu entziehen. Um den Kreislauf von Arbeit – Ausgaben – Schulden – Arbeit zu durchbrechen, musst du einfach aufhören zu konsumieren und anfangen, Dinge zu erschaffen. Das Geldsystem hat in unserem Innern eine Spaltung zwischen Produzent und Konsument hervorgebracht. Jeden Tag werden die Durchschnittsmenschen in der Geschäftswelt als »Konsumenten« bezeichnet, was ein schrecklich habgieriges Wort ist. Man denke an die andere Bedeutung von »Konsumtion«, eine tödliche Krankheit romantischer Dichter, die den Körper verzehrte, bis er starb, nachdem er erschöpft, entleert, aufgebraucht, entwässert worden war. Ein Konsument entleert die Welt, isst sie auf, stopft sie sich ins Gesicht, lässt sie verdorren, trocknet ihre Quellen aus, baut all ihre Reichtümer ab – kurz, er tötet sie. Aber der Schöpfer oder Produzent stellt das genaue Gegenteil dazu dar.

Wir sollten darauf abzielen, einige der Dinge, die wir verbrauchen, selbst zu produzieren. Ein vergnüglicher Tipp, den ich bereits erwähnt habe und auf den ich noch weiter eingehen werde, ist der, einen Teil des selbst benötigten Gemüses und Obstes anzubauen. Dadurch wird die Spaltung zwischen Produzent und Konsument aufgehoben, und man wird wieder zu einem Ganzen. Das dürfte den intensiven Genuss erklären, den jeder empfindet, der seine eigenen Karotten oder Rettiche aus dem Boden zieht. Es scheint etwas zu sein, zu dem wir bestimmt sind – ein Akt radikaler Integration. Ich plane, eine Zeitschrift für den anarchischen Gärtner herauszugeben. Sie wird den Titel *The Radish* (Der Rettich) tragen, und darin werden wir praktische Ratschläge zum biologischen Anbau von Gemüse mit der Entwicklung einer radikalen politischen Philosophie verbinden. Wir werden im Wortsinne radikal sein, denn *radish* und Rettich kommen natürlich vom lateinischen *radix*, »Wurzel«.

Vor allem müssen wir, um frei von Schulden zu sein, unsere Furcht vor der Armut ablegen. Ich befürworte kein wahres Elend, das heißt Obdachlosigkeit und Hunger. Aber edle Armut, bei der man über das Lebensnotwendige verfügt, seine Wünsche und Begierden jedoch einschränkt, ist ein lobenswerter Zustand. Im Mittelalter galt es sogar als verdienstvoll, arm zu sein. Die Armen bildeten einen wichtigen Teil der Gesellschaft. Schließlich waren auch Jesus und die Apostel mittellos gewesen, und die Bettelmönchsorden strebten danach, das apostolische Leben nachzuahmen. Der katholische Hochschullehrer George O'Brien verweist in seinem Essay »Economic Effects of the Reformation« (1923) auf das Beispiel der umherziehenden heiligen Männer:

> … sogar dem Betteln wurde durch das Beispiel der Bettelmönche Würde verliehen. Europa war mit Institutionen zur Linderung jeglicher Form von Armut und Leid übersät, und die Mittel der klösterlichen Einrichtungen wurden durch private Almosen ergänzt, deren Spende man den Besitzern von Eigentum als strikte Pflicht auferlegte. Die Reformation entzog den Armen durch ihren Angriff auf die kirchlichen Grundlagen die erstere jener Formen der Fürsorge und schränkte die letztere durch ihr Beharren auf

der Rechtfertigungsdoktrin allein durch den Glauben erheblich ein.

Arme Menschen wurden willkommen geheißen, schon weil sie anderen Gelegenheit boten, Almosen zu spenden, was im Mittelalter als religiöse und soziale Pflicht angesehen wurde. Wohltätigkeit stand im Mittelpunkt des Bemühens um Erlösung. Außerdem setzte jemand, der nicht mehr nach Gewinn strebte, seinen gesamten Glauben, wie oben erwähnt, in die Vorsehung. Man bemitleidete die Armen nicht, sondern blickte fast zu ihnen auf. In den Augen Gottes war es genauso gut, arm wie reich zu sein, vielleicht sogar besser. Heilige machten ihre Armut zur Tugend. Heutzutage begehen wir den Fehler anzunehmen, dass die Armen reich sein wollen. Wir haben Mitleid mit den Armen und Obdachlosen und setzen voraus, dass sie sich dem erbarmungslosen Kampf um Gewinn anschließen und selbst zu Angehörigen der Bourgeoisie werden möchten. Das ist vielleicht gar nicht der Fall. Und möglicherweise wollen auch die so genannten armen Länder der Welt gar nicht zu einem Teil des bourgeoisen Systems werden.

O'Brien fährt fort:

> Das bedauerlichste Ergebnis des Übergangs vom mittelalterlichen zum modernen System der Armenfürsorge besteht darin, dass der Empfang von Unterstützung verachtenswert geworden ist und dass Armut in heutigen Zeiten als Schande betrachtet wird. Der Wunsch der Reformer, der Bettelei ein Ende zu setzen und dafür zu sorgen, dass die Verfügung der Bibel, niemand solle essen, der nicht arbeite, möglichst buchstäblich angewandt wurde, bewog sie, dem Empfang von Almosen, außer durch Kranke und

Behinderte, ein gewisses Maß an moralischer Missbilligung entgegenzubringen. Dadurch nahmen die Armengesetze der reformierten Länder häufig einen Grad an Strenge den Armen gegenüber an, der in katholischen Tagen glücklicherweise fehlte.

Heute wird die Wohltätigkeit jedoch von riesigen Konzernen beschlagnahmt, die die Ärmeren durch aufgeblähte Arbeitsbeschaffungsmaßnahmen ausbeuten. Wohltätigkeit ist zu loben, aber im Kapitalismus werden unsere entsprechenden Instinkte missbraucht. Die Arbeit für eine Wohltätigkeitsorganisation ist nun eine Karrieremöglichkeit für Leute, die eine Menge Geld verdienen und der Welt gleichzeitig demonstrieren wollen, wie mitfühlend sie sind. Hilfsleistungen und Schuldenerlass sind gewöhnlich mit Auflagen verbunden: Wer zahlt, der mahlt. Westliche Staaten bieten afrikanischen Ländern an, ihre Schulden abzuschreiben, doch nur, wenn sie das westliche Modell übernehmen. Dies ist in der Regel ein Kürzel dafür, den Ausbeutern zu gestatten, dass sie eine autarke ländliche Wirtschaft durch eine städtische, lohnabhängige, industrielle Ökonomie ersetzen. Die satirische Zeitschrift *Whitestones* brachte eine Glosse über die Aktion »Feed the World« von Live Aid, die den Titel »Milk the World« trug und die Bemerkung »Money down the drain, Swiss banks overflow« (Geld fließt den Bach hinunter, und Schweizer Banken werden überschwemmt) enthielt. Mittlerweile kann Wohltätigkeit einfach dazu dienen, der Exportwirtschaft neue ausländische Märkte zu öffnen. Und institutionelle Wohltätigkeit kann lokale Unternehmen und Vielfalt zerstören. In Sambia zum Beispiel ist die einheimische

Modebranche fast völlig vernichtet worden, weil Oxfam billige gebrauchte Kleidung aus dem Vereinigten Königreich einführte.

Schulden können zum Sklaventreiber werden, aber sobald du begreifst, dass sie nicht wirklich existieren, bist du in der Lage, dich von ihnen zu befreien, denn wie kannst du durch ein Fantasieprodukt versklavt werden? Pfeif auf die Wucherer. Warum solltest du dir etwas aus ihnen machen? Sie sind ja sowieso zur Hölle verdammt! Grinse über ihre Drohbriefe, lach über ihre kümmerlichen Gestalten auf Bildschirmen, kichere über ihr langweiliges Leben und über die Verdammung, die sie erwartet!

ZERSCHNEIDE DEINE KREDITKARTE

10

Tod dem Einkaufen oder Flucht aus dem Gefängnis der Konsumsucht

Das Beste ist, Freude zu empfinden,
ohne ihr Sklave zu sein – nicht, auf Freude zu verzichten.
Aristippus, 435–356 v. Chr.

Die Warnungen stehen schon in der Bibel. Adam und Eva lebten höchst zufrieden im Garten Eden. Sie arbeiteten nicht, aber sie konsumierten auch nicht. Es scheint sich um eine vorlandwirtschaftliche Epoche zu handeln, in der die Speisen, die man benötigte, von Bäumen und Hecken gepflückt wurden (das ist übrigens immer noch möglich: Vor kurzem sammelten wir auf einem Spaziergang einen Beutel voll Sauerampfer und Nesseln, aus denen Victoria ein köstliches Risotto zubereitete). Adam und Eva mochten keine Jäger gewesen sein, doch sie waren unzweifelhaft Sammler. Aber dann erschien das Konsumverlangen oder das Aufstiegsstreben in Gestalt der Schlange. Dieses kapitalistische Ungeheuer weckte in Adam und Eva die Vorstellung, dass die Dinge besser sein könnten. Daraufhin wurden sie sogleich aus dem Garten vertrieben und zu einem Leben voller Mühe, Schinderei und Qualen verurteilt. Wünsche verdrängten Bedürfnisse, und seitdem geht es bergab.

Heute sind wir von unseren Wünschen gefangen, vom Shopping gefesselt. Die Einkaufssucht ist eine zersetzende und schwächende Kraft. Wir wollen ein neues Paar Schuhe, ein neues Auto, ein neues Haus, ein neues Sofa, ein neues Fernsehgerät. Um diese Dinge kaufen zu können, brauchen wir Geld. Also binden wir uns an einen Arbeitgeber, um das Geld zu erhalten, oder wir machen Schulden, indem wir es uns von einem der vielen institutionellen Wucherer auf dem Markt borgen. Und das nennen wir Freiheit. Unsere natürliche Absicht, das Leben zu genießen, wird vom Konsumsystem in etwas Materielles und Knechtendes verwandelt und ist mit einer unglaublichen Verschwendung verbunden: Unlängst hörte ich eine Rundfunksendung über den Handel mit gebrauchter westlicher Kleidung in Sambia. Für die Sambier war es unvorstellbar, dass wir diese Sachen, alle noch gut in Schuss, weggeworfen hatten, und sie vermuteten, wir hätten die Kleidung aus karitativen Gründen hergegeben. Dabei ist Einkaufen als Voraussetzung für unsere Verschwendung so dröge. Ich würde lieber einen trinken.

Es scheint auf der Hand zu liegen, dass wir, könnten wir unsere Konsumsucht zügeln und aufhören einzukaufen, der alltäglichen Freiheit viel näher kommen würden, einfach weil wir dann weniger arbeiten müssten. Das soll nicht bedeuten, dass man sich nicht an Luxusartikeln erfreuen kann, aber wir sollten sie nicht ernst nehmen und zu unserem Lebensziel machen. Verleih dem Luxus keinen Sinn.

Der griechische Philosoph und Genussmensch Aristippus war bekannt für seine Distanz zu den Dingen. Er gab sich seinen Freuden dort hin, wo er sie fand, und hetzte ihnen nicht hinterher. Aristippus jagte nicht, sondern er sammelte. Er war einer jener glücklichen Menschen, die sich in einer Hütte genauso wohlfühlen wie in einem Schloss. Frei von Wünschen zu sein heißt nicht, allen Genuss aufzugeben und zu einem verdrossenen Eremiten zu werden. Vor einiger Zeit, als ich einen Vortrag über den kreativen Müßiggang hielt, wurde ich gefragt, ob ich gegen das Fernsehen sei. Ich muss zugeben, dass ich mich ein wenig ärgere, wenn meine Kinder an einem sonnigen Tag vor der Glotze sitzen. Doch steht es mir zu, eine Quelle des Genusses aus dem Leben anderer zu entfernen? Mir schwebt keine Polizei für Müßiggänger vor, die überall im Land den Fernsehstecker herauszieht und den Menschen befiehlt, stattdessen zur Ukulele oder zum Spaten zu greifen. Das Fernsehen hat einige großartige Werke hervorgebracht, und eine Welt ohne Fernsehgerät wäre eine Welt ohne die *Simpsons*. Trotzdem habe ich gerade bei Sky TV angerufen und unser Abonnement abbestellt, wobei ich das Gefühl hatte, den Mann wirklich in die Pfanne zu hauen. Warum sollen wir dafür zahlen, dass all die Reklame und all die kapitalistische Propaganda in unser Haus gestrahlt werden? Nun werden wir 250 Pfund pro Jahr sparen und uns DVDs anschauen.

Entscheidend ist nicht, dass man alle Genüsse aufgibt, sondern dass man die Herrschaft über sie behält. In unserer absonderlichen Welt scheinen wir in Sachen Vergnügen zwischen Übertreibung und Enthaltsamkeit zu schwanken. Die Anonymen Alkoholiker predigen totale Abstinenz als einzige Lösung für Suchtprobleme. Dieses Ziel wird durch die Teilnahme an einer endlosen Reihe von Treffen, durch Team-Bildungen und das ständige Aufsagen der AA-Regeln erreicht. Aber ich empfinde die Sache als zu anstrengend, und die AA-Philosophie räumt ein, dass man das

Verlangen nach Alkohol nie überwindet. Gibt es keine andere Methode, mit solchen Problemen fertig zu werden? AA-Vertreter meinen, ein Gläschen sei eines zu viel und tausend seien nicht genug, aber könnte es nicht eine Organisation geben, die sich für mäßiges Trinken einsetzt? Wenn ich jeden Tag auf einem Treffen meinen Getränkekonsum vom Vorabend beichten müsste, würde ich mich gewiss einschränken. Der Zyklus der Übertreibung und der Enthaltsamkeit ist vielleicht nicht so eng mit der menschlichen Wesensart verbunden, wie wir glauben. Ist es nicht möglich, dass wir ermuntert werden, zu übertreiben und enthaltsam zu sein, weil dies die doppelte Funktion erfüllt, Bargeld ins System fließen zu lassen (Übertreibung) und uns durch Selbstgeißelung und Schuldbewusstsein (Enthaltsamkeit) gefügig zu machen?

Es ist wichtig, zwischen den realen, physischen Genüssen, wie sie etwa durch Speisen und Getränke erzeugt werden, und der bloßen Verheißung von Genüssen zu unterscheiden, die durch die Werbung für Massenartikel vermittelt wird. Wir begehren Dinge, wir sind mit Dingen verbunden, wir glauben, dass Dinge uns besser machen werden. Dieser Prozess dient der *Verzögerung* des Verlangens, die eines der Merkmale – mehr noch: ein Motor – des Großkapitalismus ist. Das Verlangen nach Dingen produziert eine rastlose Sehnsucht, die uns in die Welt und zu unseren Plänen der Selbstverbesserung hinausführt. Natürlich wohnt *Dingen* ein Enttäuschungsfaktor inne. Ich kann mich noch an das flaue Gefühl im Magen erinnern, wenn ich als Junge ein Spielzeug geschenkt bekam, das den durch die teure Fernsehreklame hervorgerufenen Erwartungen nicht gerecht wurde. Doch die

Tatsache, dass Dinge enttäuschend sind, bringt uns nicht dazu, sie aufzugeben, was ratsam wäre, sondern dazu, noch mehr Dinge in der Hoffnung zu kaufen, dass das »neue und bessere« Objekt uns nicht desillusioniert. So funktioniert der Kapitalismus: Durch einen unablässigen Strom aus Enttäuschungen, der uns veranlasst, mehr und mehr Geld auszugeben.

Wenn Victoria mir eine puritanische Haltung vorwirft, entgegne ich, es sei nicht verdienstvoll oder ein Zeichen von Selbstaufopferung, das Verlangen nach Dingen auszuschalten, sondern es sei der kühne Schritt eines freien Geistes. Es ist eine anarchistische Geste, denn das Verlangen nach Dingen sorgt dafür, dass sich die Räder der Sklavenmaschine drehen. Wenn ich kein großes Fernsehgerät haben will, dann ist niemand gezwungen, die Apparate für den Mindestlohn oder weniger mitten in der Nacht auf Lastwagen zu laden. Der Großkapitalismus braucht rastlose Roboter. Du bist ein Roboter am Tag, rastlos bei Nacht und am Wochenende. Je mehr von uns das Interesse an *Dingen* verlieren, desto weniger verzweifelt werden wir uns um einen Arbeitsplatz bemühen, und desto weniger Menschen werden zur Verfügung stehen, um die Lastwagen mitten in der Nacht für den Mindestlohn oder weniger zu beladen. Sobald du aufhörst einzukaufen, beginnst du zu leben und leistest keinen Beitrag mehr zu einem ausbeuterischen System.

Intellektuelle aller Couleur wissen seit den Anfängen der industriellen Revolution um das Problem des Verlangens. Eine der Schlüsselfiguren in der Geistesgeschichte des Anarchismus ist William Godwin, heute besser bekannt als Vater von Mary Shelley, die im Alter von siebzehn Jahren mit Percy Shelley durchbrannte und den Roman *Frankenstein* schrieb, während sie mit ein paar literarischen Freunden, darunter Lord Byron, einen ausschweifenden Urlaub in der Schweiz verbrachte. Godwin ist außerdem bekannt, weil er mit der großen Schriftstellerin Mary Wallstonecraft verheiratet war, der Autorin von *Ein Plädoyer für die Rechte der Frau*, die tragischerweise bei der Geburt von Mary Shelley starb. Godwin war ein ernster Mann ohne Humor, doch ein kluger und humaner Denker. Sein Hauptwerk, *Über die politische Gerechtigkeit*, erschien 1793, rund dreißig Jahre nach der Erfindung der Spinning Jenny, als wir uns dem neuen Konsumsystem bereits angenähert hatten. Seine Analyse der Manipulation des Verlangens durch die dominierenden Kräfte ist noch heute erstaunlich relevant. Was, fragt er, sind die guten Dinge auf der Welt und die Lebensbedürfnisse?

> Unsere Lebensbedürfnisse sind längst bestimmt, und es ist dargelegt worden, dass sie aus Nahrung, Kleidung und Unterkunft bestehen. … Jeder Mensch ist, soweit der allgemeine Vorrat ausreicht, nicht nur zu den Mitteln zum Leben, sondern zum guten Leben berechtigt. Es ist ungerecht, wenn sich ein Mensch bis zum Ruin seiner Gesundheit oder seines Lebens abplackt, damit ein anderer in Luxus schwimmen kann. … Dieses Thema wird in noch auffälligeres Licht gerückt, wenn wir einen Augenblick über die Natur des Luxus nachdenken. Der Wohlstand eines Staates lässt sich verständlich genug als die Summe aller Einkünfte betrachten, die jährlich innerhalb dieses Staates verbraucht werden, ohne die Grundlagen eines gleichen Verbrauchs im folgenden Jahr zu zerstören.

> Wenn man dieses Einkommen als das betrachtet, als was es sich in fast allen Fällen erweist, nämlich als das Produkt des Fleißes der Einwohner, dann folgt daraus, dass in zivilisierten Ländern der Bauer oft nicht mehr als ein Zwanzigstel des Produkts seiner Arbeit verbraucht, während sein reicher Nachbar vielleicht das Produkt der Arbeit von zwanzig Bauern verbraucht.

Ja, wir sollten über die »Natur des Luxus« nachdenken. Schwer zu arbeiten, um nutzlose Gegenstände zu produzieren und diese dann zum einzigen Lebenszweck zu machen, das ist der Wahnsinn des Verlangens. Wenn du den Wunsch nach solchen Kinkerlitzchen unterdrücken kannst, brauchst du nicht mehr so schwer zu arbeiten und bist in erheblichem Maße freier als zuvor. Ganz zu schweigen von der brutalen Ausbeutung von Menschen zur Herstellung und zum Vertrieb dieser Kinkerlitzchen. Das ist ein weiterer Anreiz für uns, das Verlangen nach Mistkram, nach besseren Autos oder besseren Häusern, zu überwinden. Der Prozess des Aufstiegs und des Neides und des Verlangens wird in einer *Simpsons*-Episode elegant verspottet, in der Marge eine Zeitschrift mit dem Titel »Bessere Heime. Als deines« liest. Es ist ein einfacher Schritt für den Freiheitssucher, keine Hochglanzmagazine mehr zu kaufen, die dafür sorgen, dass wir uns schlecht fühlen und Geld ausgeben.

Wenn wir eine von Godwins Kategorien der guten Dinge ausschalten könnten, nämlich die der Genüsse, die nur mit Schwerstarbeit zu erkaufen sind, dann würde unser Leben viel reichhaltiger werden. Die weiteren guten Dinge sind: Lebensunterhalt, das heißt Essen und Trinken und ein Obdach; »geistige und moralische Verbesserung«, womit er sich auf Bücher und Freunde zu beziehen scheint (Freunde kosten überhaupt nichts, und Bücher können entweder billig gekauft oder in der Bibliothek – oder von Freunden – ausgeliehen werden); und erschwingliche Genüsse, womit Godwin vermutlich Tabak und Bier meint. Kurz, wenn du eine Unterkunft und genug Geld besitzt, um schmackhafte Nahrung zu kaufen oder zu erzeugen, wenn du Freunde, Bücher und jede Menge Alkohol und Zigaretten hast, wie schlecht kann das Leben dann sein? Das sind die wichtigen Dinge. Alles Übrige ist bloße Dekoration, Ablenkung, Eitelkeit, Prahlerei. Aber irgendwie hat sich die Kategorie der schwer erreichbaren Genüsse für die meisten von uns zur bedeutendsten entwickelt. Das muss aufhören!

Die nichtmaterialistische Haltung ist mit jedem Einkommen zu erreichen. Es kommt darauf an, *sich keine Sorgen zu machen*. Wie sehr ich Menschen liebe, die sich keine Sorgen machen! Jene freien Seelen und aufgeweckten Gestalten. Nicht diejenigen, die brutal und egoistisch sind, sondern diejenigen, die frei von Sorgen – buchstäblich sorgenfrei – sind. Ich habe einen Freund, der Millionen verdient, und einen anderen, der weniger als 5000 Pfund im Jahr einnimmt, aber sie haben viel mehr miteinander gemeinsam als mit etlichen Menschen in der Mitte, wobei beide bemerkenswert unmaterialistisch sind. Sie schenken dir, wenn du sie besuchst, ihren besten Anzug und leeren ihren Weinkeller.

»Manche setzen ihr Vertrauen nicht in Gott, sondern in Eitelkeiten«, schrieb der heilige Thomas von Aquin, »und was sind diese Eitelkeiten? Es sind weltliche Güter, Reichtümer, Ehre und dergleichen, *und tatsächlich sind alle Dinge eitel.*« Doch der Besitz dieser Dinge ist unerheblich; was zählt, ist die Einstellung zu ihnen. Thomas von Aquin betonte auch, dass man kein Asket zu sein brauche, um erlöst zu werden: »Nun besteht aber nicht in der Enthaltsamkeit das Reich Gottes, denn in Römer 14,17 sagt der Apostel: ›Das Reich Gottes ist nicht Essen und Trinken, sondern Gerechtigkeit und Friede und Freude in dem heiligen Geiste.‹«

Mit anderen Worten: Sei cool. Wieder einmal kommt der heilige Thomas den Existenzialisten und den Taoisten sehr nahe. Es ist eine Philosophie der Nicht-Bindung. Betrachte Überfluss und Mangel mit der gleichen Distanz. Was meinen eigenen Haushalt angeht, so waren wir vor kurzem durch zwei Jahre unfreiwilliger Armut gezwungen, unsere Konsumwünsche zurückzustellen. Vorher hatte ich als Berater für Großunternehmen einen Batzen Geld verdient. Nun verringerte sich mein Einkommen plötzlich auf ein Achtel des früheren Betrags. Ich hörte auf, Zeitungen zu lesen, sah kaum fern und zog aus der Stadt aufs Land. Wir merkten, dass wir durch Sparen und Verzichten auf Firlefanz den falschen Konsumwünschen weniger stark ausgesetzt waren. Die Aufgabe von Zeitungen und Zeitschriften hatte teilweise den Zweck, Geld zu sparen, aber ein weiteres positives Ergebnis war, dass wir so Millionen Versuchungen entgingen. Merkwürdigerweise handelte es sich um eine befriedigende und angenehme Erfahrung, die uns nicht wie ein elender Opfergang vorkam.

Das Fernsehen zu verbannen war ein guter Schritt. Es wird als Dienstleistung angepriesen, doch in Wirklichkeit ist es ein Mittel, uns gleichzeitig zu erschrecken, uns durch

Unterhaltung von unserem eigenen Wesen abzulenken, uns Produkte zu verkaufen, die wir nicht benötigen, und uns an Geld als Religion glauben zu lassen. Außerdem kann es uns das Gefühl vermitteln, wir seien zu nichts tauglich, denn wir sehen den Experten zu, statt selbst aktiv zu werden. Es ist viel besser, sagte Bertrand Russell, etwas eigenhändig schlecht zu tun, als jemandem nur zuzuschauen, der es gut macht. Die Protestanten, die den Aberglauben und die Zauberei des Mittelalters angriffen, hätten sich niemals etwas so Magisches, Mächtiges und Lähmendes wie das Fernsehen vorstellen können.

Natürlich hat das Verlangen oder die »Jagd nach dem Gold« lange vor der Erfindung des Großkapitalismus existiert. In seiner *Anatomie der Melancholie* erzählt Burton, wie Hippokrates den auf einem Stein sitzenden Demokrit antrifft. Dieser liest ein Buch und seziert Tiere, um »die Ursache von Wahnsinn und Melancholie zu finden«:

> Hippokrates lobte sein Unternehmen und bewunderte sein Glück und seine Muße. Und warum, gab Demokrit zurück, besitzt du diese Muße nicht? Weil mich, so Hippokrates' Antwort, private Verpflichtungen daran hindern, denen ich um meinet- und der Nachbarn und Freunde willen nachkommen muss: Aufwendungen, Krankheiten, Gebrechen und Sterbefälle, Familienangelegenheiten und die Dienerschaft, das alles beraubt uns unserer Zeit. Bei diesen Worten brach Demokrit in nicht enden wollendes Gelächter aus, während seinen Freunden und den Umstehenden die Tränen kamen und sie seine Geisteskrankheit beklagten. Hippokrates wollte von ihm wissen, weshalb er lache. Demokrit verwies auf die Eitelkeiten und die Ziererei seiner Zeitgenossen, die sich allen tugendhaften

> Handelns entschlagen hätten, endlos nach Gold jagten und sich grenzenlos ihren Leidenschaften überließen, unendliche Mühen nicht scheuten, um ein bisschen Ruhm und Gunst zu erhaschen, auf der Suche nach Gold tiefe Stollen in die Erde trieben und darüber oftmals ihr Leben und ihr Vermögen verlören. … Von leblosen Dingen machen sie viel Aufhebens und halten Statuen, Bilder und andere bewegliche Habe für einen wichtigen Teil ihrer Schätze. Vieles davon ist teuer bezahlt, und manches Kunstwerk mit solchem Geschick angefertigt, dass nur noch die Sprache zu fehlen scheint, und doch lassen sich ihre Besitzer nur höchst ungern von Menschen aus Fleisch und Blut ansprechen. … Wenn ein Eber durstig ist, trinkt er, so viel er braucht, nicht mehr; und wenn sein Magen voll ist, hört er auf zu fressen. Nur wir Menschen sind maßlos in beidem wie auch in der Sinneslust, denn während die Tiere nur zu gewissen Zeiten in Brunst sind, suchen wir uns ständig zu paaren und ruinieren so unsere körperliche Gesundheit.

Große Projekte zum Goldabbau auf die Beine zu stellen und dann nichts vorzufinden ist eine exakte Metapher für heutige Wünsche und Aktivitäten. Burton sieht im »Trotz den Begierden« einen der Wege zur Freiheit. Narren sind für ihn Sklaven:

> Und Cicero formuliert den paradoxen Satz: Der Weise ist frei, aber der Narr ist ein Sklave, denn Freiheit ist die Fähigkeit, unseren eigenen Gesetzen entsprechend zu leben. Wer besitzt diese Freiheit? Wer ist frei?
>
> Der Weise, der sich selbst beherrscht,
> Welchen die Armut weder, noch Tod, noch beide
> erschrecken,

Trotz den Begierden zu bieten und Ehrengepräng zu verachten,
Stark, und in sich vollendet, geglättet und völlig gerundet.

Freiheit existiert mithin als Form der geistigen Selbstgenügsamkeit. Die wahrhaft Freien schließen sich der Jagd nach Reichtümern oder Ehren nicht an, weil sie wissen, dass auf diesem Pfad die Sklaverei wartet. Die wahrhaft Freien fürchten nichts. Einen ähnlichen Gedanken brachte Aldous Huxley in seinem Vorwort zur *Bhagavadgita* zum Ausdruck: »Es wird nie einen dauerhaften Frieden geben, es sei denn, die Menschen akzeptieren eine Lebensphilosophie, die den kosmischen und psychologischen Tatsachen angemessener ist als die irren Götzendienste des Nationalismus und der apokalyptische Glaube des Werbemannes an Fortschritt in Richtung eines mechanisierten Neuen Jerusalem.«

Die *Bhagavadgita* enthält kluge Ratschläge zur Arbeit und zum Schöpfergeist: »Das Wort ist in seiner eigenen Tätigkeit gefangen, außer wenn Taten zur Verehrung Gottes durchgeführt werden. Deshalb halte dich niemals für die Ursache der Ergebnisse deiner Tätigkeiten.« Kurz, wir sollten uns weniger auf den Zweck als auf die Mittel konzentrieren. Die Theorie der Begierden und der moderne Kapitalismus hingegen stellen die Mittel als unwichtig und den Zweck als wesentlich hin: »Ich mache nur meine Arbeit.« Wir sind eine zielorientierte Gesellschaft, doch wovon das Mittelalter und die Anarchisten träumen, ist ein Leben des dauerhaften Genusses statt des flüchtigen Vergnügens durch die Erfüllung eines substanzlosen Wunsches. Man braucht nicht an Gott zu glauben, um den

Wahrheitsgehalt des oben angeführten Zitats in Bezug auf die Arbeit zu begreifen. Es genügt, »zur Verehrung Gottes« durch »mit Großmut« oder »mit Liebe« zu ersetzen, um die säkulare Version zu erhalten.

Die Existenzialisten hatten eine nützliche Einstellung zur Begierde. Für Sartre ist sie nicht etwas, von dem man sich befreien kann, sondern viel mehr etwas, das man akzeptiert, ohne ihm unbedingt nachzugeben. Das kann besonders für sexuelle Begierde gelten. »Nehmen wir an, eine ungeheuer begehrenswerte Frau erscheint in deinem Leben«, sagte Penny Rimbaud. »Wenn du deinem Verlangen nachgibst, läufst du Gefahr, dein Familienleben völlig zu ruinieren. Deshalb gibst du ihm nach und akzeptierst es, aber nur im Geist …« In der existenziellen Welt lädst du die Begierde zu dir ein, sprichst mit ihr, lässt dich durch ihre Gegenwart unterhalten und bläst dann, wenn sie fortgeht, die Kerze aus und legst dich ins Bett. Um also von ihr frei zu sein und nicht von ihr überwältigt zu werden, musst du sie zunächst anerkennen und darfst nicht so tun, als existiere sie nicht. Vor einiger Zeit hatte ich den absurden Traum, mir einen Landrover zu kaufen, der für mich ohne jeden praktischen Nutzen wäre. Das Aussehen dieser Fahrzeuge gefällt mir einfach. Ich probierte eines aus, und ungefähr zwei Wochen lang hatte ich das Gefühl, wirklich einen Landrover zu besitzen. Dann ließ die Begierde nach – mit dem glücklichen Resultat, dass ich das Geld, das ich nicht hatte, nicht für eine weitere Belastung ausgab.

Gut, so viel zum Einkaufen. Wenn du das nächste Mal glaubst, dass du deiner Freiheit durch Einkaufen und die Wahl zwischen Marken Ausdruck geben kannst, dann denk an jene Zombie-Filme, in denen die lebenden Toten stumm in Geschäfte gehen und die Rolltreppen hoch- und runterfahren. Welch Visionäre diese Regisseure waren! Fernsehen macht uns zu Zombies. Hier ist der erste Schritt: Zieh den Fernsehstecker heraus. Hinter dem Wunsch einzukaufen verbirgt sich Furcht, und nun wollen wir uns damit beschäftigen, wie sich diese spezielle Gefahr für unsere Freiheit überwinden lässt.

WIRF DEN FERNSEHER WEG

11

Spreng die Ketten der Furcht

Es gibt eine bezaubernde Geschichte von Tschechow über einen Mann, der versuchte, einem Kätzchen das Mäusefangen beizubringen. Als es nicht hinter den Mäusen herrannte, verprügelte er es, was dazu führte, dass es sich sogar als erwachsene Katze in Gegenwart einer Maus vor Entsetzen krümmte. »Das ist der Mann«, fügte Tschechow hinzu, »der mir Lateinunterricht gegeben hat.«

Bertrand Russell,
»Freedom versus Authority in Education«, 1928

Ich begab mich zum Garten der Liebe
Und sah, was noch nie ich gesehn:
Eine Kirche gebaut in der Mitte,
Wo ich pflegte zum Spielen zu gehn.
Und die Pforte der Kirch' war verschlossen
Und »Du sollst nicht« graviert überm Tor.

William Blake, »Der Garten der Liebe«, 1793

Ich wohne am Ende der Welt in der Nähe des Meeres, deshalb fahre ich auf den schmalen Straßen der Gegend an vielen Touristen vorbei. Wenn ich an einer Ausweichstelle anhalte, um sie vorbeizulassen, schaue ich immer hinüber, um zu sehen, ob sie mir zum Dank zuwinken. Was mir an diesen Touristen auffällt, die ausschließlich mittleren Alters oder alt, weiß und bürgerlich sind, ist ihre Furcht. In den meisten Fällen vermeiden sie den Augenkontakt, packen das Lenkrad und starren vor sich hin auf die Straße.

Sie sind nicht bewusst unhöflich, doch sie scheinen Angst vor dem Leben zu haben, weshalb sie nicht aufblicken und lächeln oder winken. Bei Picknicks stellen sie Plastikstühle direkt neben dem Kofferraum ihres Autos auf, weil sie zu verängstigt sind, um sich ein paar Schritte von ihrem motorisierten Sicherheitsraum zu entfernen. Nervös wie kleine Kaninchen bewegen sie sich von einer Schutzzone zur anderen. Die Landgebiete dienen nun lediglich dazu, verschreckten Vorstadtbewohnern einen hübschen Anblick zu bieten.

Wie viel vergnüglicher das Leben gewesen sein muss, als wir uns auf Pferden fortbewegten, mit Fremden plauderten, uns auf Pforten lehnten, über Zäune sprangen, vor Freude Lieder anstimmten, eins mit der Natur, ihren Tieren und ihrem Wetter waren. Thomas Hardy sehnte sich nach den alten Sitten aus Zeiten, als der Mensch noch nicht eingeschüchtert und unterwürfig war. In *Die Heimkehr* klagte er darüber, dass eine neue, besorgte Miene zur Norm geworden sei: »Die Auffassung vom Leben als etwas, das einem auferlegt ist, welche diejenige früherer Zivilisationen mit ihrem Lebenshunger ersetzte, wird am Ende derart vollständig in das Bewusstsein der modernen Geschlechter eindringen, dass der Gesichtsausdruck dieser Lebensanschauung als ein künstlerischer Neubeginn gewertet werden wird.«

Die Freiheit, die man erfährt, wenn man auf einem Pferderücken statt in einem Auto sitzt, ist offenkundig. Autos bilden einen Kokon. Das Pferd dagegen kann den Reiter, was für mich wichtig ist, träumen lassen, er sei ein mittelalterlicher Ritter. Obwohl ich beim Reiten ziemlich albern aussehe – ich trage einen Fahrradhelm und Gummistiefel und sitze auf einem rundlichen kleinen Pony, das an ein Arbeitspferd erinnert –, kann ich mir immer noch ausmalen, ich sei der Troubadour Thomas IX. de Martinhoe. Ich halte Ausschau nach meiner Dame und freue mich auf einen Abend mit Musik und Frohsinn in guter Gesellschaft, wo Schwäne, Trappen und Gewürzwein vor einem lodernden Feuer im nächsten Schloss aufgetischt werden …

Autos werden als Mischung aus Abenteuer und Sicherheit verkauft: einerseits ungezügelte Freiheit auf offener Straße, andererseits schoßähnliche Geborgenheit. Aber sie gehören zu den tödlichsten Gefahren des modernen Lebens und werden allein im Vereinigten Königreich alljährlich 3500 Menschen zum Verhängnis. Das sind zehn pro Tag, weitaus mehr Opfer, als auf das Konto von Drogen oder Terrorismus oder Aids oder Kriminalität gehen. Weltweit sind Verkehrsunfälle die neuntgrößte Todesursache (Kriege liegen an einundzwanzigster und Gewalt an siebzehnter Stelle). Die Dinge, an die wir uns klammern, um vor dem Leben geschützt zu werden, sind die wahrscheinlichsten Auslöser unseres Todes. Nach einer Reihe von Unfällen besaß ich vor einiger Zeit kein Auto mehr und ging die acht Kilometer in den nächstgelegenen Ort nunmehr zu Fuß. Welch ein faszinierendes Vergnügen das war und wie ungefährlich, wie beglückend, verglichen mit einem Auto, das voll von winzigen Schrecken ist. Heutzutage hält man es für normal, vier Stunden lang in einem Zustand der Anspannung und der Furcht dahinzurollen, aber das ist wahnsinnig.

Ebenso wie viele der anderen Probleme, die ich in diesem Buch erörtere, ist Furcht recht nützlich für das glatte Funktionieren einer geordneten Gesellschaft. Eine Bevölkerung, die vor der Obrigkeit in ihrer unterschiedlichen Gestalt – seien es Supermärkte, Banken, Schulen oder Chefs – und vor anderen Menschen Angst hat, ist gefügiger. Wenn du verängstigt bist, wirst du vermutlich nicht rebellieren, sondern schwer arbeiten und eine Menge Geld ausgeben. Die Furcht veranlasst uns, das Leben zu beobachten, statt es zu führen. Wir sind keine Teilnehmer, sondern Zuschauer. Die Menschen würden sich lieber eine Seifenoper ansehen, als in einer zu leben. Wenn man im realen Leben auf eine muntere Gemeinschaft stößt, hört man manchmal den Ausruf: »Hier ist es ja wie in einer Seifenoper!« Dabei vergisst der Sprecher, dass Seifenopern lebensnah sein sollen (nur dass sich niemand in einer Seifenoper je eine Seifenoper anschaut). Wie das Fernsehen halten Autos das Leben auf Distanz, und es wird zu etwas, das man betrachtet, ohne selbst daran teilzuhaben: zu der Aussicht vom Sofa aus, zu dem Blick auf ein schönes Fleckchen Erde durch die Windschutzscheibe.

Und bei jeder Terroristenbombe, bei jeder Titelgeschichte der *Daily Mail* über die steigende Kriminalität, bei jedem Streik und jeder Katastrophe dürften sich die Chefs und Aktionäre der großen Versicherungsgesellschaften frohlockend die Hände reiben. Die durch Furcht erzielten Profite sind beträchtlich.

Furcht ist auch ein Instrument der Kontrolle. Es ist die Angst vor der Bestrafung, die eine Klasse still bleiben lässt und die Aufgabe des Lehrers erleichtert; es ist die Angst vor der Entlassung, welche die murrenden Arbeiter zum Schweigen bringt. Furcht trägt ferner dazu bei, dass wir unsere Funktion als Verbraucher erfüllen. Es ist die Furcht vor dem Leben, die uns veranlasst, Geld in den Einkaufspassagen auszugeben und unsere Kreditkartennummern in Websites einzutippen. Es ist die Furcht, die uns am Ausbrechen hindert; es ist Furcht, die uns, wie Häuptling Bromden in Ken Keseys *Einer flog über das Kuckucksnest*, davon abhält, die Schalttafel in Oberschwester Ratcheds Station abzureißen, sie durchs Fenster zu schleudern und über den Zaun in die wilde Prärie zu springen, um uns selbst zu entkommen. Viel leichter ist es, sich wie die anderen in die Schlange zu stellen und die Tabletten zu schlucken.

Wir mögen uns fragen, woher die Furcht kommt: aus unserer Veranlagung oder unserer Erziehung? Werden wir auf sie konditioniert, oder gibt es etwas angeboren Furchtsames in unserer Brust? Eine Quelle der Furcht ist gewiss das Erziehungssystem. Kleine Kinder sind furchtlose, gebieterische Anarchisten, aber das Erziehungssystem setzt ihnen jahrelang zu, um sie gefügig zu machen, so dass sie sich nicht mehr sonderlich beklagen, wenn sie schließlich an einem langweiligen Arbeitsplatz landen. Erziehung lässt sich mit dem Beschneiden von Bäumen vergleichen: Es ruiniert das natürliche Wachstum zugunsten einer Gestalt, die der Kommerzgesellschaft nützt. Die Massenerziehung wurde in der spätviktorianischen Epoche entwickelt, als man dringend Büroangestellte in der neuen, sich ausweitenden Welt des Versicherungs- und Bankwesens benötigte – in der Welt, die Tony Hancock in dem Film *The Rebel* bewohnte. Heute verlangt das »Ding«, wie Cobbett es nannte, oder die »Genossenschaft«, wie Ken Kesey es bezeichnete, uns zumindest die Fähigkeit ab, unsere PIN-Nummer in eine Maschine zu tippen, und dafür benötigen wir ein gewisses Bildungsniveau. Also lehrt man uns, zu tippen, mit einer Maus zu klicken und im Supermarkt einzukaufen, nicht jedoch, wie wir unser Leben freudig und furchtlos führen können.

Das vielleicht größte Hindernis auf dem Weg zur Freiheit ist unsere eigene Angst vor der Freiheit. Vielleicht erinnerst du dich an die großartige Szene in *Einer flog über das Kuckucksnest*, in der McMurphy plötzlich begreift, dass die Hälfte der Insassen freiwillig auf der Station ist:

> »Haltet ihr Burschen mich zum Narren?«
>
> Keiner macht den Mund auf. McMurphy geht vor der Bank auf und ab und fährt sich dauernd mit der Hand durch das dichte Haar. Er geht die Reihe entlang, bis ganz nach hinten, und dann wieder ganz nach vorne, zum Röntgenapparat. Der zischt und spuckt nach ihm.
>
> »Du, Billy – du musst doch eingewiesen sein, Herrgott noch mal!«
>
> Billy steht mit dem Rücken zu uns, das Kinn oben auf der schwarzen Scheibe, er steht auf Zehenspitzen. »Nein«, sagt er in die Maschine.
>
> »Dann frag ich mich aber, wieso? Wieso? Du bist doch noch ein junger Kerl, du müsstest doch draußen sein, mit einem Cabrio durch die Gegend fahren und den Mädchen nachstellen. All das hier« – er macht wieder eine ausladende Handbewegung – »warum machst du das mit?«
>
> Billy gibt keine Antwort, und McMurphy wendet sich von ihm ab und dreht sich ein paar der anderen zu.
>
> »Sagt mir, wieso. Ihr meckert, ihr beklagt euch wochenlang über diesen ganzen Laden hier, über die Schwester und alles, was sie tut, und dabei seid ihr nicht mal eingewiesen. Bei einigen dieser alten Kameraden auf der Station kann ich es ja noch verstehen. Die sind übergeschnappt.

Aber ihr, ihr seid zwar nicht genau wie der Durchschnittsbürger draußen, aber ihr seid doch nicht übergeschnappt.«

Sie streiten sich nicht mit ihm. Er wendet sich jetzt Sefelt zu.

»Sefelt, wie steht's mit dir? Dir fehlt überhaupt nichts, du hast nur diese Anfälle. Zum Kuckuck, ich hatte einen Onkel, der hatte Anfälle, die waren zweimal so schlimm wie deine, und dabei sah er den Leibhaftigen in Person, aber er ließ sich deswegen doch nicht in die Klapsmühle stecken. Du könntest gut draußen leben, wenn du nur den Mut hättest –«

»Sicher!« Es ist Billy, der sich umgedreht hat und dem die Tränen im Gesicht kochen. »Sicher!«, schreit er wieder. »Wenn wir den Mu-mu-mut hätten! Ich könnte heute r-r-raus, wenn ich den Mut hätte. Meine M-m-mutter ist eine gute Freundin von M-miss Ratched, und ich könnte heute noch ein AMA unterschrieben bekommen, wenn ich den Mut hätte!«

Wir alle sind verängstigte kleine Billy Bibbits und Hardings und Sefelts, zurückgezogen, durch eigene Schuld eingekerkert, voll von endlosen Beschwerden über alles Mögliche, aber zu eingeschüchtert, um etwas zu unternehmen. Wir sind, mit dem Songtext der Suicidal Tendencies, jener musikalischen Genies, »institutionalisiert«. Und Institutionen sind eine der schlimmsten Erfindungen der letzten 250 Jahre. Der Verrückte ist nicht mehr Teil des Dorfes, sondern sitzt in der Anstalt.

Wir haben unsere eigenen Flügel beschnitten. Wir wettern über die Schule, wie John Lennon in dem Song »Working Class Hero«, in dem er dem Erziehungssystem zu Recht vorwirft, dass es uns nichts als Furcht einflöße, um uns zu ängstlichen kleinen Arbeitssklaven zu machen, die den Kopf nicht aus der Deckung zu heben wagen. Das könnte übrigens – sosehr ich den Krieg auch hasse – der Grund dafür sein, dass Soldaten oft höhere Qualitäten haben als durchschnittliche Menschen. Sie haben Elend gesehen, haben gelitten, haben ihre Furcht überwunden, und nun können sie, ohne Angst vor Hunger oder Entbehrung, hinaus in die Welt gehen. Sie sind unabhängig und auf die Gemeinschaft orientiert.

Es ist unsere angeborene Dummheit, die uns furchtsam macht. Wir können nicht genug für uns selbst tun und verlassen uns deshalb auf andere, was uns einschüchtert. Außerdem hat man uns seit den Tagen der protestantischen Revolution mitgeteilt, wir seien mehr oder weniger allein auf dieser Welt, wir dürften niemandem vertrauen und müssten einsam und schweigend leiden. Welch ein Unterschied zu der alten »Bruderschaft des Menschen« vor 1500, als wir alle miteinander verbündet waren.

Auch sollten wir einen kritischen Blick auf die Beziehung zwischen Ego und Furcht, zwischen Dünkel und Angst, werfen. Wir wagen nichts Neues, weil wir fürchten, dass es uns nicht gelingt. Deshalb tun wir lieber überhaupt nichts. Das erinnert an Withnail in Bruce Robinsons brillantem Film *Withnail und Ich*: »Ich will nicht die Zweitbesetzung für Constantin sein«, brüllt er selbstgefällig in der roten Telefonzelle zu seinem Agenten in London hinüber, »ich will die Rolle spielen!«

Ich vertrete die existenzielle Auffassung, dass alles absurd ist und dass ein Ding im Wesentlichen nicht besser als ein anderes sein kann. Das Leben dreht sich um das Nichts, also sollte man sich ein eigenes Leben aufbauen und es genießen. Alles ist eitel, Erfindung, Konditionierung, selbst erschaffen. Sartres *Das Sein und das Nichts* ist nicht leicht zu lesen, aber es enthält viele schöne Passagen, und die Philosophie, obwohl abstrakt, ist durchaus praktisch. Meiner Meinung nach ist sie nicht allzu weit von der orientalischen Achselzuckerei des Taoismus oder sogar vom fatalistischen Christentum Thomas von Aquins entfernt, das uns lehrt, der Vorsehung zu vertrauen und auf jegliches Streben zu verzichten. Wenn Thomas die Bibelworte »Alles ist eitel« zitiert, könnte er genauso gut sagen: »Das Leben ist absurd.« All die Hast und all der Schweiß für etwas, das damals »Ehre und Reichtum« genannt wurde und heute »berufliches Weiterkommen« heißt, sind völlige Zeitverschwendung. Das wirkliche Leben ist eine Erfindung. Eitelkeit und Absurdität sind das Gleiche: reine Schöpfungen der menschlichen Fantasie, ganz und gar ohne Sinn. Deshalb ist es besser, dein eigenes Leben zu schaffen. Beide Philosophien lehnen auch Sklaverei, Knechtung und Ausbeutung entschieden ab.

Obwohl sich Tolstoi und Gandhi überzeugend zu Fragen des Krieges und der Gewaltlosigkeit geäußert haben, würde ich mich nicht scheuen, militärische Metaphern für das Leben zu benutzen. Etwas wirklich Edles haftet dem Krieger alter Zeiten an, der furcht- und selbstlos für etwas Höheres als die Rettung seiner eigenen unwichtigen Haut kämpfte. Deshalb bezeichnete man im Altertum *otium* (Muße) und *bellum* (Krieg) als noble Lebensweisen, im Gegensatz zu dem kleinlichen, eitlen Lebensstil der Arbeits- und der Geschäftswelt. Kurz, den Denkern und Kämpfern, den *oratores* und *bellatores*, sind die Hoden nicht durch Oberschwester Ratched abgeschnitten worden. Aber heute sind die Denker und Kämpfer fast ganz verschwunden, oder sie dienen nur noch der Ablenkung. Und die Armee erklärt, sie habe den Auftrag, »eine Aufgabe zu erledigen«, und genau das tut sie.

Reiß die Schalttafel ab und wirf sie aus dem Fenster. Wir müssen hinausgehen, unsere Stimmen erschallen lassen, fröhlich lächeln, anderen zuwinken. Verabschiede dich von jenem Frösteln der Furcht, dem Sonntagabend-Gefühl, dem Grausen vor einer Konferenz, dem flauen Gefühl im Magen, wenn du einen Brief vom Finanzamt erhältst. Hab keine Angst! Solche Briefe werden von verschreckten kleinen Kaninchen, von Billy Bibbits, verschickt, die in stickigen Büros sitzen, aus dem Fenster schauen, sich sexuellen Träumereien hingeben und sich um ihren Arbeitsplatz sorgen. Sie existieren nicht!

Als mir besagte Gerichtsvorladung wegen Fahrens ohne Versicherung zugestellt wurde, war ich zunächst eingeschüchtert und empört. Dann beschloss ich, darüber zu lachen. Es ist ein Abenteuer, und selbst wenn mir ein Fahrverbot erteilt wird – was macht das schon? Ich versuche ohnehin, das Auto weniger oft zu benutzen. Wir geben jährlich ungefähr 5000 Pfund für unseren Wagen aus. Damit kann man eine Menge Eisenbahnkarten und Taxifahrten bezahlen. Also los, haut auf den Putz! Ich werde die Vorladung an die Wand heften und sie Besuchern zeigen. Ich lache über eure Vorladung! Wen kümmert sie denn?

Welche Rolle spielt die Furcht in meiner mittelalterlichen Utopie? Gewiss, die hier behandelten Ängste waren damals unbekannt, weil es keine Regierungen oder Institutionen heutigen Zuschnitts gab. Trotzdem bildete die

Furcht einen zentralen Teil des damaligen Lebens: nämlich die Gottesfurcht und die Angst, nicht erlöst zu werden. Doch sie gehörte einer ganz anderen Kategorie an als unsere lähmenden Ängste. Die mittelalterliche Furcht konnte nützlich sein. Laut dem heiligen Thomas von Aquin förderte sie die Erlösung: »Denn wer ohne Furcht ist, kann nicht gerechtfertigt werden … der Anfang der Weisheit ist die Furcht vor dem Herrn.«

Thomas schildert die Furcht nicht als destruktive, sondern als kreative Kraft. Sie bot keinen Grund, vor dem Leben zurückzuschrecken und, wie heute, Trost im Einkaufen und Fernsehen zu suchen. Furcht war eine Art Bescheidenheit. Thomas scheint zu sagen: Akzeptiert eure Furcht und setzt sie ein, nutzt sie. In der guten alten Zeit des Merry Old England war Furcht etwas, mit dem man sich mutig, den »Bogen aus brennendem Gold« in der Hand, auseinandersetzte. Fürchte die Furcht nicht! Spring auf das Pferd! Weise die Tyrannen der Gesundheit und Sicherheit ab!

FAHR MIT DEM FEUERWAGEN

12

Vergiss die Regierung

Man hat den Menschen gelehrt zu glauben,
die Menschen würden einander in Stücke reißen,
wenn sie keine Priester hätten, die ihr Gewissen lenken,
und keine Herren, an die sie sich wegen ihres Unterhalts
wenden können, und keine Könige, die sie wohlbehalten durch
die unerklärlichen Gefahren des politischen Ozeans steuern.

William Godwin, Über die politische Gerechtigkeit, 1793

Demokratie, wie sie sich die Politiker vorstellen,
ist eine Regierungsform, das heißt eine Methode,
die Menschen tun zu lassen, was ihre Führer wünschen,
allerdings unter dem Eindruck, dass sie tun,
was sie selbst wünschen.

Bertrand Russell,
»Freedom versus Authority in Education«, 1928

Bitte beachten Sie: Personen, die einen Kredit aufnehmen
wollen, könnten Schwierigkeiten bei der Kreditaufnahme haben,
wenn ihr Name nicht im Wählerverzeichnis aufgeführt ist.

*Brief vom Gemeinderat an den Autor mit der Aufforderung,
sich für die Wahl registrieren zu lassen,* 2006

Die Politik ist nichts weiter als ein Mittel, um in der Welt
aufzusteigen. Einzig mit dieser Absicht widmen sich Leute
der Politik, und ihr ganzes Verhalten richtet sich danach.

Dr. Johnson, in:
Boswell, Das Leben Samuel Johnsons, 1775

Ich bin Anarchist.

Pierre-Joseph Proudhon, 1848

In unseren westlichen, mehr oder weniger liberalen Demokratien kommt uns selten in den Sinn, dass wir vielleicht auch ohne Regierung leben könnten. Ein gewaltiger, zentralisierter Staat scheint eine so unvermeidbare Realität zu sein, dass wir bestenfalls die Hoffnung nähren, alle fünf Jahre für eine etwas andere Oligarchie zu stimmen, um die schlimmsten Exzesse der vorherigen zu korrigieren. Außer dem Parlament als Organisationsinstrument fällt uns nichts ein. Wir schimpfen über die Trottel an der Macht und wählen dann eine neue Gruppe von Trotteln. Wir glauben an »Reform«, jenen endlosen, unnützen Prozess der Einmischung. Hoffnung triumphiert über Erfahrung.

Regierungen tun zu viel, und das meiste davon tun sie schlecht. Zum Beispiel sollen sie uns vor Angriffen schützen. Aber darauf verstehen sie sich nicht sonderlich gut. Im Gegenteil, sie ermutigen andere, uns anzugreifen, indem sie selbst den ersten Angriff führen. Man schaue sich nur das Beispiel Irak an. Die Terroristen haben viel weniger von uns getötet, als wir durch die Entscheidung, Männer in den Krieg zu schicken, getötet haben. Während ich diese Zeilen schreibe, sind mindestens 27000 Zivilisten im Irak umgebracht worden, während islamische Terroristen in Großbritannien etwa 50 Menschen ermordet haben. Machthaber schätzen Terroristen, weil diese als Argument für die Notwendigkeit einer Regierung und den angeblich von ihr gelieferten Schutz dienen. Sie lieben Kriege, weil Regierungen dadurch ihre Existenzberechtigung erhalten: Sie sollen uns vor den Ungläubigen retten. Dabei wird der Feind durch die Regierung selbst erschaffen, wie George Orwell in *1984* aufzeigte. Die Alternative – Anarchie oder

Selbstregierung – wird als Weg in die Gesetzlosigkeit und ins Chaos charakterisiert. Doch dazu der Pazifist und Verfasser von *Krieg und Frieden*, Leo Tolstoi:

> ... selbst wenn das Fehlen von Regierung wirklich Anarchie im negativen, chaotischen Sinne des Wortes bedeutete – was weit von den Tatsachen entfernt ist –, selbst dann könnte kein anarchisches Chaos schlimmer sein als die Situation, in die Regierungen ihre Völker bereits geführt haben und noch führen.

Ebenfalls faul am Kern der Regierung ist der schlichte Umstand, dass Macht eine Karrieremöglichkeit darstellt. Man wird dafür bezahlt. Außerdem kann man umsonst mit dem Taxi fahren, an eleganten Diners teilnehmen und sieht seinen Namen in den Zeitungen. Politik ist eine »Fame Academy« für die Talentlosen, der »X Factor« für langweilige Männer und Frauen. Ist nicht die Tatsache, dass jeder Politiker in einer Karriere-Tretmühle läuft und ständig versucht, mehr Geld zu verdienen und in der Hierarchie höher zu klimmen, Grund genug dafür, das gesamte Projekt einzumotten? Wenn unsere so genannten Staatsdiener unbesoldet und anonym wären, würden wir ihnen vielleicht eher Vertrauen schenken. Vor gar nicht so langer Zeit *waren* Parlamentsmitglieder unbezahlt. John Wilkes zum Beispiel bezog nie ein Gehalt. Damals war die Politik noch nicht auf so tragische Weise professionalisiert. Das soll nicht heißen, dass viele Politiker nicht die besten Absichten hätten, aber die Wohlmeinenden können mehr Schaden anrichten als diejenigen, die sich gar nicht erst einmischen. Bestimmt haben es auch die Puritaner gut gemeint, als sie Weihnachten verboten.

Politik ist nicht die Kunst, ein Land zu regieren, sondern die Kunst, das Volk davon zu überzeugen, dass es eine Reihe bezahlter Politiker benötigt, die das Land regieren. Und in diesen dunklen Künsten sind unsere Führer erfahren und geschickt. Um an der Macht zu bleiben, müssen sie uns einreden, dass sie unsere Erlöser sind und dass wir ohne sie nicht zurechtkämen. Mit anderen Worten: Sie müssen uns davon überzeugen, dass wir dumm und hilflos sind. Und daran arbeiten sie intensiv. Ihr Ziel erreichen sie hauptsächlich durch eine ständige Berieselung über die Medien. Jede Zeitung, jede Radio- und Fernsehnachrichtensendung, jede nachrichtengestützte Website ist mit Parteipolitik vollgestopft. Es ist die Art kostenloser Reklame, von der die PR-Vertreter eines Privatunternehmens nur träumen können. Die Regierenden sind sehr geschickt: Die meisten Premierminister würden äußerst erfolgreiche Gebrauchtwagenhändler abgeben. Ich habe nicht den geringsten Zweifel daran, dass die meisten dir Crack verkaufen und dir gleichzeitig einreden könnten, dass du dadurch Not leidenden Staaten hilfst und außerdem noch eine Menge Gutes für deine Gesundheit tust.

Moralisch begründete Feldzüge wie der so genannte Krieg gegen die Drogen werden nur durchgeführt, um uns glauben zu machen, dass Politiker ein Gefühl für Gut und Böse haben. Die herkömmliche Reaktion auf den Holocaust lautet: »Nie wieder.« Wir haben sogar einen Holocaust-Tag, der dem ausdrücklichen Zweck dient, solche Gräuel in Zukunft zu verhindern. Wir beglückwünschen uns dazu, dass wir keine Juden in Konzentrationslager und Gaskammern schicken, und schließen gleichzeitig die Augen vor der Realität, dass wir heute, hier und jetzt andere Menschen anderen Formen des Todes und der Sklaverei ausliefern.

Und dann das Wahlspektakel. Alle fünf Jahre werden die Menschen, die seit der vorigen Wahl von den Politikern mehr oder weniger ignoriert wurden, plötzlich mit Beteuerungen überhäuft, dass ihre Stimmabgabe ausgesprochen wichtig sei. In einem absurden Drama erscheinen die Parteiführer im Fernsehen und werden von Gruppen »gewöhnlicher Bürger« befragt. Diese Show soll uns den Eindruck vermitteln, dass wir in einer Demokratie leben. Flugblätter werden verteilt, ernste junge Kandidaten (aufsteigende Karrierepolitiker) kommen an die Haustür und versprechen, den von der gegenwärtigen Regierung angerichteten Schlamassel zu beheben. Zeitungen sind voll von endlosen Spekulationen und Berichten über den Wahlkampf. Vielleicht kann man das Ganze ein paar Minuten lang als Unterhaltung genießen. Es wäre jedoch falsch zu glauben, dass es die geringste Bedeutung für unser Alltagsleben hat. Die Wahl wird stattfinden, das Fieber wird sich legen, und die Situation wird sich normalisieren: Die gewählte Partei tut, was ihr beliebt, weil sie sich einredet, vom Volk ernannt worden zu sein.

Leute, die an eine derartige parlamentarische Demokratie glauben, tun dies nur, wenn ihre eigene Partei gewinnt. Sonst würden sie jegliches Ergebnis begrüßen, denn wenn sie das Mehrheitsvotum wirklich für richtig hielten, würden sie ihre politische Loyalität an dem Willen der Mehrheit ausrichten. Stattdessen jedoch beklagt sich der Tory-Wähler, wenn die Labour Party siegt, und bleibt weiterhin Anhänger der Konservativen Partei. Die Liberalen in Amerika sind gegen Bush, doch für die Demokratie.

Aber wer gegen Bush ist, lehnt die Demokratie im Grunde ab. Man will nicht einsehen, dass die Schuld nicht bei Bush, sondern beim gesamten System liegt. Wenn du an die Demokratie glaubst, solltest du dich wirklich nicht beklagen, wenn die Partei mit den meisten Stimmen die Regierung stellt.

Der armselige Geist des Parlaments dringt in die fernsten Winkel des Königreichs ein. Die Bürokraten, die verdrossenen Sicherheitspolizisten, strecken ihre Fühler überallhin aus. Kürzlich versuchte ich, in unserem Gemeindesaal einen Tanz auf der Tenne zu organisieren. Eine unkomplizierte Aufgabe, hätte man annehmen sollen. Aber nein. Nachdem ich mich mit Stapeln von Formularen herumgeschlagen hatte, um eine Genehmigung für eine öffentliche Festveranstaltung zu erhalten, die achtzig Personen ermöglichen sollte, nach der Musik einer Geige und eines Akkordeons zu tanzen, gab ich auf, weil wir für dieses eine Ereignis gemäß den Sicherheitsvorschriften 1400 Pfund für eine Notbeleuchtung hätten aufbringen müssen. Ein Großunternehmen hätte sich 1400 Pfund gewiss leisten können, aber unser Gemeindesaalfonds, der sich aus den Einnahmen von Whist-Veranstaltungen und Diavorträgen speist, reichte einfach nicht aus. Also beschloss ich, die Party privat abzuhalten. Ich schickte Einladungen an alle Anwohner und an unsere Freunde. Am Tag der Feier schlugen wir vor, dass jeder fünf Pfund spendete, damit wir die Bands, die Alabama 3 und Louis Eliot, bezahlen konnten. Die Teilnehmer brachten Getränke mit, Victoria bereitete einen mächtigen Schinken zu, und wir boten Baguettes an. Außerdem hielten wir die Party tagsüber ab und bezeichneten sie als Tanztee, damit die Kinder daran teilnehmen konnten. Der Tanztee begann um 16 Uhr und endete um 20.30 Uhr. Alle tranken ausgiebig, der Saal füllte sich mit Rauch, man tanzte, und Bauern, Hippies, Nachbarn und Freunde amüsierten sich köstlich. Wir machten sogar einen kleinen Gewinn, der in den Gemeindesaalfonds eingezahlt wurde.

Es ist absurd, dass wir der Regierung zwischen einem Viertel und der Hälfte unseres Einkommens für das Privileg zahlen, bevormundet und tyrannisiert zu werden. Sogar von dem angeblich unterdrückten mittelalterlichen Bauern erwartete man nur, dass er zehn Prozent seines Gewinns und seiner Produktion abführte. Wenn ihm das missfiel, was hätte er dann von Steuern in Höhe von vierzig Prozent gehalten? Früher wurden die puritanischen Neigungen des Parlaments zudem häufig durch die lebenslustigere Monarchie ausgeglichen. Heutzutage ist sie jedoch leider durch die Regierung der Langweiligen abgelöst worden. Ich jubele, wenn Prinz Charles eine seiner verschrobenen Ansichten äußert. Er wendet sich gegen den bourgeoisen Konsens und hat den Mut, Meinungen vorzubringen, die den etablierten Ansichten widersprechen.

Es gibt eine konkrete Alternative zu den gewählten Regierungen: Anarchie oder Selbstregierung oder Verwaltung der eigenen Angelegenheiten ohne äußere Autorität. Anarchie hat, wie gesagt, einen schlechten Ruf. Doch in Wirklichkeit handelt es sich um eine sehr vernünftige und klare Grundhaltung, die Dinge zu organisieren, weil sie die Bedeutung lokaler Lösungen betont. Einige unserer brillantesten Denker, Männer wie William Godwin, Proudhon, Kropotkin, Oscar Wilde, Tolstoi oder Gandhi, waren, wie erwähnt, Anarchisten. Sie alle sahen im Scheitern großer

Zentralregierungen ein Prinzip gesellschaftlicher Ordnung und bemühten sich um Alternativen, die auf individueller Freiheit und einem Föderationssystem der Selbstregierung beruhten.

Das hat in der Vergangenheit bereits funktioniert. Wir können nur unsere eigene Schwäche dafür verantwortlich machen, wenn uns Regierungen unterwerfen. Der erste Schritt besteht darin, das Problem einzugestehen und uns die »Unzulänglichkeit des Autoritätsprinzips« zu verdeutlichen. Anarchie hat mit dem Kampf zwischen kreativen und eingeschüchterten Geistern zu tun, und die Schlacht muss in uns selbst beginnen. Wir müssen unsere eigene Würde, Macht und Kreativität erkennen, damit unsere Trägheit und unser Verlangen nach Bequemlichkeit uns nicht daran hindern, so zu leben, wie es uns beliebt. Hier ist Tolstois Definition:

> Anarchie ist eine Regierungs- oder Verfassungsform, in der das öffentliche und private Bewusstsein, gebildet durch die Entwicklung von Wissenschaft und Gesetz, ganz allein genügt, um die Ordnung aufrechtzuerhalten und sämtliche Freiheiten zu garantieren. Infolgedessen verringern sich in ihr die Institutionen der Polizei, der Präventiv- und Repressionsmaßnahmen, der Bürokratie, der Besteuerung etc. auf ein Minimum. Insbesondere verschwinden die Formen der Monarchie und der intensiven Zentralisierung; sie werden ersetzt durch föderative Institutionen und eine auf der Kommune beruhende Lebensweise. Wenn Politik und häusliches Leben ein und dasselbe, wenn wirtschaftliche Probleme so gelöst worden sind, dass individuelle und kollektive Interessen übereinstimmen, dann – nachdem sich alle Zwänge aufgelöst haben – wird deutlich sein,

> dass wir uns in einem Zustand der uneingeschränkten Freiheit oder Anarchie befinden.

Etwas sehr Ähnliches wurde im Spätmittelalter in Gestalt des erwähnten Gildensystems erreicht, wie Kropotkin und andere aufgezeigt haben: Die einfachen Menschen erhoben sich in ganz Europa, befreiten sich von der Unterwerfung unter die Aristokratie, schlossen sich zu Gilden zusammen und gründeten ihre eigenen freien Städte. Das dreizehnte Jahrhundert erlebte eine erstaunliche Volksbewegung, die im gesamten Europa ein neues Freiheitsideal schuf. Der Philosoph und Freund von Bertrand Russell, A. N. Whitehead, behauptet, dieses Freiheitsgefühl habe sogar bis ins siebzehnte Jahrhundert angehalten:

> Was die individuelle Freiheit betrifft, so war sie im Jahr 1633 in der Stadt London verbreiteter ... als heute in jeder Industriestadt der Welt. Es ist unmöglich, die Sozialgeschichte unserer Ahnen zu verstehen, wenn wir die aufbrandende Freiheit vergessen, die damals in den Städten Englands, Flanderns oder des Rheintals und Norditaliens existierte. Unter dem gegenwärtigen Industriesystem geht solche Freiheit verloren. Dieser Verlust bedeutet, dass unendlich kostbare Werte aus dem menschlichen Leben entschwinden. Der unterschiedliche Einsatz individueller Temperamente findet keine Befriedigung mehr in ernsthaften Aktivitäten. Was einzig bleibt, sind die starren Bedingungen der Erwerbstätigkeit und die trivialen Vergnügungen der Freizeit.

Gesprochen wie ein Punk. Gesprochen wie ein Situationist. Also was können wir tun? Was können wir tun, um »unser Leben zurückzuholen«? Was können wir tun, um wir selbst zu sein, statt uns in ein gleichförmiges Modell zu zwängen? Zum Beispiel können wir damit anfangen, dass wir die Regierung ignorieren. Das beste Verfahren, den Staat zu zerstören, besteht darin, keine Notiz von ihm zu nehmen und zu hoffen, dass er verschwindet. Die Medien wiederholen dauernd, nicht zu wählen sei ein Zeichen von »Gleichgültigkeit«, während es für mich ein Zeichen des exakten Gegenteils ist. Wenn du, so wie ich, nicht wählst, dann ändert sich etwas Entscheidendes in deiner Psyche. Du kannst die Regierung nicht mehr für deine Probleme verantwortlich machen, da du dich ihrem System entzogen hast. Daher beginnst du – mit Kropotkin –, »für dich selbst zu handeln«. Du wirst mündig.

Der erste Schritt (und es mag der einzige sein) ist die Schaffung von Anarchie in deinem eigenen Umfeld. Beispielsweise wird zurzeit im *Idler*-Webforum die Herstellung unserer eigenen Energie diskutiert. Leser empfehlen einander verschiedene Mikrotechnologien für ihr Haus, welche die Abhängigkeit von den großen Versorgungsunternehmen sowie die Rechnungen verringern. Der Leser, der das Thema als Erster ansprach, schrieb:

> Hier geht es darum, den Zauderern auf Regierungsebene in den Hintern zu treten und auf der Ebene des Privathaushalts, in normalen vorstädtischen und städtischen Heimen, das Machbare zu tun, um die in die Höhe schießenden Energierechnungen zu stutzen.

Eine anarchische Lebensweise ist also höchst praktisch. Sie ist billig und leicht umzusetzen. Weit davon entfernt, ein irrealer Traum zu sein, ist sie in der Praxis viel vernünftiger als die Hoffnung, dass die Behörden deine Probleme lösen werden. Herumzusitzen und auf eine Revolution zu warten dürfte ebenfalls nicht viel einbringen. Würde eine Revolution überhaupt funktionieren? Sie findet in Form einer Schlacht zwischen zwei Kräften statt. Eine von ihnen wird siegen und versuchen, dem Land irgendeine Regierungsform zu geben – und dann sind wir wieder am Ausgangspunkt angelangt. Eine Revolution ist absurd, denn sie ist bloß eine Variante von Reform. Wir müssen etwas Radikaleres, Extremeres als eine Revolution durchführen, wir müssen einen Schritt weiter gehen. Der direkte Weg besteht darin, dass wir uns auf uns selbst und auf lokale Veränderungen konzentrieren. Kurz, wir müssen ein gutes Beispiel geben.

Um der Macht der Regierung zu entkommen, müssen wir begreifen, dass wir in gewissem Grade mitschuldig an den Problemen sind. Da wir nicht für uns selbst eintreten, lassen wir zu, dass andere für uns handeln. In *Das Sein und das Nichts* schreibt Sartre, es sei sinnlos, herumzusitzen und sich über das Leben zu beschweren, denn damit gebe man die Verantwortung auf. Und kein äußerer Faktor kann uns auf eine bestimmte Art denken und handeln lassen, wenn wir es nicht zulassen. In der existenzialistischen Welt, in der das Leben als absurd gilt, spricht nichts dagegen, sein eigenes Dasein zu gestalten. Zu handeln bedeutet meiner Meinung nach zu akzeptieren, dass wir durch und durch für unser eigenes Leben verantwortlich sind. Tolstoi betonte das Gleiche:

> Wenn die Menschen sich der Macht unterwerfen, so geschieht es nur deshalb, weil sie sich davor fürchten, dass im Falle des Ungehorsams … Strafen gegen sie angewendet werden. Alle Anforderungen von Seiten der Regierungen,

> Abgaben zu zahlen, dem Staate zu dienen, sich der auferlegten Strafe der Verbannung, der Geldstrafe zu unterwerfen, welchen sich die Leute angeblich gutwillig unterwerfen, beruhen im Grund nur auf der körperlichen Gewalttat oder der Drohung damit.

Und heute fürchten wir uns vor dem Terrorismus, obwohl unsere eigene Regierung der wirkliche Feind ist.

Statt den Status quo anzugreifen – was sich nie lohnt, da dies den Gegner stärker macht (Regierungen lieben die Opposition) –, mag es klüger sein, unsere eigenen Gesellschaften parallel zum gegenwärtigen System zu schaffen und »das Ding« so gut wie möglich zu ignorieren. Um die Bürokratie und die Steuern niedrig zu halten, verdienen wir nur kleine Geldbeträge und leisten einander stattdessen gegenseitige Nachbarschaftshilfe. Wir wollen keine erschwinglichen Wohnungen, keine Arbeitsplätze und Einkaufszentren. Das sind die Vergünstigungen des Sklaven, angeboten durch eine Obrigkeit, die, je nachdem, welche das Schicksal gerade eingesetzt hat, mehr oder weniger nachsichtig sein kann. Wir wollen, mit D. H. Lawrence, unsere eigenen kleinen Aristokratien herstellen. Wir wollen Boden, Wohnwagen und Bäume, kleine Grundstücke, Gemüsebeete, Kunsthandwerk. Und Bier und Bücher. Das ist alles. Unsere einzige Hoffnung liegt also nicht darin, das herrschende System umzustürzen, sondern darin, es massenhaft zu ignorieren.

Nun zum Distributismus – der Idee, dass jede Familie über ein oder zwei Morgen Land verfügen sollte. In der Einführung zu *Distributist Perspektives*, einer Essaysammlung, die unlängst von IHS Press herausgebracht wurde, schreibt der katholische Hochschullehrer Thomas Nayler:

> Mit Hilfe des Distributismus könnte es möglich sein, 1. die Kontrolle über unser Leben vom Big Government, vom Big Business, von großen Städten, großen Schulen und großen Computernetzwerken zurückzugewinnen; 2. neu zu lernen, wie wir durch Dezentralisierung und Humanisierung unseres Lebens für uns selbst sorgen können; und 3. zu lernen, wie man anderen hilft, für sich selbst zu sorgen, damit wir alle weniger abhängig von Big Business, Big Government und großen Märkten werden.

Distributismus ist Anarchie. Er lehnt zentrale Kontrolle und Big Business ab und befürwortet Selbstbestimmung und Selbstregierung. Für ihn gilt: »Small is beautiful.« Er verlangt menschliche Maßstäbe und nachhaltige Systeme. Die Einwände, die der Stammtischphilosoph gegen die noblen Ideen von Selbstregierung, Freiheit und Anarchie erheben wird, stützen sich auf die Banalitäten über die »menschliche Natur«. Uns selbst überlassen, unreguliert und unkontrolliert durch eine Zentralbehörde, würden wir einander vergewaltigen und umbringen. (Übrigens beginnen Platitüden, Gemeinplätze und Flachheiten immer mit einem nachdrücklichen »Ich meine ...«, als werde der Sprecher nun einen originellen, auf langer Überlegung basierenden Kommentar vorbringen und nicht ein Stück abgedroschener Propaganda aus der Boulevardpresse.)

Wie die Gilden beweisen, trifft das Gegenteil zu. Regierungen sind eine Lizenz für Menschen, einander zu vergewaltigen und umzubringen; Regierungen sind die Ursache dieser Verbrechen, statt sie ihrem Anspruch gemäß zu verhindern. Um Tolstois Worte zu wiederholen: »... selbst wenn das Fehlen von Regierung wirklich Anarchie im negativen, chaotischen Sinne des Wortes bedeutete – was weit von den Tatsachen entfernt ist –, selbst dann könnte kein anarchisches Chaos schlimmer sein als die Situation, in die Regierungen ihre Völker bereits geführt haben und noch führen.«

Heutzutage lässt sich die Umsetzung des Distributismus in der Schrebergartenbewegung beobachten. Überall im Land erkennen wir die Möglichkeiten, wenn wir unsere eigene Parzelle zum Spaß und zur Gewinnung von Obst und Gemüse bebauen. Die britischen Gemeinden stellen Schrebergärten äußerst billig zur Verfügung, und jedes Ratsmitglied, das sich einen Namen machen will, braucht nur die Schaffung vieler weiterer Kolonien vorzuschlagen. Schrebergärten verleihen den Menschen Macht. Auch in der Permakultur-Bewegung sind die Selbständigkeitsprinzipien des Distributismus wirksam. Niemand sitzt jammernd herum und wartet auf Schritte der Regierung. In der Permakultur liegt der Nachdruck auf dem, was du tun kannst, dein Alltagsleben sofort zu verbessern, um dich dem eisernen Griff von Arbeitsplatz, Supermärkten, Geld und Öl zu entziehen.

Wir müssen unser eigenes Leben führen. »Ich glaube, der Mensch ist glücklicher«, schrieb C. S. Lewis in seinem Essay »Willing Slaves of the Welfare State«, »und auf intensivere Weise glücklich, wenn er ›den freigeborenen Geist‹ besitzt ... und als Erwachsener ist es der Mensch, der nichts von der Regierung benötigt und erbittet, der ihre Handlungen kritisieren und auf ihre Ideologie pfeifen kann.« Narnia ist weniger eine religiöse Allegorie, wie man allgemein annimmt, als eine Geschichte über die Freiheit. Die weiße Hexe steht für Elisabeth I. und ihre Maßnahmen gegen den Frohsinn in Merry England. In Narnia herrscht stets Winter, doch es gibt kein Weihnachten. Mr. Tumnus, der Faun, erinnert sich an die alten Tage des Tanzens und der Ausgelassenheit. Die Mannigfaltigkeit der Jahreszeiten, die Feste und Tänze sind vorbei und durch Einförmigkeit abgelöst worden. Thomas Cranmers *Book of Common Prayer*, das Gebetbuch der anglikanischen Kirche, wurde 1549 unter Protektor Somerset mit dem Uniformitätsgesetz verbindlich eingeführt. Dieses Gesetz verbot die alten religiösen Feiern, und sein Name spricht für sich selbst: Die alte katholische Vielfalt wird ein Opfer der neuen puritanischen Gleichförmigkeit.

In Wirklichkeit sind wir alle frei. Die Frage ist nur, ob wir bereit sind, unser Recht auszuüben. Wir selbst treffen die Wahl. Ich möchte dich daran erinnern, dass du frei sein kannst, wenn du es wünschst. Diese Tatsache wird mehr oder weniger vor uns verborgen. Man erklärt uns, wir seien Sklaven, und wir finden uns damit ab, weil wir uns nicht die Mühe machen wollen, frei zu sein. Stattdessen versinken wir in Arbeitssklaverei und Einkaufssklaverei. Die Freiheit ist nur ein Fingerschnipsen von uns entfernt. Wahrhaftig, die Fesseln sind vom Geist geschmiedet.

HÖR AUF ZU WÄHLEN

13

Leg dein Schuldbewusstsein ab und befreie deinen Geist

Die meisten von uns fühlen sich den Erwartungen
anderer verpflichtet. Aber die Erwartungen anderer
existierten für mich nicht. Mir kam es nur darauf an,
glücklich zu sein. Dadurch hatte ich meinen Altersgenossen
gegenüber einen wunderbaren Vorteil, denn unbehindert
durch ein Gewissen, tat ich genau das, was ich wollte.
Keith Allen, »A to Z of Life«, *Idler*, 2005

Ein Mensch, der ein Gewissen hat,
ist der Teufel und die Hölle und das Fegefeuer für sich selbst,
da er sich so sehr quält. Wer frei im Geist ist,
entgeht all diesen Dingen.
Johann von Brünn,
Adept des freien Geistes, ca. 1320

Wir führen eine Art Gewissenskonto im Kopf. Jedes Vergnügen muss mit einer kräftigen Portion Schuldbewusstsein bezahlt werden. Für jeden Akt des freien Geistes in unserem Innern droht der gefesselte Geist mit dem Finger und erlegt uns eine Buße auf. Wenn wir etwas getan haben, das andere als falsch empfinden, martern wir uns durch Selbsthass, Vorwürfe und Absichtserklärungen, uns in Zukunft besser zu benehmen. Schuldgefühle zwingen uns auch, Arbeitsplätze zu übernehmen, die uns nicht gefallen. Leser des *Idler* schreiben uns, dass sie sich gern von der Arbeit befreien würden, aber nicht wüssten, wie sie mit der Schuld fertig werden sollen. Nichtstuend herumzusitzen erzeugt bei ihnen ein schlechtes Gewissen. Deshalb spielen sie für sich selbst die Rolle des Teufels und piesacken sich mit diabolischen kleinen Toastgabeln.

Schuldgefühle sind nutzlos. Sie lähmen uns, statt uns handlungsfähig zu machen, sind negativ und behindern uns. Ich habe die Erfahrung gemacht, dass aus Schuldgefühlen heraus gefasste Vorsätze keinen Pfifferling wert sind – einfach weil ich sie dauernd breche. Und wenn wir Nietzsche Glauben schenken dürfen, dann ist Schuldbewusstsein das emotionale Gegenstück zu materiellen Schulden. Die geschäftliche Transaktion ist vielleicht sogar dem Entstehen von Schuldgefühlen vorausgegangen:

> Das Gefühl der Schuld, der persönlichen Verpflichtung, um den Gang unsrer Untersuchung wieder aufzunehmen, hat, wie wir sahen, seinen Ursprung in dem ältesten und ursprünglichsten Personen-Verhältnis, das es gibt, gehabt, in dem Verhältnis zwischen Käufer und Verkäufer, Gläubiger und Schuldner: hier trat zuerst Person gegen Person, hier maß sich zuerst Person an Person. … Haben sich diese bisherigen Genealogen der Moral auch nur von ferne etwas davon träumen lassen, dass zum Beispiel jener moralische Hauptbegriff »Schuld« seine Herkunft aus dem sehr materiellen Begriff »Schulden« genommen hat?

Diese Erklärung für die Ursache der Schuldgefühle lässt vermuten, dass sie uns nicht angeboren sind. Außerdem bildet sich das Konzept der Schuld für Nietzsche heraus, wenn wir eine Trennungslinie zwischen Absicht und Handlung ziehen. »Das habe ich nicht gewollt«, sagen wir dann. In diesem Sinne ist Schuld völlig abstrakt, denn sie setzt voraus, dass sich Tun und Wollen voneinander unterscheiden.

Der Gedanke der Schuld beruht auf der Annahme, dass es in unserem Innern einen Bruch zwischen zwei sich bekriegenden Parteien gibt – in meinem Fall zwischen dem guten und dem bösen Tom. Der böse Tom tut etwas Schlechtes, und dann sorgt der gute Tom dafür, dass er sich auch schlecht fühlt. Eines Tages, so hoffen wir, wird der gute Tom den bösen Tom besiegen. Aber dazu kommt es nie. Also geht die Schlacht weiter und schwächt unseren Geist, und das ist einer der Gründe, warum Schuldgefühle uns ermatten.

Es ist verantwortungslos, sich wegen früherer Taten schuldig zu fühlen, denn das bedeutet, dass man wahrscheinlich die Verantwortung für seine Taten leugnet. Wenn wir sagen: »Ich fühle mich deshalb wirklich schuldig«, so distanzieren wir uns von dem Teil unserer Persönlichkeit, durch den die Sache, was immer sie war, zustande kam. Daher sind die von Schuldgefühlen Freien – und es gibt sie tatsächlich – in Wirklichkeit die verantwortlichsten und nicht die unverantwortlichsten Personen, denn wenn man die Verantwortung für seine Taten übernimmt, fühlt man sich ihretwegen nicht schuldig.

Einen Hinweis darauf, dass Schuldgefühle nicht angeboren sind, sondern durch unsere Kultur hervorgebracht werden, liefert das Beispiel der Untreue. Ein Mann, der seiner Freundin untreu ist, mag Gewissensbisse verspüren. Aber sobald er sich von ihr getrennt hat, verschwindet das Schuldbewusstsein und könnte sogar durch die entgegengesetzte Emotion abgelöst werden, das heißt durch eine gewisse Genugtuung. Offenkundig besitzen Kleinkinder ebenfalls kein Schuldbewusstsein. Es ist ein Gefühl, das wir erlernen.

In unseren intimen Beziehungen, genau wie in unserem Umgang mit der uns umgebenden Gemeinschaft, versuchen andere ständig, uns ein Gefühl der Verpflichtung aufzuzwingen. Wenn dich jemand zum Abendessen einlädt, wird erwartet, dass du den Gastgebern eine Dankeschönkarte schickst. Geschenke werden unter der unausgesprochenen Voraussetzung überreicht, dass der Empfänger eine überschwängliche Dankbarkeit zum Ausdruck bringt. Feste wie Weihnachten werden zu einem Labyrinth gegenseitiger Verpflichtungen. Unser Kopf ist so voll von den Dingen, die wir tun sollten, dass wir Gefahr laufen, die Dinge zu vergessen, die wir tun müssen. Entsprechend versenden wir Briefe aus Schuldbewusstsein und nicht, weil wir uns aufrichtig bedanken wollen, und das ist gewiss ungesund, weil der Brief zur Begleichung einer Schuld wird und nicht mehr dazu dient, Liebe oder Freundschaft auszudrücken.

Nach dem gleichen Muster wird erwartet, dass wir für unsere Sünden leiden. Im Fall von Untreue zum Beispiel soll unser Leid aus irgendeinem Grund als Buße für die Missetat dienen. Seltsamerweise wurde Schuld im Mittelalter durch Geldstrafen beglichen. Die Gutsverzeichnisse sind voll von Männern und Frauen, die wegen »Unzucht« eine Geldstrafe entrichten mussten. Hier sind ein paar Beispiele aus dem Foxton des vierzehnten Jahrhunderts:

> Alice Gosse trieb Unzucht mit William Overhawe; Geldstrafe von 6 Pence.

Asselota, Tochter von Alan Asselote, trieb Unzucht als Tagelöhnerin für den Vogt.

Alice Fenner trieb außereheliche Unzucht mit John Taylor; ihr Besitz möge gepfändet werden, bis sie die Geldstrafe begleicht.

Damals brauchte man also nicht für seine Sünden zu leiden, sondern zahlte einfach einen gewissen Betrag in die Gemeindekasse ein. Damit war die Sache beigelegt. In ähnlicher Weise konnten sich Wucherer vor der Verdammnis retten, wenn sie die erpressten Summen vor ihrem Tod zurückzahlten. Was im Verlauf der weiteren Geschichte geschah, entspricht exakt Nietzsches Worten: Die finanzielle Wiedergutmachung von Missetaten wurde allmählich durch emotionale Mittel ersetzt; materielle Bußgelder gingen der Entstehung moralischer Sühnen voraus. Im katholischen Mittelalter bezahlte man die Geldstrafe, und das Leben ging weiter. In der puritanischen Welt dagegen konnte ein unmoralischer Akt nicht mehr durch Geld wiedergutgemacht werden; man zahlte durch Leid. Auch die Beichte reichte den Puritanern nicht. Es galt, ein besserer Mensch zu werden. Statt unsere Schulden zu begleichen, mussten wir nun, wie Christian in *A Pilgrim's Progress*, die Last während unserer endlosen Suche nach Vollkommenheit auf dem Rücken tragen.

Aber Nietzsche beharrt: »Nochmals gefragt: inwiefern kann Leiden eine Ausgleichung von ›Schulden‹ sein?« Welchen Sinn erfüllt es? Mein Leiden bringt niemandem etwas ein; es hat nicht den geringsten Nutzen. Schuldgefühle können, wie Nietzsche schreibt, gleichbedeutend mit »dem eisigen Nein des Ekels am Leben« sein – und genau daran hat mich die »Keine Macht den Drogen«-Kampagne erinnert. Wir tun etwas, das uns Spaß macht, und dann fühlt sich ein anderer Teil in uns angeekelt. Schuldbewusstsein ist ein Nein zum Leben, und alle, die von Gewissensbissen frei sind, eint eine positive Einstellung zum Leben mit all seinen Unbequemlichkeiten.

Die meisten von uns fechten in dieser Hinsicht innere Kämpfe aus. Einmal fragte ich meine Freundin Hannah, ob sie auf die Party eines gemeinsamen Bekannten gehen wolle, die an einem Montag stattfand.

»Ach, ich weiß nicht«, erwiderte sie. »Schließlich gibt's die Montagabend-Regel.«

»Die Montagabend-Regel?«

»Ja, du kennst sie bestimmt. Sie besagt, dass man an einem Montagabend nicht weggehen soll.«

Hannah fühlte sich schuldig, weil sie sich an Wochenenden so intensiv ihrem Vergnügen überließ, und hatte die Regel als eine Art Buße für ihr zügelloses Benehmen erfunden. Sie hatte sich gespalten: in die mittelalterliche Genießerin, die sich ihres Lebens freuende Hannah einerseits und in die fleißige, jede Zerstreuung ablehnende Hannah andererseits.

Schuldbewusstsein ist eine Erfindung, es ist etwas Künstliches. Wir lassen zu, dass wir Schuldgefühle haben. Und häufig schützen wir diese Gefühle einem Freund oder einem Feind gegenüber nur vor, damit man uns nicht bezichtigt, gedankenlos oder kaltschnäuzig zu sein. Es scheint erwartet zu werden, dass wir unser Bedauern ausdrücken. »Ich habe solch ein schlechtes Gewissen, weil ich nicht zu deiner Party kommen konnte«, sagen wir zum Beispiel. Damit haben wir unser Schuldbewusstsein zum

Ausdruck gebracht, und die Antwort, die wir uns erhoffen, ist oftmals prompt zu hören: »Ach, keine Sorge. Das macht doch nichts.« Die Schuld ist durch unser schlechtes Gewissen beglichen worden. Nun brauchen wir uns nicht mehr schuldig zu fühlen. Außerdem können wir anderen auf diese Weise klarmachen, dass wir moralische Menschen sind. »Ich habe ein wirklich schlechtes Gewissen, weil ich gestern Abend betrunken war«, sagen wir, obwohl wir überhaupt kein schlechtes Gewissen haben oder zumindest die Entscheidung treffen könnten, von Schuldgefühlen frei zu sein. Wenn mir jemand erklärt: »Ich habe gestern Abend zu viel getrunken«, entgegne ich immer: »Ich habe genau die richtige Menge getrunken.«

Manche Menschen kennen keine Schuldgefühle. Sie sind sehr ungewöhnlich, denn sie eint eine Lebensbejahung in Nietzsches Sinne und ein Fehlen von Gewissensbissen, das ihnen ermöglicht zu tun, was sie wollen. Mein Freund, der inzwischen verstorbene Gavin Hills, wurde nicht durch Schuldgefühle geplagt und empfand nie eine Verpflichtung anderen gegenüber. Das bedeutete jedoch nicht, dass er sich unmoralisch oder rücksichtslos benommen hätte. Im Gegenteil, er tat sehr viel Gutes (nicht durch Einmischung, sondern dadurch, dass er gute Dinge bewirkte). Er kümmerte sich um Gescheiterte – um Leute, die irgendwo vom Weg abgekommen waren –, doch er sprach nie von ihnen, und seine Freunde entdeckten erst nach seinem Tod, was er auf sich genommen hatte. Auch der unbekümmerte, vergnügungssüchtige Schauspieler Keith Allen ist frei von Schuldbewusstsein; er tut, was er will, und hat deshalb nie unter Verbitterung zu leiden gehabt.

Weit davon entfernt, verantwortungslos zu sein, stehen Gavin und Keith für eine radikale Verantwortlichkeit, denn sie lehnen Schuldbewusstsein ab, das ja in gewissem Sinne als faule Ausrede dient. Die völlige Ablehnung von Schuldgefühlen hat etwas wunderbar Heroisches und Befreiendes an sich. Wie Hazlitt über den großen Freigeist und Dichter John Wilmot, den Earl of Rochester, schrieb: »Seine Verachtung für alles, was andere respektieren, lässt sich fast als sublim bezeichnen.« Wilmot akzeptierte überkommene Weisheiten und die bürgerliche Realität einfach nicht. Das Gleiche könnten wir über den heutigen Libertin Peter Doherty sagen: Seine völlige Missachtung der konventionellen Moral und des gebräuchlichen Verhaltens ist geradezu spektakulär und beeindruckend.

Diese Art des Lebens ohne Gewissensbisse hat eine lange Tradition. Im antiken Rom und im antiken Griechenland gab es zahlreiche Beispiele dafür. Denken wir auch an die merkwürdigen Ketzersekten Europas, die gegen Schuldgefühle und ein reines Gewissen rebellierten, weil sie diese nicht als angeborene Impulse, sondern als Kontrollinstrumente betrachteten. Das galt etwa für die Sufis, wie Norman Cohn in *Die Sehnsucht nach dem Millennium: Apokalyptiker, Chiliasten und Propheten im Mittelalter* (1957) schrieb:

> Gegen Ende des zwölften Jahrhunderts sind für verschiedene spanische Städte, und insbesondere für Sevilla, Aktivitäten von mystischen Bruderschaften der Moslems bezeugt. Diese Leute, bekannt als Sufis, waren heilige Bettler, die in Gruppen Straßen und Plätze bevölkerten und geflickte bunte Gewänder trugen. Die Novizen mussten sich in Bescheidenheit und Selbstverleugnung üben,

sich in Lumpen kleiden, ihre Augen auf den Boden richten, widerliche Nahrung essen und dem Meister der Gruppe blinden Gehorsam schwören. Doch nach der Entlassung aus dem Noviziat eröffnete sich für die Sufis ein Raum totaler Freiheit. Bücherwissen und theologische Spitzfindigkeiten ablehnend, wussten sie sich im Besitz einer unmittelbaren Gotteserfahrung. Mit dem Göttlichen in einer überaus intimen Einheit verbunden, wurden die Sufis von allen Bindungen befreit. Jede Eingebung verstand man als göttlichen Befehl; nach dem Noviziat konnten sie sich mit weltlichen Besitztümern umgeben und im Luxus leben, sie konnten ohne Gewissensqualen lügen, stehlen oder sich der Unzucht hingeben. Äußere Handlungen waren ohne Bedeutung, da die Seele innerlich vollkommen von Gott erfüllt war.

Eine wunderbare Philosophie, die ihren Anhängern erlaubt, sinnlichen Freuden nachzugehen, ohne von ihnen belastet zu werden.

Schuldbewusstsein kann als vom Geist geschmiedete Fessel gesehen werden, denn in der Regel verhindert es unberechenbares Benehmen. Folglich dient es der Obrigkeit, nicht der Freiheit. Es ist der Chef im Innern. Schuldgefühle bewirken auch, dass man die Gegenwart meidet, denn sie drücken ein Bedauern über vergangene Handlungen aus, was den Vorsatz stärkt, sich in Zukunft besser zu benehmen. Regierungen begründen ihre Existenz genau damit: Ohne sie, so behaupten sie, würden wir unseren Instinkten freien Lauf lassen, und die Welt würde in einen Strudel aus Anarchie, Blutvergießen und Plünderei geraten. Schuldbewusstsein ist also eine Art »Regierung des Geistes«, wie der Drehbuchautor Bruce Robinson es ausdrückte.

Die Antwort? Schraube deine Maßstäbe zurück! Lass es ruhig angehen! Begrüße die Fröhlichkeit! Akzeptiere die Unordnung! Eines der vielen problematischen Vermächtnisse des Puritanismus ist die Idee der Vollkommenheit. Die Katholiken mit ihrer Korruption und ihren lockeren Sitten waren wenigstens nachsichtig sich selbst gegenüber. Der Puritaner dagegen setzt sich unerreichbar hohe Verhaltensnormen und macht sich dann endlose Vorwürfe, wenn er ihnen nicht gerecht werden kann.

Wenn du deine Maßstäbe niedriger ansetzt, hast du seltener Gelegenheit, Schuldgefühle aufkommen zu lassen. Je strenger deine moralischen Normen sind, desto ausgeprägter sind auch deine Schuldgefühle. Und wenn du auf sämtliche moralischen Maßstäbe verzichtest, bist du völlig frei.

SAG JA

14

Das Ende der Hausarbeit oder die Macht des Kerzenscheins

Es ist genauso lästig, einen Diener zu haben
wie ein Diener zu sein.
D. H. Lawrence, »Education of the People«, 1918

Nur wenige Tätigkeiten haben so sehr den Charakter
einer Sisyphusarbeit wie die der Hausfrau. Tag für Tag
wird Geschirr gespült, Staub gewischt, Wäsche geflickt,
um die Dinge am nächsten Tag wieder schmutzig,
staubig und zerrissen vorzufinden.
Simone de Beauvoir, Das andere Geschlecht, 1949

Eine gewisse Abneigung gegen die Hausarbeit – Saubermachen, Abwaschen, Wäschewaschen, Aufwischen, Bettenmachen – scheint den Menschen geradezu angeboren zu sein, jedenfalls den Fauleren unter uns. Im Frühmittelalter, als man auf manuelle Arbeiten herabblickte, war diese Aversion nicht weniger ausgeprägt. Zum Beispiel ließ Thomas von Aquin Tellerwäscher am unteren Ende seiner Berufsskala rangieren, weil sie mit Schmutz zu tun hatten. Griechen und Römer überließen den Sklaven derart unerfreuliche Arbeiten. In George Orwells *Erledigt in Paris und London* sind die *plongeurs* minderwertiger als alle anderen. Sie stehen in der Pariser Küchenhierarchie weit unter den vergleichsweise aristokratischen Kellnern und Köchen. Und wenn man den Fehler macht, sich beim Arbeitsamt nach einer Stelle umzusehen, dann werden, wie es scheint, immer nur solche angeboten, die keiner haben will: die für Küchenhilfen.

Im kapitalistischen System versucht man das Problem der Hausarbeit üblicherweise dadurch zu lösen, dass man genug Geld verdient, um einen anderen für diese Tätigkeit verpflichten zu können. Bargeld befreit uns von der Mühe. Der mittelständische viktorianische Haushalt war voll von Bediensteten, und sogar der bescheidenste Dorfpfarrer beschäftigte eine Haushälterin. Die kluge viktorianische Ehefrau wurde zu einem schwachen, dauernd in Ohnmacht fallenden, nutzlosen, zusammengeschnürten Ziergegenstand und durfte nicht arbeiten. Darin unterschied sie sich radikal von der geschäftigen georgianischen Hausfrau.

Eine Lösung, die in westlichen Gesellschaften gefördert wird, ist der Kauf von Maschinen, die uns die Arbeit abnehmen. Geschirrspül- und Waschmaschinen gelten heute als Grundbestandteile jedes Haushalts. Aber verringert beispielsweise der Geschirrspüler tatsächlich unsere Arbeitslast, oder werden wir durch das raffinierte Versprechen, uns werde »das Leben erleichtert«, nur um unser Geld gebracht?

Wir kauften vor zwei Jahren eine Geschirrspülmaschine, und zuerst schien sie, wie eine menschliche Helferin, ein Gottesgeschenk zu sein. Welch schöne neue Welt, die solche Maschinen hat! Du legst die Teller und Bestecke hinein, und eine Stunde später sind sie sauber! So lautet jedenfalls die Theorie, doch die Realität sieht anders aus. Wenn man die Maschine nicht jeden Tag säubert und die erforderlichen Spezialsalze und dergleichen nachfüllt, hört sie auf zu spülen, so dass die Teller nach dem Waschgang immer noch schmutzverkrustet sind und unter dem Wasserhahn gereinigt werden müssen. Geschirrspüler eignen sich zudem nicht für die Reinigung schwieriger Dinge wie mit Porridge überzogene Töpfe oder schmierige Backbleche. Ihnen musst du dich selbst widmen. Und dann sind da die ökologischen Probleme: Wie viel Reinigungsmittel und Strom benötigst du, um dein Geschirr von der Maschine spülen zu lassen? Zu bedenken ist auch der enorme Aufwand, der mit einer Geschirrspülmaschine verbunden ist: Die Teller müssen zunächst abgespült und dann in die Maschine gestellt werden, dann ist da der Kauf aller nötigen Tabletten und Lösungen, und außerdem muss das Gerät – wie entsetzlich – zum Schluss noch geleert werden! Und man braucht von allen Küchenartikeln drei Exemplare, weil derjenige, nach dem man sucht, gerade in der Maschine ist. Wasch mit der Hand ab, und sämtliche Probleme werden vermieden.

Wie wir später sehen werden, verstärken Maschinen die Einsamkeit und die Isolation, die eines der zentralen Probleme des modernen Lebens darstellen. Die Frau ist allein mit der Wäsche zu Hause, während sich der Göttergatte beim Mittagessen im Restaurant mit Kollegen und Freunden vergnügt. Er hat sich abgemüht, um ihr all diese Maschinen kaufen zu können und ihr das Leben zu erleichtern. Deshalb wäre es kleinlich, sich zu beklagen. Aber etwas daran stimmt nicht. Dieser Gedanke kam mir vor einiger Zeit bei einem Besuch in Mexiko. Jede Woche trugen Frauen unweit unserer Unterkunft ihre Wäsche zum Fluss und verbrachten zwei Stunden damit, sie gemeinsam zu waschen, während ihre Kinder in Gummibooten spielten. Das erschien mir viel unterhaltsamer, als eine Maschine anzustellen und später feuchte Wäsche in Körbe und andere Maschinen zu wuchten – und all das ohne Gesellschaft. Langweilige Arbeit ist stets viel weniger langweilig, wenn man sie sich mit anderen teilt.

Neulich saßen wir in unserem Untergeschoss im *Idler*-Büro und verbrachten fünf Stunden damit, die Abonnementexemplare an unsere Leser zu verschicken. Wir tüteten sie ein, leckten Briefmarken und brachten die vollen Säcke zur Post. Da wir zu viert arbeiteten, plauderten wir pausenlos und erlebten einen sehr angenehmen Tag. Außerdem wurde die Sache recht schnell erledigt. Früher hatten wir immer einen armen Handlanger für drei Tage einsamer Arbeit bezahlt. Jetzt wurden wir viel schneller fertig, und das Ganze war billiger und erfreulicher. Die einzige Schranke für diese Arbeitsweise hatte ich selbst aufgebaut, weil ich als Herausgeber der Zeitschrift meinte, über das Versenden von Umschlägen erhaben zu sein. Nun habe ich beschlossen, den Arbeitsgang als Unterhaltung zu betrachten. Niedrige Arbeit kann ein Vergnügen sein, denn wie eine alte chinesische Weisheit besagt: Wenn du Erleuchtung suchst, dann hacke Holz und trage Wasser.

Es ist besser, die Dinge selbst zu erledigen. D. H. Lawrence argumentiert in seinem Essay »Education of the People« überzeugend gegen die Beschäftigung von Putzfrauen und anderen Helfern, wenn man frei sein will. Für Lawrence stand Freiheit von Dienern für Freiheit von Knechtschaft. In der folgenden Passage finden wir die gleiche Schwärmerei wie bei Coleridge, der in einem Brief an Robert Southey von seiner Dichtergemeinde »an den Ufern des Susquehanna« träumte und verhieß: »Wir werden keine Diener haben!« Der Verzicht auf Diener bedeute mehr, nicht weniger Freiheit. Lawrence fährt fort:

> Niemand ist frei, der von Dienern abhängt. Der Mensch kann nie ganz frei sein. Das will er auch gar nicht. Aber in seinem persönlichen Umfeld kann er weitaus freier sein, als er es ist. Wie? Indem er Dinge selbst übernimmt. Sobald wir unseren persönlichen Stolz geweckt haben, bereitet es uns Vergnügen, unsere eigenen Dienste zu verrichten: Jeder fegt sein eigenes Zimmer, macht sein eigenes Bett, wäscht sein eigenes Geschirr – oder er übernimmt, wie ein Soldat, einen Anteil von allem. Wir haben eine fälschliche Vorstellung von uns selbst, denn wir sehen uns als ideale Geschöpfe. In Wirklichkeit sind wir lebhafte physische Wesen, deren Dasein aus Bewegung und Handlung besteht. Wir haben zwei Füße, die gepflegt werden müssen, und wir brauchen Socken und Schuhe. Das ist unsere persönliche Angelegenheit, und es ist angemessen, die Umstände zu begreifen. Ich will mich meiner Socken und Schuhe annehmen, denn sie sind meine persönlichen Sachen.

Lasst uns Alleskönner werden. Jeder Mann, jede Frau und jedes Kind sollten fähig sein, zu kochen, das Haus zu reinigen und einen Stecker auszutauschen. Wir sind in der Gefahr, eine nutzlose Welt der Computerspieler zu schaffen. Freiheit liegt in der Selbstversorgung, sagt Lawrence:

> Eigenständigkeit ist Unabhängigkeit. Um frei zu sein, muss man selbstgenügsam sein, besonders in kleinen, materiellen, persönlichen Angelegenheiten. Im großen Rahmen der Liebe oder Freundschaft oder des menschlichen Umgangs trifft man sich und kommuniziert mit

> anderen freien Individuen; es gibt keine Dienstleistung. Dienstleistungen sind entwürdigend, sowohl für den Diener als auch für den Bedienten: eine Promiskuität, eine Art Prostitution. Niemand sollte für mich tun, was ich billigerweise für mich selbst tun könnte.

Wenn wir das Heer unserer Diener entlassen haben, ergibt sich als Nächstes die Frage, wie wir auf eine Weise sauber machen können, die wir nicht als niederdrückend empfinden. Wir neigen dazu, die Rolle des Bediensteten zu verinnerlichen. Deshalb spalten wir uns in den verbitterten viktorianischen Diener und den tyrannischen viktorianischen Gebieter. Der innere Gebieter befiehlt dem inneren Diener: »Nun mach schon, wasch das Geschirr ab! Reiß dich zusammen! Räum dein Arbeitszimmer auf!« Und der innere Diener reagiert mit knurrendem Groll oder sogar mit Widerstand. Jeder kennt das befreiende Gefühl, wenn man sich sagt: »Zur Hölle damit. Ich wasche das Geschirr morgen früh ab.« Infolge unserer kollektiven Erinnerung daran, dass andere mehr oder weniger versklavt wurden, damit sie die Arbeit verrichteten, die uns missfiel, versklaven wir uns nun selbst. Oder, schlimmer noch, wir versklaven unseren Partner. Beziehungen können rasch zu einem Schlachtfeld werden, auf dem der eine Partner versucht, den anderen herumzukommandieren. Die Ehefrau setzt dem Ehemann zu, damit er einen größeren Teil der Hausarbeit übernimmt, und wenn er ihren Wunsch erfüllt, meint er das Recht zu haben, ihr seinerseits Befehle zu erteilen. So kommt es zu Streitereien.

Die einzige Lösung – und sie ist schwierig – besteht also darin, das Abwaschen lieben zu lernen. Dazu Lawrence:

Das konkrete Ausführen von Pflichten ist an sich eine Freude. Wenn ich das Geschirr spüle, erfahre ich den schnellen, leichten Kontakt mit Porzellan und Töpferwaren, ich spüre sie, ihr Gewicht, ihre Biegungen und ihre Balance, die typische Hitze und die Schnelligkeit oder Langsamkeit ihrer Oberfläche. Ich bin inmitten unendlich komplexer Bewegungen und Anpassungen und rascher, behutsamer Berührungen. Behände Fertigkeiten schweben über meinen Nerven und tasten sich an ihnen entlang, das Urbewusstsein ist in mir wach. Neben all der moralischen oder praktischen Genugtuung, wie sie sich aus einer gut ausgeführten Sache ableitet, bieten sich mir die geistlose, motorische Tätigkeit und die Reaktion im Urbewusstsein, und das ist unverfälschte Genugtuung. Wenn ich als Mensch gesund und zufrieden sein will, muss ein großer Teil meines Lebens in geistloser Bewegung vergehen, in schneller, emsiger Tätigkeit, in der ich weder gekauft noch verkauft werde, sondern allein und frei vom Mittelpunkt meiner eigenen aktiven Isolation handele. Jedoch nicht meiner selbst bewusst. Ohne meine eigenen Reaktionen zu beobachten. Wenn ich Geschirr spüle, dann deshalb, um es zu säubern. Das ist alles.

Mach die Schinderei zu etwas Göttlichem, wie George Herbert erklärte. Wir brauchen eine Poesie der Hausarbeit, eine »häusliche Pastorale«, etwas, das den Status alltäglicher Pflichten anhebt. Wir brauchen Rocksongs, die ihre Tugenden preisen: »Do the Dirty Dish« von The Cramps, »I've Just Found the Sock I Was Looking for« von U2. Sorgen wir dafür, dass Abwaschen cool wird. Ich plane, zusammen mit meinem Freund Nick Lezard einen Lifestyle-Artikel zu verfassen. Wir haben eine neue demografische Kategorie erfunden, den Dobo, den »domesticated bohemien«, also den domestizierten Bohemien. Der Dobo hat eine wilde Vergangenheit, lebt heute jedoch in einer Familie. Er (oder sie) überlässt sich allerdings hin und wieder einer Nacht des Hedonismus. Die Wildheit ist noch da, deshalb wird eine Literatur benötigt, welche die Häuslichkeit feiert.

Ein erstaunliches Paradoxon ermöglicht, Freiheit in der Dienstleistung – das heißt in der Hilfe für andere – zu finden. Wer ist freier: der Mann mit einer Million Pfund und drei Dienern oder der Mann, der ihn bedient? Wooster oder Jeeves? Gandhi pflegte ein Ideal des Dienstes an der Allgemeinheit, aber in verschiedenen Lebensstadien hatte auch er Bedienstete. Manchen scheint es zu gefallen, Diener zu sein. George Harrison sagte einmal über Mal Evans, den Roadie der Beatles, dieser verkörpere das östliche Ideal der Freiheit durch Dienst. Evans fand dadurch zu sich selbst, dass er anderen half.

Wenn wir alle lernen würden, uns selbst zu versorgen, meinte Lawrence, dann hätten wir eine vielfältigere Kultur. Jeder könnte so arbeiten, sich kleiden, essen und schlafen, wie es ihm gefällt, und müsste das nicht auf eine dem Industriemodell der Regelmäßigkeit angepasste Weise tun: »Ach, wenn die Menschen lernen könnten zu tun, was ihnen gefällt, und zu haben, was ihnen gefällt, statt unbedingt das tun zu wollen, was jedem gefällt, und so aussehen zu wollen, wie jeder aussehen möchte.« Wir müssen die puritanische Uniformität ablehnen. Nähe Herzen an deine Ärmel, knote Bänder um deine Knöchel!

Akzeptiere dein eigenes Ich, und du wirst originell handeln, das heißt authentisch und deinem eigenen Stil entsprechend. Wenn du zum Beispiel einen Garten besitzt, kannst du genau das anpflanzen, was dir gefällt. Warum also imitiert jeder den anderen, und warum sehen alle vorstädtischen Gärten gleich aus? Hier ist die imposante Violet Purton Biddle mit einer Passage aus ihrem 1911 erschienenen Buch *Small Gardens and How to Make the Most of Them*. Man ersetze »Laiengärtner« durch »Mensch« und »Garten« durch »Leben«, und Mrs. Biddles Worte werden sehr weise klingen:

> »Sei originell!« ist ein Motto, an das sich jeder Laiengärtner halten sollte. Der durchschnittliche Gartenbesitzer führt viel zu wenig Experimente durch. Er trottet immer wieder auf den gleichen Spuren dahin, ohne einen Gedanken an die herrlichen Möglichkeiten, die er verpasst, aufzuwenden. Jeder Garten, wie klein er auch sein mag, sollte Individualität aufweisen – ein Merkmal, durch das er sich von der Allgemeinheit abhebt.

Wie im Garten, so ist es auch im Leben: Wir fürchten Experimente. Übrigens ist das Wort »Experiment« sehr nützlich. Bei bestimmten Dingen kannst du einfach von einem Experiment sprechen. »Haben die Beatles Drogen genommen?«, fragte ich meine Eltern als Kind häufig. »Tja«, erwiderten sie, »die Beatles haben mit Drogen experimentiert.« Aber abgesehen von dem Nutzen des Wortes als Euphemismus macht es Spaß, sein Leben in eine Reihe von Experimenten zu verwandeln. Es kommt nicht darauf an, ob eines scheitert – du versuchst einfach ein anderes. Als wir aufs Land zogen, planten wir, nur ein paar Monate zu bleiben. Es war ein »Experiment«. Nun sind wir bereits vier Jahre hier und experimentieren immer noch. In einer

Welt, in der man dauernd aufgefordert wird, sich zu »engagieren«, ist es befreiend, sich die Genehmigung zum Dilettantismus zu erteilen. Engagiere dich für nichts. Versuch alles.

Beim Gartenbau erledigt man ebenso wie bei der Hausarbeit am besten so viel wie möglich selbst. Das fällt uns leicht, denn wir haben einen recht kleinen Garten. Aber sogar der erscheint uns manchmal als Belastung. Dabei hat das Leben keine angenehmere, nützlichere und befriedigendere Tätigkeit zu bieten, als sich über Blumen und andere Pflanzen sowie über den Boden kundig zu machen, sie zu pflegen, Gemüse anzubauen und es zu essen. Als junger Mann hatte ich kein Verständnis für die Gärtnerei, da ich mich nur für das Trinken interessierte. Heute jedoch begreife ich, dass all jene Damen und Herren mittleren und höheren Alters in ihrem Garten eine Menge Spaß hatten, während ich sie nur für langweilig hielt. Mein Leben hat sich enorm verbessert, denn nun bin ich an der Gärtnerei und am Trinken interessiert: zwei Freuden statt früher nur einer. Die beiden passen sehr gut zusammen, denn nichts ist so schön wie ein gutes Bier nach zwei Stunden des Umgrabens, und nichts ist hilfreicher als zwei Stunden des Umgrabens nach einer durchzechten Nacht. Ein *Idler*-Leser schrieb uns sogar, er lege sich absichtlich einen Kater nach dem anderen zu, weil es ein solcher Genuss sei, ihn morgens durch Gartenarbeit wieder loszuwerden.

Das bourgeoise Lebensmodell, das sich auf »Hilfskräfte« stützt, wie Bedienstete euphemistisch genannt werden, ist defekt. Man braucht keine bezahlte, sondern unbezahlte Hilfe. Im Jahr 1900 wohnten fünfzehn Personen in dem entlegenen Bauernhaus, in das wir eingezogen sind. Das damalige Ehepaar hatte zehn Kinder, und häufig gab es »Männer im Haus«, die bei der Familie Kost und Logis erhielten, bevor sie eine eigene Familie gründeten. Offensichtlich wurden die Diener in vielen Haushalten des achtzehnten Jahrhunderts gut behandelt, und beide Seiten respektierten einander. Zum Beispiel wohnten fünf oder sechs Personen in dem Haus von Dr. Johnson in Gough Court. Sie waren nicht unbedingt Bedienstete, aber sie teilten sich die anfallende Arbeit. Sein »Diener« Francis Barber, dessen berühmtes Porträt von Joshua Reynolds bis heute in Johnsons Haus hängt, ließ sich einmal von der Marine anheuern, und Johnson kaufte ihn frei. Beim Tod ihres Herrn erbten Diener häufig eine Jahresrente.

William Cobbett schreibt in *Rural Rides* über den Verlust des früheren gegenseitigen Respekts zwischen Herr und Diener und erläutert, dass Landarbeiter einst gut versorgt gewesen seien und bei den Mahlzeiten mit dem Gutsherrn an einem Tisch gesessen hätten. Die viktorianische Einrichtung isolierter Dienstbotenquartiere im unteren Stockwerk existierte noch nicht. Sklaven waren sogar in der Antike Teil der Familie und hatten die Möglichkeit, ihre Freiheit zu erwerben. Vor dem Ersten Weltkrieg lebten 128 Personen auf und von dem Gut St. Germans in Cornwall; heute sind es nur noch zwei oder drei. Die besten Herrenhäuser wurden nach Art einer Kommune geführt, in der sich alle Mitglieder die Arbeit und die Erträge teilten.

Vielleicht können wir nicht zu der glücklichen Beziehung zwischen Dienern und Herren zurückkehren, und es mag besser sein, jene beengende Dualität hinter uns zu lassen. Hilfe ohne Hierarchie – das sollte unser Ziel sein. Unzweifelhaft verringert sich die Last durch die Mitwirkung zahlreicher Personen. Wenn wir ein großes Sonntagsessen abhalten, hilft jeder bei der Zubereitung der Mahlzeit oder bringt Salate und Brot mit. Außerdem helfen alle beim Auftragen und anschließend beim Abwaschen. Wir versuchen, häufig Freunde zum Übernachten einzuladen, denn die Bürde wird erheblich geringer, wenn ein paar Leute mit anpacken. Unter solchen Umständen kann die Arbeit sogar vergnüglich sein, weil dabei geplaudert wird.

Ein Problem bei der Hausarbeit besteht darin, dass das Fernsehen, das eine unrealistische Perfektion fördert, einen absoluten Maßstab setzt. Dabei sollte der Zustand des eigenen Haushalts dem individuellen Urteil überlassen bleiben. Auch ich selbst mache den Fehler, beim Saubermachen einem absurden absoluten »Maßstab« nachzueifern, obwohl es ihn gar nicht geben kann (wie oft meine Mutter auch das Gegenteil behaupten mag). Ich rede mir das auch selbst ein, weil ich kein Chaos mag. Würden wir alle an Ort und Stelle aufräumen, hätten wir mehr Zeit für den Müßiggang.

Eine Lösung wäre natürlich die allgemeine Absenkung der Maßstäbe oder, besser noch, die Verabschiedung sämtlicher Maßstäbe (meine Mutter wäre anderer Meinung). Im Vereinigten Königreich müssen wir seit einiger Zeit eine Fernsehshow – und entsprechende Bücher – mit dem Titel *How Clean Is Your House?** ertragen. Zwei Schuld-

* »Wie sauber ist dein Haus?« In der Bundesrepublik heißt die entsprechende Sendung »Die Putzteufel – Deutschland macht sauber« (Anm. d. Übers.)

gefühle auslösende, faschistoide Matriarchinnen reisen durchs Land und beschämen die Nation, damit die Bürger aufräumen.

Wie in vielen Lebensbereichen mache ich die Viktorianer auch hier für unsere gegenwärtigen Missstände verantwortlich. In jenem dunklen, rationalen Zeitalter wurde die Parole »Reinlichkeit kommt gleich nach der Gottseligkeit« zum moralischen Maßstab: Gute Menschen haben saubere Häuser; schlechte Menschen haben schmutzige Häuser. Aber Reinlichkeit drückt keine moralische Überlegenheit aus, genauso wenig wie ihr Gegenteil ein Beleg moralischer Minderwertigkeit ist. Schließlich gibt es sogar »schmutzige« Heilige, die es für eitel hielten, sich zu waschen. Wie ich erfahren habe, wechselten auch die Tempelritter aus solch einem Grund niemals ihre Unterhose.

Außerdem akzeptiert man heute, dass übermäßige Ordentlichkeit im Landbau ökologisch anfechtbar ist. Für den ökologischen Gartenbau und die Permakultur wird geraten, stets ein Stück Land unbestellt zu lassen, um ein Habitat für die Natur mit ihrer Flora und Fauna zu schaffen. In *The History of the Countryside* beklagt der Wissenschaftler Oliver Rackham »die vandalistische Hand der Reinlichkeit«, jenen vorstädtischen Drang, alles aufzuräumen. »Alljährlich«, schreibt er, »fegt [dieser Drang] etwas Schönes oder Bedeutungsvolles hinweg.« Die Auswirkungen des Sauberkeitsfimmels bezeichnet er als »die kleinen unbewussten Vandalismen, deren Täter das Verworrene und Unberechenbare hassen, doch nichts hervorbringen«. Hingegen liebt Rackham die alte auswuchernde Hecke. In seinem Buch erwähnt er »Hoopers Regel«, die besagt, man könne das ungefähre Alter einer Hecke bestimmen, indem man die Zahl der Arten in einem dreißig Meter langen Abschnitt mit hundert multipliziert. Zum Beispiel enthält die wunderbar unordentliche Hecke in meinem Gemüsegarten Schlehe, Holunder, Weißdorn und Stechpalmen, was bedeutet, dass sie um 1600 angepflanzt worden sein muss.

Auch die fixe Idee, dass alles weiß sein muss, ist nicht hilfreich. Warum ist Babykleidung so weiß? Sobald ein Staubkorn auf ihr erscheint, wird sie in die Waschmaschine geworfen. Das Beharren darauf, dass Sachen makellos weiß sein müssen, verursacht viel unnötige Schufterei. Wäre braune Wolle kein vernünftigerer Stoff, da sie den Schmutz aufsaugen und vielleicht sogar verbergen kann? Auch weiße Plastikküchenschränke müssen dauernd gesäubert werden, während Holz kleine Flecken und Flüssigkeiten absorbiert. Es macht weniger Arbeit, braunes Holz rein zu halten, als weißen Kunststoff. Unsere Kommode aus Kiefernholz brauche ich nur selten zu säubern, während die Ikea-Möbel dauernd abgewischt werden müssen. Bettwäsche hat makellos zu sein. Es ist, als gäben wir vor, in einem viktorianischen Herrenhaus mit neun Dienern zu wohnen; doch wir müssen die Arbeit ganz allein erledigen. Kein Wunder, dass jede Frau und die meisten Männer nach der Hausarbeit fix und fertig sind. Diese enorme Arbeitslast frisst Zeit auf, in der man nutzbringender aus dem Fenster gucken oder die Erde zwischen den Kohlköpfen auflockern könnte.

Ebenfalls in der viktorianischen Epoche wurde die grässliche Glühbirne erfunden, die ihr mitleidsloses Gleißen auf unseren Schmutz und unsere Unordnung richtet.

In der georgianischen Ära, als alles mit Kerzen beleuchtet wurde, muss die Situation ganz anders gewesen sein. Wir hätten den Staub nicht gesehen und nicht so ausgiebig sauber machen müssen. Weiße Kleidung war weniger beliebt, weshalb die Wäsche nicht so oft gewaschen wurde. Frische, nach Lavendel riechende Laken, die man jeden Tag wechselte, waren ebenfalls eine viktorianische Erfindung, die erkennen ließ, wie reich jemand war, weil er sich ein vielköpfiges Personal für das Wäschewaschen leisten konnte. Das Gleiche gilt für die weiten Flächen getrimmten Rasens. Diese Zonen flacher Grünheit existierten vor dem achtzehnten Jahrhundert nicht, genauso wenig wie Tennisplätze und Krocketrasen. Alles war ein bisschen gröber, was weniger Arbeit bedeutete.

Letzten Endes könnte das Reinemachen einfach eine Beleuchtungsfrage sein. Wer ein saubereres Haus haben möchte, sollte einfach die Lichter ausknipsen und eine Kerze anzünden. Elektrisches Licht ist der Feind. Wir müssen den kalten, harschen Scheinwerfer des edisonschen Rationalismus ablehnen und zum warmen, flackernden, schönen, mitleidigen, irrationalen Licht der Kerze zurückkehren. Im Kerzenlicht brauchen die Dinge nicht so makellos zu sein. Die Verpflichtung auf allgemeine Maßstäbe, an die wir uns halten müssten, ist tyrannisch. Setz deine eigenen Maßstäbe. Tu, was dir gefällt. Hab deine eigenen Interessen im Auge.

Wir müssen auch unsere Sprache in diesem Bereich ändern. Ich schlage vor, »Hausarbeit« fortan »Hauspflege« zu nennen. Das bedeutet, dass du dich freiwillig um dein Haus kümmerst, statt aus Pflichtgefühl gegenüber einer abstrakten Obrigkeit, die dir mit dem Finger droht.

Ich beende dieses Kapitel mit einem *Idler*-Sprichwort: Statt dich über die Unordnung zu beschweren, zünde eine Kerze an. Dann siehst du sie nicht.

ZÜNDE EINE KERZE AN

15
Schluss mit der Einsamkeit

Die Gesellschaft hat getrennt die Menschen,
Das allgemeine Herz vergessend.
Wordsworth, Präludium, 1850

Eine der schrecklichsten Folgen der Reformation und dann der protestantischen Revolution war der Beginn einer umfassenden Einsamkeit. Die Theologie der mittelalterlichen katholischen Kirche hatte eine kollektive Lebensweise gefördert: Wenn das, was du tust, der gesamten Gesellschaft nützt, dann wirkst du für Gott und für deine eigene Erlösung. Daher die Betonung von Barmherzigkeit und Gastfreundschaft. Wie in primitiven Gesellschaften wurde es missbilligt, wenn man einen hungrigen Wanderer nicht einließ. Mönche und Nonnen eröffneten »Hospitäler«, die Gastfreundschaft *(hospitalitas)*, das heißt Bier und Brot und eine Schlafmöglichkeit, anboten.

Die Menschen des Mittelalters sehnten sich wie die Dichter der Antike nach einem längst vergangenen goldenen Zeitalter, über das Gnaeus Pompeius Trogus schrieb: »Niemand war Sklave, und niemand hatte Privateigentum; alle Dinge waren Gemeinbesitz und nicht voneinander getrennt, als gebe es nur ein einziges Erbe für alle Menschen.« Deshalb führte man Bräuche ein, die den Gemeinschaftssinn wiedererschaffen sollten. Es war die Ära der Nächstenliebe und der Brüderlichkeit. Solche Ideen wirken heute revolutionär. Der moderne, angeblich vernünftige Mythos »Auf dieser Welt bist du auf dich allein gestellt« war unbekannt. Doch mittlerweile ist die Nächstenliebe durch die Maxime »Dein Konsum darf nicht hinter dem deiner Nachbarn zurückstehen« und Brüderlichkeit durch Neid abgelöst worden.

Die mittelalterlichen Gebäude waren das Ergebnis gewaltiger kollektiver und kreativer Bemühungen der verschiedenen städtischen Gilden: »... ein mittelalterliches Bauwerk erscheint nicht wie eine einsame Leistung, wo tausend Sklaven ihren Teil leisteten, den ihnen die Fantasie eines Einzigen anwies, sondern die ganze Stadt trug dazu bei«, schreibt Kropotkin, der dann den Rat von Florenz zitiert: »Keine Werke sollen von der Gemeinde begonnen werden als solche, die entworfen sind im Einklang mit dem großen Herzen der Gemeinde, gebildet aus den Herzen aller Bürger, vereinigt in einem gemeinsamen Willen.«

In weniger entwickelten Ländern bewegen sich die Menschen in großen Gruppen und nicht allein, wie wir es in der U-Bahn und in Autobussen tun. In Mexiko zum Beispiel fahren Lastwagen mit zwanzig Leuten auf der Ladefläche vorbei. Kinder spielen in großen Scharen. Ganze Familien sitzen tagsüber vor ihren Geschäften. Sogar in den Supermärkten – jenen grässlichen Institutionen, die das Einkaufen zu einer so isolierten Tätigkeit machen – plaudern, lachen und klatschen die Mexikaner. In altmodischen katholischen Gesellschaften können wir einen Blick auf das mittelalterliche Leben in England erhaschen.

Im siebzehnten Jahrhundert bildete sich eine neue Lebenseinstellung heraus, als Calvin und andere erklärten, der Mensch befinde sich im Wesentlichen auf einer einsamen Reise zur Erlösung. Der zentrale Text, der diese neue Einsamkeit in England zum Ausdruck brachte und förderte, war John Bunyans Bestseller *A Pilgrim's Progress*. Bunyan lebte von 1628 bis 1688 und saß zwölf Jahre im Gefängnis, weil er ohne Priesterweihe öffentlich gepredigt hatte. In *A Pilgrim's Progress*, dem wahrscheinlich am häufigsten gelesenen Werk der puritanischen Literatur, verlässt der Pilger seine Familie auf der Suche nach Erlösung und ruft: »Leben, ewiges Leben.« Ich erinnere mich, wie ich die Bilder in dem Exemplar, das wir in unserem Haus hatten, entsetzt anschaute. Der Pilger mit seinem hässlichen Bündel auf dem Rücken unternimmt eine methodische Reise durchs Leben und führt einen einsamen Kampf. Diese Haltung spiegelt sich auch in der bourgeoisen Auffassung von der Arbeit und vom Geldverdienen wider. Boswell berichtet, Dr. Johnson habe *A Pilgrim's Progress* für ein großartiges Werk der Vorstellungskraft gehalten. Das mag zutreffen, aber musste es so deprimierend sein? Offenbar war es der selbstverleugnende, nicht der mittelalterliche, dem Vergnügen zugewandte Teil von Johnsons Charakter, der das Buch schätzte.

Man vergleiche das düstere *A Pilgrim's Progress* mit dem lebendigen (wenn auch zugegebenermaßen frommen), im vierzehnten Jahrhundert entstandenen Gedicht *Piers Plowman*, das eine »schöne Welt der Menschen« heraufbeschwört. Man vergleiche das Buch auch mit Chaucers *Canterbury Tales* (*Canterbury-Geschichten*, ab ca. 1387). Hier ist die Pilgerfahrt kein einsamer Fußmarsch wie bei Bunyan, sondern ein gesellschaftliches Ereignis. Vielleicht argwöhnten die Protestanten, dass Pilgerfahrten den Menschen Spaß machen könnten, weshalb sie nicht in Frage kamen. Pilger wandern ohne Rangunterschiede in einer großen Gruppe und erzählen einander ihre Geschichten. Nichts von Bunyans elender Frömmigkeit ist bei Chaucer zu finden. Die *Canterbury Tales* sind eine Feier des Lebens mit all seinem Chaos.

Die Vorstellung vom Leben als einsamem, wenn nicht gar paranoidem Kampf wurde auch von anderen protestantischen Denkern, etwa von Baxter und Bailey, gefördert, wie Max Weber uns in *Die protestantische Ethik und der Geist des Kapitalismus* vor Augen führt. Laut Calvin war die Erlösung nicht in einer ständigen Abfolge wohltätiger und kreativer Akte zu finden, wie man im Mittelalter gelehrt hatte, sondern in der individuellen Beziehung zu Gott:

> Das bedeutet nun aber praktisch, … dass Gott dem hilft, der sich selber hilft, dass also der Calvinist, wie es auch gelegentlich ausgedrückt wird, seine Seligkeit – korrekt müsste es heißen: die Gewissheit von derselben – selbst schafft, dass aber dieses Schaffen nicht wie im Katholizismus in einem allmählichen Aufspeichern verdienstlicher Einzelleistungen bestehen kann, sondern in einer zu jeder Zeit vor der Alternative: erwählt oder verworfen stehenden systematischen Selbstkontrolle …
>
> Tiefes Misstrauen auch gegen den nächsten Freund rät selbst der milde Baxter an, und Bailey empfiehlt direkt, niemandem zu trauen und niemanden etwas Kompromittierendes wissen zu lassen: nur Gott soll der Vertrauensmann sein.

In Cobbetts *Geschichte der protestantischen Reformation* gibt es einige wunderbare Einblicke in die »alten Sitten«. Die

Zerstörung der Klöster zog natürlich den Untergang eines sehr sichtbaren Beispiels des Gemeinschaftslebens nach sich. Die Mönche lebten, arbeiteten, aßen und beteten gemeinsam, und ihre Lebensweise folgte freiwilligen Prinzipien, nach denen gegenseitige Hilfe wichtiger war als das Verdienen von Geld. Aber die Mönche schirmten sich keineswegs gegen alle Welt ab, sondern lebten Seite an Seite mit dem Laienvolk und waren oft dessen Gutsherren.

Es war die neue Isolation, die Trennung des Menschen vom Menschen, die Wordsworth in seinem *Präludium* beklagte. Das plötzliche Interesse der romantischen Dichter an der Natur und am Menschen kam zu einem Zeitpunkt auf, als die alten Bräuche durch den individualistischen Geist der industriellen Revolution ausgelöscht wurden.

Heute verbarrikadieren wir uns in städtischen Einzelwohnungen und streiten uns auf winzigen Flächen miteinander. »Nun fahren wir also zurück in unsere einsamen, egoistischen kleinen Wohnungen«, sagte mein Freund Marcel eines Sonntagabends, als eine Gruppe von uns nach einem Wochenende, an dem wir gemeinsam ein Landhaus gemietet hatten, in die Londoner City zurückkehrte. Es ist eine Binsenweisheit, dass wir unsere Nachbarn in vielen Fällen nicht mehr kennen. Dabei hat die Tatsache, dass Menschen von einem Ort der Welt zum anderen ziehen, etwas Großartiges. Wenn ich durch die Uxbridge Road in London gehe, bemerke ich Somalier und Inder, die einfach nur herumhängen und sich in Gruppen miteinander unterhalten. Sie sitzen außerhalb ihrer Läden oder vor ihren Verkaufsständen auf dem Markt. Die meisten weißen Mittelbürger hasten an dieser Szene vorbei, um in die Sicherheit ihrer mit Alarmanlagen versehenen

Reihenhäuser zurückzukehren. Wir haben den lockeren Kameradschaftsgeist verloren, und es ist ein Glück, dass Menschen aus anderen Kulturen in unsere Städte gezogen sind und vor unserer Nase eine humanere und unterhaltsamere Lebensart demonstrieren.

Das Leben ist leichter, wenn man es mit anderen teilt. Gäste sind etwas Wunderbares. Sie unterhalten uns, sie bringen Wein und Käse mit, und ihre Kinder spielen mit unseren. Wir besprechen unsere Probleme; die Frauen beschweren sich über die Männer, und die Männer beschweren sich über die Frauen. Lasten werden leichter, wenn man sie teilt.

Es ist die puritanische Ablehnung des Frohsinns, die uns zu Übertreibungen verleitet, wonach wir uns durch Schuldgefühle und Enthaltsamkeit bestrafen müssen. Die historischen Gründe für diese Spaltung liegen auf der Hand. Die Gesellschaft hat den Menschen nicht nur vom Menschen getrennt, wie Wordsworth schrieb, sondern den Menschen auch innerlich gespalten. Wir sind sogar in uns selbst einsam und isolieren uns. Wenn dieser innere Antagonismus und all die Energie, die er verschwendet, in frohe Harmonie umgewandelt werden könnten, dann wären wir zu allem imstande, was wir uns wünschen. Die Schlacht zwischen dem neuen Streben nach Ordnung, Disziplin und Nüchternheit und der alten Hinnahme des Schicksals und dem guten Leben wird in Shakespeares *Was ihr wollt* dramatisiert, nämlich in der Auseinandersetzung zwischen dem frommen Puritaner Malvolio und dem sinnenfreudigen Sir Toby Belch. Max Weber schreibt, diese Schlacht sei entscheidend für das Verständnis der Engländer:

> Durch die englische Gesellschaft der Zeit seit dem siebzehnten Jahrhundert zieht sich der Zwiespalt zwischen der »Squirearchie«, der Trägerin des »fröhlichen alten England«, und den in ihrer gesellschaftlichen Macht stark schwankenden puritanischen Kreisen. Beide Züge: der einer ungebrochenen naiven Lebensfreude und der einer streng geregelten und reservierten Selbstbeherrschung und konventionellen ethischen Bindung stehen noch heute im Bilde des englischen »Volkscharakters« nebeneinander.

Ja, die beiden Elemente wetteifern in unserem Innern. Aber der puritanische Zug dominiert nun schon so lange, dass es wieder Zeit wird, mit anderen zu leben, zu essen und zu trinken. Wir sind gesellige Wesen, und es ist gefährlich, sich diese Geselligkeit zu versagen. Die Fährnisse des Lebens sind einfach leichter zu ertragen, wenn wir ihnen als Gruppe gegenübertreten. Daher das Gildensystem und die großen Haushalte des Mittelalters. In manchen modernen Unternehmen erinnert man sich vermutlich an solche Verhältnisse, denn man versucht, die »Markenloyalität« zu fördern, und führt Team-Bonding-Tage für das Personal durch. Aber innerhalb der bestehenden Strukturen gibt es keine echte Freiheit.

Noch heute wird unsere angeborene Geselligkeit attackiert. Ich habe gerade an einer Radiosendung teilgenommen, in der die Maßnahmen einer Regierungsorganisation gegen das Rauchen diskutiert wurden. Nachdem man das Rauchen am Arbeitsplatz verboten hat, scheinen sich nichtrauchende Kollegen nun darüber zu beschweren, dass die Raucher dauernd zu einer Zigarettenpause hinaushuschen. Folglich wird angenommen, dass Raucher weniger arbeiten als Nichtraucher. Damit steht ein Kollege gegen den anderen; wir werden ermutigt, miteinander zu konkurrieren, statt zusammenzuarbeiten.

Dieser Falle kann man entkommen, wenn man sich der Gemeinschaft zuwendet. So lässt sich die Einsamkeit beenden. Nachbarn und Freunde arbeiten zum Vergnügen zusammen. Man veranstaltet Partys und gründet Clubs. Ich habe festgestellt, dass ein gemeinsames Ziel, wie unerheblich es auch sein mag, dem Trinken im Pub eine zusätzliche Dimension des Genusses verleiht. Es bedeutet nämlich, dass man nicht bloß vor der Arbeit flüchtet. Deshalb verabrede ich mich für Besprechungen um 17 Uhr im Pub. Dann bereitet das Treffen eine besondere Freude und leitet ganz natürlich zu der weniger formellen Heiterkeit des Abends über.

Gemütlichkeit, Heiterkeit, gute Gesellschaft – dies sind die Heilmittel gegen die Einsamkeit, denn sie können dazu beitragen, das gespaltene Ich zusammenzufügen.

ÖFFNE DEINE TÜREN

16

Unterwirf dich nicht länger der Maschine, benutz deine Hände

Es ist zu bezweifeln, ob alle bisherigen technischen Erfindungen die Tageslast auch nur eines menschlichen Wesens erleichtert haben … [Maschinen] haben einer größeren Bevölkerung ermöglicht, das gleiche Leben der Schinderei und der Inhaftierung zu führen, während eine gestiegene Zahl von Fabrikanten und anderen ein Vermögen scheffelt.
John Stuart Mill, Grundsätze der politischen Ökonomie, 1848

… in demselben Maße, wie Maschinerie und Teilung der Arbeit zunehmen, in demselben Maße nimmt auch die Masse der Arbeit zu, sei es durch die Vermehrung der Arbeitsstunden, sei es durch Vermehrung der in einer gegebenen Zeit geforderten Arbeit, beschleunigten Lauf der Maschinen usw.
Marx und Engels, Das Kommunistische Manifest, 1848

We work, you play.
Werbespruch für Indesit-Waschmaschinen, 2005

Die Maschine als Erlöser und als automatisierter Sklave ist die größte Enttäuschung des industriellen Projekts. Das seit langem verheißene technologische Utopia, in dem Roboter sämtliche Arbeit verrichten, während wir uns mit Philosophie beschäftigen, edle Weine trinken und Sex genießen, hat sich nie verwirklicht. Einige unserer besonders radikalen und anarchischen Kommentatoren erhofften sich ein mechanisches Paradies, in dem die Maschinen sämtliche Arbeiten übernehmen. So schreibt der Kropotkin-Fan Oscar Wilde in *Der Zynismus und die Seele des Menschen* (1891): »Der Mensch ist zu etwas Besserem da, als Schmutz zu entfernen. Eine Arbeit dieser Art müsste von einer Maschine besorgt werden … jede Arbeit, die mit widerlichen Dingen zu tun hat und den Menschen in abstoßende Situationen zwingt, muss von der Maschine getan werden.« Unterdessen sollte der Mensch den Müßiggang pflegen. Paul Lafargue, Karl Marx' Schwiegersohn, äußert sich ähnlich in *Das Recht auf Faulheit* (1883): »Sie begreifen noch nicht, dass die Maschine der Erlöser der Menschheit ist, der Gott, der den Menschen von den ›sordidae artes‹ und der Lohnarbeit loskaufen, der Gott, der ihnen Muße und Freiheit bringen wird.« Der große Science-Fiction-Autor H. G. Wells malt sich in *Jenseits des Sirius* (1905), ein Hightech-Paradies aus, in dem die Züge mit 300 Meilen in der Stunde dahinrasen. In dem Film *Der Schläfer* zeigt Woody Allen Butler-Roboter, welche die Arbeit machen, während die Menschen herumliegen und sich vergnügen; und heute kaufen wir »Haushaltsgeräte« in der Hoffnung, dass sie uns etwas von unserer Bürde abnehmen.

Leider haben sich unsere Erwartungen nicht erfüllt. Die Maschinen haben uns nicht von der Schufterei befreit, denn sie müssen von Menschen gewartet werden und gehören den Kapitalisten, in deren Händen sie zu Werkzeugen der Versklavung und der ausgedehnten Langeweile geworden sind. Einfach ausgedrückt: Man beschäftigt Menschen zu Niedriglöhnen, damit sie Maschinen bedienen und Gewinne für die Firmeneigentümer erwirtschaften. Zudem verlangt der hohe Kapitalaufwand für große

Maschinen, dass sie so intensiv wie möglich genutzt werden, was zu Überstunden und Schichtarbeit führt. Trotzdem werden Maschinen und Technik noch immer mit dem gleichen Versprechen verkauft. Aber wenn wir versuchen, der Schmutzarbeit auf diese Art zu entgehen, verurteilen wir uns zu noch mehr Schinderei. Gegen Oscar Wildes recht lächerlichen Abscheu davor, »Schmutz zu entfernen«, wende ich ein, dass ich jeden Tag im Garten Schmutz entferne, und das ist sehr unterhaltsam.

In alten Zeiten gingen Jack und Jill einfach den Berg hinauf, um einen Eimer Wasser zu holen. Dazu machten sie, wie wir uns vorstellen können, einen angenehmen Spaziergang durch die üppige Natur und führten unterwegs vielleicht ein Gespräch. Heute dreht Jill den Hahn auf, und Jack geht zur Arbeit, um das Geld für Hähne, Schlosser, Wasserabgaben und die Instandhaltung eines enorm komplizierten Systems aus Tanks, Pumpen und Rohren zu verdienen. Oder sie kaufen im Supermarkt Wasser, das in achthundert Kilometer Entfernung abgefüllt, dann zu Lagerhäusern transportiert und mit gigantischen, Benzin saufenden Lastwagen durch das Land zu gewaltigen Einzelhandelszentren und zombiehaften Angestellten und Kunden gekarrt wurde. Wasser wird heute also unter viel mehr Mühe, Schweiß, Kosten, Langeweile und Schmerz erlangt, wenn man den Aufwand aller Beteiligten zusammenrechnet, als früher aus Brunnen. Außerdem lässt sich nicht leugnen, dass mit Brunnen viel weniger schiefgehen kann. Ein Brunnen ist effektiver als moderne Wasserwerke.

Die Maschinen sind nicht unsere Sklaven, sondern im Gegenteil, wir werden von ihnen versklavt. Am Arbeitsplatz lassen sie uns untüchtig wirken. Sie melden sich nicht krank, sie bitten um keine Lohnerhöhung, sie streiken nicht, sie machen keine Kaffee- oder Mittagspausen, sie haben keine Depressionen, sie trennen sich nicht von ihren Freunden oder Freundinnen, sie weinen nicht in der Toilette, sie schlafen nicht einmal. Deshalb gibt sich der Industrielle, der Arbeitgeber, alle Mühe, die Menschen den Maschinen anzupassen. Maschinen werden als Vorbild hochgehalten. Der Vorwurf »unprofessionell« bedeutet: »Heute hast du dich nicht wie eine Maschine benommen.«

Alle Call-Center-Chefs müssen sich auf den Tag freuen, an dem ein Computer die Anrufe übernimmt und an dem die Geschäftsführer sich nicht mehr mit lästigen Personen herumärgern müssen, die sich betrinken, sich erkälten und ab und zu einen eigenen Gedanken haben. »Das Wesen, der große Charme der Fabrik«, schrieb Eric Gill in »Painting and the Public« (1933), »besteht darin, dass man keine Arbeiter benötigt, die dem Design und der Herstellung von Rasierklingen ihren freien Willen, ihre Eigenarten, ihre Emotionen und ihren Geschmack aufzwingen wollen.« Außerdem können die Maschinen lebendiger erscheinen als die sie bedienenden roboterhaften Menschen. E. F. Schumacher zitiert in *Das Ende unserer Epoche* folgenden entsetzlichen Gedanken aus dem Brief eines britischen Arbeiters in den Siebzigern: »Maschinen sind in dem Maße zu Menschen geworden, wie Menschen zu Maschinen geworden sind. Sie pulsieren vor Leben, während sich der Mensch einem Roboter annähert.«

Unter dem Banner der Befreiung dringen Maschinen nun sogar in unser Privatleben ein. Im neunzehnten Jahrhundert besaß man die Dampfkraft; heute haben wir die

Digitaltechnik mit all ihren leeren Versprechungen. Nehmen wir zum Beispiel eines der unsäglichen neuen Geräte namens Blackberry. Abgesehen von dem Verbrechen, dass hier aus Profitgründen – wie durch zwei andere Hersteller von Digitaltechnologie, Apple und Orange – der Name einer köstlichen Frucht missbraucht wird, gibt es noch einen anderen Grund, die »Brombeere« zu fürchten, zu meiden und zu ächten: Sie lässt zu, dass sich die Sklavenarbeit noch weiter in unser Alltagsleben vorschiebt. Blackberrys können E-Mails von überall senden und an jedem Ort empfangen. Folglich hast du die Möglichkeit, das Gerät an den Strand oder in die Kneipe mittzunehmen und dort weiterzuarbeiten. Der Chef kann einen Bericht von dir verlangen, wenn du drei Bier intus hast, und deinen Abend dadurch ruinieren. Wahrhaft erstaunlich ist, dass wir diese elektronische Fußfessel aus eigener Tasche berappen. Um die Gewinne eines anderen zu steigern, lassen wir uns in unseren wenigen Augenblicken der Muße von einem wichtigtuerischen Esel am anderen Ende der Stadt, nein, der Welt stören. Laptops und Mobiltelefone haben träumerischen Eisenbahnfahrten bereits ein Ende gesetzt, und nun kann man sogar den Spaziergang zum Bahnhof nutzen, um sein Blackberry zu checken. Vor Jahren kaufte ich mir für einen Batzen Geld einen digitalen Organizer und verbrachte Stunden damit, mein Adressbuch einzutippen. Dann wurde mir klar, dass ich mir für die Kosten dieses faden Objekts Smythson-Featherweight-Notizbücher für rund zwanzig Jahre hätte leisten können. Das Smythson Featherweight ist ein schönes, in Leder gebundenes Taschennotizbuch, das den Benutzer immer wieder zutiefst erfreut.

Als die Manie der Digitaltechnologie Mitte der Neunziger begann, war ich zugegebenermaßen einer ihrer Anhänger. Ich war begeistert von Computern und dem Aufbau des Internets. Das Ganze wirkte auf den ersten Blick so befreiend: Was für eine Vorstellung, dass man über das Web jeden Text veröffentlichen und ein Publikum dafür finden konnte, ohne den Druck und den übrigen Hokuspokus bezahlen zu müssen, der mit der Produktion und dem Vertrieb eines physischen Objekts einhergeht. Anfangs fand ich sogar Gefallen an Handys, weil ich fälschlicherweise glaubte, sie könnten uns vom Büro befreien und dadurch die Faulenzerei fördern. In Wirklichkeit bewirken sie natürlich, dass man das Büro überallhin mitnimmt, denn man ist stets erreichbar. So werden angenehme Abende im Pub ruiniert, weil der Chef anruft.

Die Aufregung, die die Digitaltechnologie begleitet, entspricht genau dem Fieber, mit dem man in der Vergangenheit auf andere neue Technologien, etwa auf die Eisenbahn, reagierte. Anfangs scheint die Technologie einen neuen Nervenkitzel und das Ende von Beschränkungen zu versprechen. Ein paar sentimentale Pioniere schwärmen von den abstrakten Möglichkeiten. Aber dann machen sich die Geschäftsleute ans Werk. Opponenten und Zyniker werden als Feinde des Fortschritts verdammt. Forscher schreiben Bücher über den »neuen Weg«. Die Medien sehen eine glanzvolle Morgenröte heraufziehen. Die Dummköpfe auf der Straße – Leute wie ich – kaufen das Gerät. Eine Blase bildet sich, dehnt sich aus und platzt. Die City Boys suchen das Weite, um ihre Beute zu sichten, die kleinen Anleger machen ihre eigene Dummheit verantwortlich, und neunzig Prozent der Unternehmen verschwinden. Aber zehn Prozent bleiben zurück, und sie dominieren die Technologie. Aus diesem Grund ist das Internet mittlerweile kaum mehr als ein riesiger Versandkatalog. Schön, man kann sich online aus Enzyklopädien informieren, aber vorher war es möglich, zu Hause oder in der Bücherei Nachschlagewerke zurate zu ziehen! Und man konnte wahrscheinlich einen erholsamen Spaziergang zur Bibliothek und zurück machen. Die Digitaltechnologie mag das liefern, was man will, jedoch nicht das, was man braucht.

Um uns von dem Glauben an Maschinen und Technik zu befreien, sollten wir uns der Vergangenheit zuwenden. Ich habe entdeckt, dass es sehr leicht ist, wie ein Millionär zu leben, wenn man ein wenig in der Zeit zurückgeht. Beispielsweise kosten Super-8-Kameras aus den Sechzigern fast nichts und machen viel mehr Spaß als der grässliche Camcorder. Wer möchte schon zusehen, wie Kinder anderthalb Stunden lang auf der Schaukel spielen? Super-8-Filme sind zum Glück nur jeweils drei Minuten lang und, besser noch, stumm. Ich spiele gern einen drei Minuten langen Popsong im Hintergrund, der vage etwas mit dem Thema zu tun haben sollte. Und dann fühle ich mich nicht nur wie Paul McCartney im Jahr 1966 mit dem neuesten Dingsbums, sondern alle in dem Film sehen auch aus wie Paul McCartney im Jahr 1966. Oder wie Jane Asher. Die Filmqualität hat etwas sehr Großmütiges.

Je länger du wartest, desto billiger werden technische Geräte. Vermutlich könnte man sich einen Videorecorder heutzutage kostenlos zulegen, während man 1966, als sich sämtliche Beatles einen kauften, mehrere tausend Pfund dafür aufbringen musste. Wenn du bereit bist, auch nur ein oder zwei Jahre zu warten, werden technische Geräte zum Schnäppchen.

Und je weiter man sich technologisch zurückwendet, desto vergnüglicher wird das Leben. Ich habe mir gerade für ein Butterbrot eine Handdruckpresse mit zehn Schubladen voll Bleitypen und einem Kasten mit Krimskrams gekauft. Damit lassen sich Texte Buchstabe für Buchstabe mit der Hand setzen. Es klingt langweilig, doch in Wirklichkeit ist es ein Genuss, jeden Buchstaben zu betrachten und zu platzieren. Ich habe damit wunderbares Briefpapier mit einem, zugegeben, etwas wackligen Briefkopf hergestellt, und das hat nur ein, zwei Stunden gedauert. Natürlich hätte ich etwas Ähnliches in etwa fünf Minuten mit dem Computer zustande gebracht, aber der Prozess wäre einerseits viel weniger genussvoll gewesen, und andererseits hätte das Ergebnis niemals solch einen Charme gehabt. Die Buchstaben waren schief, die Tinte ungleichmäßig verteilt, aber ich liebte mein Papier. Es war von Menschenhand geschaffen, einzigartig, individuell. Ein Handwerksprodukt. Ich plane, mich noch weiter zurückzubegeben, meine Motorsense durch eine Handsense zu ersetzen und zu Feder und Tintenfass zu greifen. Schließlich ist es eine große Freude, einen Brief mit einem Füllfederhalter auf gutem Papier zu schreiben, statt eine E-Mail loszujagen. Beglückend ist es auch, einen echten Brief von einem Freund – vielleicht mit herauspurzelnden Bierdeckeln, Postkarten und Zeitungsausschnitten – zu erhalten. Auf Wiedersehen, E-Mail, hallo, Royal Mail.

Die Arts-and-Crafts-Bewegung glaubte nicht daran, dass Dampfkraft und Maschinen großen Maßstabs die

Menschheit erlösen würden. Ganz im Gegenteil, sie empfand die Maschine *de natura* als Mittel der Versklavung. Als Maschinen begannen, Lebensmittel herzustellen, hielten viele das Ergebnis gegenüber lediglich von Menschen gemachten Produkten für eine Verbesserung. Eric Gill erinnert sich daran, dass auf dem Dach der Backfabrik seines Heimatsorts die Aufschrift »CLARK'S MACHINE-MADE BREAD« angebracht worden war. Als er nach etlichen Jahren zurückkehrte, schien Mr. Clark einen Marketingfehler erkannt zu haben, denn nun las Gill »die ungeheuerliche Bekanntmachung: CLARK'S FARM-HOUSE BREAD«. Von dem Maschinenbrot war er also zum guten alten Bauernbrot zurückgekehrt.

Das Londoner Victoria-und-Albert-Museum veranstaltete kürzlich eine Arts-and-Crafts-Ausstellung. Sie machte mir klar, dass die Bewegung nicht bloß die private Passion von ein paar Spinnern in Ditchling war, sondern eine global einflussreiche neue Denkweise. Manche Säle waren Arts and Crafts in Japan, andere Arts and Crafts in den USA gewidmet. Ich wurde von meinem Freund Matthew von der Gentlemen's Art Appreciation Society (Kunstverständnis-Gesellschaft für Gentlemen) begleitet; sein Großvater John Valentine Kilbride gehörte zu den führenden Persönlichkeiten der Gruppe in Ditchling. Er hatte Matthew von Japanern erzählt, die auskundschafteten, was im Vereinigten Königreich vor sich ging, um dann heimzukehren und ihre eigene Kunsthandwerkstradition wiederzuentdecken. Das Erfreuliche an Arts and Crafts ist, dass die Bewegung außer der Richtlinie, schöne und nützliche Dinge möglichst weitgehend per Hand herzustellen, kein weiteres ästhetisches Programm vertrat.

Die Grundidee von Arts and Crafts unterschied sich deutlich von Wildes Vorstellung, dass Maschinen nützliche Sachen und Menschen schöne Dinge produzieren sollten. Arts and Crafts war bemüht, beides miteinander zu vereinen, etwa bei der Herstellung von Tapeten, Textilien, Tonwaren, Glaswaren und Möbeln. Kunst und Leben, durch die industrielle Revolution auseinandergerissen, sollten wieder zusammengefügt werden.

Die Distributisten, jene geradlinigen Katholiken der zwanziger Jahre, waren ebenfalls der Meinung, dass umfassend eingesetzte Maschinen ihrem Wesen nach der Knechtung dienten. In der Welt der Distributisten, wo jede Familie ein eigenes Grundstück besaß und von der Lohnsklaverei unabhängig war, sollten Maschinen im Hintergrund bleiben. Dazu Arthur J. Penty:

> [Wir] glauben, dass der Mensch letzten Endes fähig sein sollte, für sich selbst zu sorgen, und [wir] lehnen den umfassenden Gebrauch von Maschinen ab, weil er uns an diesem Vorsatz hindert. Die Spezialisierung, die Maschinen erfordern, beraubt die Menschen ihrer manuellen Geschicklichkeit und untergräbt ihre persönliche Unabhängigkeit und ihre Selbstachtung … Unzweifelhaft geht es uns in geistiger Hinsicht nicht gut, denn die uneingeschränkt verwendeten Maschinen haben nicht nur eine Spannung erzeugt, die unser gesamtes Leben mit Angst erfüllt, sie haben die Industriearbeiter auch enthumanisiert und entspiritualisiert. Sie haben ein Rachegefühl entstehen lassen, das in diesen Tagen revolutionäre Ausdrucksformen findet. Wir sollten uns nicht täuschen: Es gibt eine eindeutige Beziehung zwischen dem Wachstum des revolutionären Geistes und der Massenproduktion.

Jeder, der einmal in einer großen Fabrik, einem Lagerhaus oder einem Büro gearbeitet hat, wird mit dem unterschwellig brodelnden Ärger über das Management vertraut sein. Als ich in einer Zeitschriftenredaktion, die mir nicht gefiel, gefangen war (ich könnte auch von freiwilliger Einkerkerung sprechen, da ich jederzeit hätte kündigen können), verbrachte ich meine freien Stunden damit, mir eine vernichtende Kündigungsrede auszudenken, die ich dem Chef eines Tages halten würde. Natürlich hielt ich sie nicht, sondern gab mich damit zufrieden, im Pub zu jammern.

Die Zukunft hat immer mit Maschinen zu tun, aber ich denke an die Gegenwart. Die Zukunft ist ein kapitalistisches Konstrukt. Die Vergangenheit lehrt uns, dass die Zukunft uns viele, viele Male im Stich gelassen hat. Die technologische Utopie, dass die Maschinen die gesamte Arbeit übernehmen, hat uns schon früher enttäuscht, und auch unser neuer Glaube an die Digitaltechnologie wird uns enttäuschen. »Wenn wir von Zukunft reden, meinen wir die *Hoffnung*, die der Mensch nun in die Zukunft setzt,« heißt es in einem Schlager, den ich einmal gehört habe. Die so genannte Zukunft ist jedoch ein Teil des Anti-Lebenssystems: Wir werden durch das Versprechen zum Stillhalten gebracht, dass die Dinge irgendwann in der »Zukunft« besser werden. Die Zukunft ist Teil der klassischen protestantischen Idee von der Verzögerung des Genusses. Zum Beispiel werden Renten als Garanten einer schöneren Zukunft verkauft. Aber ich bin der Überzeugung, dass die Dinge sofort – hier und jetzt – besser werden können.

Die Arts-and-Crafts-Bewegung wurde wegen ihrer nostalgischen und sentimentalen Haltung zur Vergangenheit kritisiert. Sie mag diese Haltung vertreten haben, aber Tatsache ist, dass die Vergangenheit als große Schatzkammer der Ideen für ein gutes Leben dienen kann. Diese Ideen wurden in die Praxis umgesetzt, und ihre Ergebnisse sind sichtbar. Ideen für die Zukunft sind unerprobt, es handelt sich um Spekulationen und Fantasien. Die Zukunft ist noch nicht eingetreten, weshalb es weniger verschroben sein dürfte, sich durch die Vergangenheit – und nicht durch die Zukunft – inspirieren zu lassen. Zurzeit entwickelt sich zum Beispiel eine Bewegung, die mittelalterliche Technologien – in Form von Windmühlen und Wassermühlen – neu zu nutzen, weil wir endlich begreifen, dass es überaus teuer und verschwenderisch ist, Energie aus einer zentralisierten Quelle zu kaufen, statt sie selbst zu produzieren. Und jeden, der das industrielle System verteidigen möchte, bitte ich lediglich, Florenz mit Swindon zu vergleichen. Sogar der eingefleischteste Relativist wird mir zustimmen, dass Florenz schöner ist. Es wurde von Menschen gebaut, die Maschinen benutzten, nicht von Maschinen, die Menschen benutzten, und es ging aus einer kleinformatigen föderativen Struktur hervor. Alles Positive, was heute im Bereich von Arbeit, Kunst und Leben geschieht, ist trotz, nicht infolge unseres Systems eingetreten.

Deshalb sage ich: Wirf die Maschinen weg. Sie haben uns im Stich gelassen. Sie sind laut, teuer und erzeugen Einsamkeit. Denk nicht: »Was will ich besitzen?«, sondern: »Worauf kann ich verzichten?« Der moderne Bauer verbringt den ganzen Tag damit, allein mit seinem Trecker auf seinem Feld hin und her zu fahren und Dünger zu verteilen. In alten Zeiten wäre diese Aufgabe durch eine

Gruppe von Männern erledigt worden, die zusammengearbeitet, geplaudert, Pause gemacht und ihren Körper eingesetzt hätten. Maschinen trennen uns von uns selbst. Das gilt jedoch nicht für das Werkzeug. Spaten, Meißel, Sichel, Taschenmesser – das sind Instrumente der Befreiung.

BENUTZ EINE SENSE

17

Ein Lob auf die Melancholie

Eine schlimme und verdrießliche Krankheit,
die Menschen zu Tieren entarten lässt.
Melanelius, zitiert von Burton

Groß ist die Kraft der Einbildung, und in viel
höherem Maße sollte die Melancholie dieser Ursache als
der Störung des Körpers zugeschrieben werden.
Arnoldus, zitiert von Burton

Einige Autoren erwähnen etliche tausend Gifte;
aber das sind Kleinigkeiten im Hinblick auf
den größten Feind des Menschen – den Menschen selbst.
Denn der ist durch die Einflüsterungen des Bösen stets bereit,
Unheil anzurichten, und erweist sich als sein eigener Henker,
als Wolf, als Satan sich selbst und den anderen gegenüber.
Robert Burton, Anatomie der Melancholie, 1621

In der ärgerlichen Frage der Melancholie, der Depression, der schwarzen Galle müssen wir uns an den Weltexperten wenden, den berühmten, gelehrten Analytiker und sanften Denker Robert Burton, der 1621 das heiterste und erheiterndste aller Bücher, *Anatomie der Melancholie*, schrieb. Boswell berichtet, der melancholische Johnson habe es »das einzige Buch« genannt, »das ihn je bewog, zwei Stunden früher, als er wollte, aus dem Bett zu steigen«. Seinerzeit war es ein Riesenbestseller und wurde mindestens achtmal aufgelegt, wodurch »der Buchverkäufer ein Landgut erlangte«, wie es in meiner Ausgabe heißt. Wirf das Fluctin weg und kauf dieses Buch.

Der überwältigende Erfolg sollte nicht überraschen, denn das Werk erschien in einer elenden Epoche. Merry England war tot oder lag im Sterben. Burtons Buch, 780 Seiten des vergnüglichsten Kummers und glücklicherweise entstanden, als bipolare Störungen noch Melancholie genannt wurden, erschien ungefähr auf halbem Wege zwischen der Reformation Heinrichs VIII. und der industriellen Revolution, diesen beiden Katastrophen für Liebhaber des Lebens und der Freiheit. Mittelalterliche Werte waren noch verbreitet, doch die Ära der Angst, des Puritanismus, des Individualismus und der Geldgier begann bereits an Einfluss zu gewinnen. Merry England wurde von der neuen puritanischen Mittelschicht aufs Korn genommen. Das Bevölkerungswachstum hatte zu einer massiven Zunahme der Armut geführt. Die Tudors griffen hart durch gegen Bettler und Müßiggänger, umherziehende Musiker und Schauspieler. Cranmer hatte die alten religiösen Feste verboten. Lustbarkeiten an Sonntagen wurden heftig kritisiert. Die Freude wurde aus dem nationalen Leben herausgefiltert. Deshalb darf man annehmen, dass es 1624 mehr melancholische Menschen gab als etwa im fünfzehnten Jahrhundert, als ein solches Buch nicht geschrieben zu werden brauchte. Auch wurde es fast zeitgleich mit Shakespeares Studie der Isolation, *Hamlet*, und Marlowes Studie des Ehrgeizes, *Dr. Faustus*, veröffentlicht. Außerdem schrieb Burton es während der großen Ausweitung der Regierungsmacht im sechzehnten und siebzehnten Jahrhundert.

Die Basis für Burtons Buch liefern Tausende von Zitaten aus klassischen Quellen zum Thema Melancholie (weshalb es traditionell von Autoren geplündert wird, die durch lateinische Zitate klug aussehen wollen). Die zitierten Texte lassen vermuten, dass auch die alten Römer und Griechen unter Melancholie litten, was mich nicht überrascht, denn insbesondere die Römer lebten in einer raubgierigen, kriegerischen, ausbeuterischen Oligarchie, ähnlich wie die Briten und die US-Amerikaner heute. Manche von ihnen mochten Gefallen daran gefunden haben, aber für die Masse der Bürger und Sklaven führte diese Situation zu größtem Leid.

Es könnte allerdings ebenso sein, dass die Melancholie unabhängig von äußeren Faktoren einfach zum Leben gehört. Burton sinniert über die Ursachen der Schwermut und merkt an, sie hätten den Menschen wohl seit dem Sündenfall verfolgt. Pech gehabt, scheint Burton anzudeuten, du musst eben damit fertig werden. Melancholie ist Teil der menschlichen Befindlichkeit, seit Gott uns aus dem Garten Eden vertrieb und uns dazu verurteilte, zu graben und zu spinnen:

> Es ist [des Menschen] Ungehorsam, Stolz, Ehrgeiz, Zügellosigkeit, Ungläubigkeit, Neugierde, woraus die Erbsünde hervorging und jene allgemeine Verderbnis der Menschheit; wie aus einem Brunnen flossen alle schlimmen Neigungen und Verstöße, die das uns wegen unserer Sünden auferlegte Unheil verursachen ... Melancholie ist mithin eine Bestrafung für das Böse: Römer 2,9: »Trübsal und Angst über alle Seelen der Menschen, die da Böses tun.«

Es gibt also kein Entkommen. Sogar die Klugen, Glücklichen und Wohlhabenden leiden, wie Burton schreibt, unter Melancholie:

> [Und] von diesen melancholischen Anwandlungen ist keine lebende Seele frei. Niemand ist ein so vollendeter Stoiker, niemand so weise, so glücklich, so geduldig, so großmütig, so fromm, so göttlich, dass er davon unberührt bliebe. Er mag in bester Verfassung sein, ab und an und manchmal mehr, manchmal weniger, fühlt er doch diesen Schmerz … Auch Q. Metellus, den Valerius als Inbegriff des Beneidenswerten vorstellt und von dem er berichtet, er sei der glücklichste aller Zeitgenossen, geboren im blühenden Rom, edler Abstammung, eine stattliche Erscheinung, gebildet, gesund, reich, ehrenwert, Senator und Konsul, gesegnet mit seiner Gattin, seinen Kindern, konnte sich der Melancholie nicht immer entziehen und hatte sein Maß an Kummer zu erdulden … Für ein Pfund Honig handelt man sich die zehnfache Menge Galle ein, für ein Gläschen Vergnügen einen Krug Leids, für einen Fingerbreit Freude eine Elle Jammers. Wie Efeu eine Eiche umschlingt, so ist unser Dasein von Elend umgeben.

Das allein ist Grund zum Jubeln: Wenn du deprimiert bist, fehlt dir überhaupt nichts, meint Burton. Es ist ganz natürlich!

Im Mittelalter zog man viele Verbindungen zwischen Sünde der Faulheit und der Melancholie. Die ursprüngliche Bezeichnung für die siebte Todsünde war *acedia*, also Trägheit des Geistes oder Traurigkeit. Dazu schrieb Thomas Pynchon 1993 in seinem Essay »Nearer, My Couch, to Thee«:

> »*Acedia*« bedeutet auf Lateinisch: bewusst auf einen selbst gerichtete, von Gott abgelenkte Sorge, einen Verlust der geistigen Entschlossenheit, der ... das hervorbringt, was zurzeit als Schuldgefühl und Depression bekannt ist, und uns schließlich so weit treibt, dass wir alles tun, ... um dieses Unbehagen zu vermeiden.

Acedia war uneingeschränkte Resignation. Mit diesem Begriff beschrieb man einen Mönch, der nichts mehr für der Mühe wert hielt, seinen Glauben verlor, die religiösen Bräuche vernachlässigte und jammerte: »Ach, welchen Sinn hat das alles?«, wenn ein Glaubensbruder versuchte, ihn aus seiner Zelle zu holen. Faulheit war die schlimmste aller Sünden, da sie den Weg zu den anderen Sünden bereitete.

Mit anderen Worten, Depression galt als Sünde, was eine doppelte Belastung gewesen sein muss: Denn du warst nicht nur deprimiert, sondern dir war auch klar, dass du durch deine Depression eine Todsünde begingst. Dadurch dürfte der Betreffende noch deprimierter und damit noch sündiger geworden sein – und so weiter und so fort bis in den siebten Kreis der Hölle.

Als eine der Ursachen der Melancholie nennt Burton auch schlechte Ernährung. Schweine-, Ziegen-, Rindfleisch, Wildbret, Fisch, Hülsenfrüchte, Wurzelgemüse, Gurken, Kürbisse, Brot und Wein – alles scheint Übles bewirkt zu haben. Bier kommt vielleicht noch am glimpflichsten davon: »Es ist ein höchst gesundes (wie Polydor Vergil meint) und angenehmes Getränk ..., denn der Hopfen, der es verfeinert, hat eine besondere Wirkung gegen Melancholie, wie unsere Kräuterkenner zugeben.« Ich habe ebenfalls oft festgestellt, dass Bier ein wirkungsvolles Mittel gegen schwarze Galle ist.

Eine von Burtons weiteren Lösungen ist Fröhlichkeit: »Nach meinem Urteil ist nichts so präsent, so kräftig, so angemessen wie ein Glas mit einem starken Getränk, Frohsinn, Musik und muntere Gesellschaft.« Er nennt die Musik ein prächtiges Mittel »gegen Melancholie, um die schmachtende Seele aufzumuntern und wiederzubeleben«. Hierin besteht auch die Wirkung von Jazz oder Rock 'n' Roll oder moderner Tanzmusik. Musik lässt uns zu uns selbst finden, sie ist das genaue Gegenteil einer Ablenkung. Alle anderen Dinge sind jedoch nur Ablenkungen, weil sie mit Hoffnung oder Bedauern zu tun haben. Musik befördert uns in die Gegenwart. Sie kann uns umformen. Das beweist etwa der Blues, der Soundtrack der Sklaverei: Er macht aus dem groben Stoff des Elends etwas Gutes und Lebensbejahendes.

Eine ähnliche Einstellung zur Melancholie ist in mittelalterlichen Texten zu finden, die für eine gute Gesundheit fröhliche Gedanken empfehlen und das fördern, was die Historikerin Linda Paterson »eine vorsätzlich heitere Stimmung« nennt. Zum Beispiel schrieb Peir d'Alvernhe, ein Troubadour des dreizehnten Jahrhunderts:

> Denn Trübsinn und tiefes Brüten bringen nichts Gutes oder Mutiges hervor, sondern richten nur Schaden und Zerstörung an; wie jegliche verletzende Bitterkeit aus Habgier hervorgeht, so entspringen alle finsteren Taten ständiger Verdrießlichkeit. Wer sich nach Freude sehnt, sollte deshalb auf dem geraden Pfad bleiben und Trübsinn und niederträchtige Blicke Schurken und gemeinen Flegeln überlassen.

Heute sind gute Gesellschaft, froher Mut und gutes Bier als Heilmittel verschwunden. Melancholie ist professionalisiert, zur Ware gemacht, industrialisiert worden. Man hat sie in einen »Zustand« verwandelt, der einer teuren chemischen Behandlung bedarf. Und die Namen der Medikamente klingen nach fernen Sternensystemen in einer *Raumschiff Enterprise*-Sendung. Außerweltlich, ein Manna ganz besonderer Art vom Himmel und zweifellos ohne Charme, steril, antiseptisch, kühl-rational, unromantisch, frei von Heiterkeit. Diese Pillen bringen ihren Dealern, den Arzneimittelherstellern wie GlaxoSmithKline, Wellcome, Pfizer und den Übrigen unglaubliche Gewinne ein. Depression ist ein großes Geschäft.

Im Jahr 2000 erreichte der mit rezeptpflichtigen Antidepressiva in den USA erzielte Umsatz zehn Milliarden Dollar, und diese Zahl steigt mit jedem Jahr steil an. Man schätzt, dass jeder fünfundzwanzigste Erwachsene im Vereinigten Königreich ein Antidepressivum einnimmt; dazu kommen 60 000 Kinder, der neue Markt. Es ist eine Wachstumsbranche. Beteilige dich am Geschäft mit der Depression! Kohle dank Krankheit! Bares dank Beschwerden! Das mögen vorzügliche Nachrichten sein, wenn du Vorstand oder Aktionär eines der Pharmagiganten bist, aber die ganze Misere erzeugt enorme Kosten für das Gesundheitssystem. Und richten die Medikamente irgendetwas aus? In einer noch nicht lange zurückliegenden Studie wurde die Einnahme von Antidepressiva sogar mit einem höheren Selbstmordrisiko in Verbindung gebracht. Doch damit noch nicht genug: Anscheinend nehmen so viele diese Mittel ein, dass sie durch die Ausscheidungen in den Wasserhaushalt und damit in das Trinkwasser gelangen, wodurch wir unfreiwillig zu Konsumenten von Psychopharmaka werden.

Andere Drogen wie Ativan und Alprazolam werden als Beruhigungsmittel verkauft. Natürlich verliert nie jemand ein Wort darüber, dass vielleicht nicht du selbst an deiner Depression schuld bist, sondern dass sie auf die Anforderungen zurückgeführt werden kann, die man in unserer überaus wettbewerbsorientierten, meritokratischen, geldzentrierten, gottlosen Gesellschaft an dich stellt. Ja, du bist deprimiert, aber das ist nicht deine Schuld, sondern die der dich umgebenden Umwelt. Also ändere nicht dich, um dich einer wenig hilfsbereiten Welt anzupassen, sondern ändere stattdessen dein Umfeld.

Ein Freund von mir, der unter »Depressionen« leidet, ist John Moore. In seinem Fall spricht man von »bipolarer Störung«, doch ich finde, es klingt respektvoller, nobler und angenehmer, von Melancholie zu reden. In einem früheren Buch habe ich John als den faulsten Mann der Welt beschrieben. Dabei habe ich jedoch nicht erwähnt, dass er von chronischer Schwermut geplagt wird. Seine Galle ist schwarz. Wenn seine ehemalige Frau versuchte, ihn morgens aus dem Bett zu holen, erklärte er immer: »Ich stehe auf, wenn es sich lohnt aufzustehen.« Dazu Burton: »Es ist eine zutreffende Lehrmeinung, dass ein Melancholiker gar nicht zu viel ruhen kann … und nichts die Krankheit leichter auslöst und verschlimmert als übermäßiges Wachen.« Na ja, Müßiggänger wissen Bescheid: Victoria tadelt mich täglich, weil ich beim Aufwachen zu grantig bin.

John nimmt seit über vier Jahren Antidepressiva ein. Er begann damit, wie er berichtete, weil Gruppenzwang auf ihn ausgeübt wurde; seine Melancholie machte ihn arbeitsunfähig:

> Ich glaube, ich fing an, sie zu nehmen, um zu zeigen, dass ich sie einnahm, denn man erklärte mir, meine Depression sei inakzeptabel. Ich musste nachweisen, dass ich auf dem Weg war, zu einem Mitglied der Gattung der Fernsehgucker zu werden. Man muss Medikamente einnehmen, um sich *Pop Idol* und *X Factor* anschauen zu können.
>
> Ich möchte sie absetzen, aber nun bin ich süchtig. Also müsste ich einen kalten Entzug machen, aber es ist schwierig, die erforderliche Zeit zu finden, wenn du in der Arbeitstretmühle stehst. Mein Arzt meint, es sei nicht nötig, sie abzusetzen; manche Leute würden sie ihr ganzes Leben lang nehmen.

Solche Äußerungen sind von Ärzten zu erwarten. In den Vereinigten Staaten beispielsweise gibt die Pharmaindustrie siebzehn Prozent ihres Umsatzes für Marketing und Werbung aus. 1998 waren das sieben Milliarden Dollar. Mit diesen Geldern werden hauptsächlich Golfreisen nach Barbados und ein endloser Strom von Kugelschreibern und Notizblöcken für jene von der Gemeinschaft bezahlten Drogenverkäufer finanziert, die wir Ärzte nennen.

> Die mentale Wirkung ist subtil: Wenn du vorher tiefe Emotionen verspürt hast, so werden sie nun abgeflacht. Aber die Medikamente lösen das Problem nicht. Für mich sind sie wie Heftpflaster, nichts als Pfuscharbeit. Antidepressiva sind ein Synonym für Flickschusterei und Mangel an Qualität.

Die Vision von einer Welt, in der alle Antidepressiva einnehmen, ist deprimierend: Diese Medikamente glätten die Ecken und Kanten, in denen sich das Leben verbirgt. Durch sie werden dir Scheuklappen verpasst. Sie lassen alles einförmig werden, damit wir in der Gesellschaft funktionieren und weiterhin klag- und gedankenlos arbeiten können. Diese Umgestaltung wiederum macht uns krank und deprimiert, und so setzt sich der Prozess fort. Norman Mailer schrieb, dass sich die Hipster der Vierziger gegen »einen langsamen Tod durch Konformität« wehrten, »wobei jeder rebellische und kreative Instinkt unterdrückt wurde (mit welchen Schäden für den Geist und das Herz und die Leber und die Nerven, wird keine Krebsforschungsgesellschaft je herausfinden) ...«

Moore ist der Ansicht, dass wir unsere schwarze Galle akzeptieren und von ihr lernen sollten. In seinem Fall werde – so sicher wie das Frühjahr dem Winter folge – die Misere ein paar Monate dauern, wonach sich wieder eine Zeit des Glücks und der Kreativität anschließe:

> Man verschafft sich so viel mehr Klarheit über die Dinge. Es ist wie beim Angeln: Du gehst unter die Oberfläche und holst Sachen heraus, die sehr nützlich sind. Es hätte keinen Keats, Byron oder Shelley gegeben, wenn sie auf Fluctin gesetzt worden wären. Die Gesellschaft braucht Manisch-Depressive, sie braucht Höhlenforscher, die Schätze aus der Unterwelt hervorholen und sie polieren und in schöne, funkelnde Dinge verwandeln.

Die orthodoxe Lösung der Tabletten und des Auslöschens berücksichtigt die Tatsache nicht, dass Melancholie erfreulich und sogar nützlich sein kann. Burtons Beschreibung jener Freuden deutet auf die romantischen Dichter hin, die in der Wildnis umherwandern und dann in Ruhe ihre Gefühle heraufbeschwören:

> … zuerst ist es dem melancholisch Veranlagten höchst angenehm, ganze Tage im Bett und auf seinem Zimmer zu verbringen, in einem einsamen Hain an einem Bächlein entlangzuwandern und vergnüglichen Gedanken nachzuhängen. Es scheint ihm eine unvergleichliche Lust, sich der melancholischen Stimmung hinzugeben, in sich hineinlächelnd Luftschlösser zu bauen und sich in eine Unzahl von Rollen hineinzuversetzen und hineinzusteigern, mit denen er sich identifiziert oder in denen er andere hat agieren sehen.

Es wäre also sinnvoll, die Melancholie zu akzeptieren, statt sie zu unterdrücken. Allein die Umbenennung von Depression in »Melancholie«, ein viel anschaulicheres und ausdrucksvolleres Wort, kann zur Entschärfung der Situation beitragen. »Bipolare Störung« klingt feindlich. Melancholie dagegen hat etwas Cooles an sich: Das Wort klingt nach Kerzen, romantischer Liebe, Dachkammern, Seiten eines halb beendeten Manuskripts, die dem Schreiber aus der Hand fallen, nach sehnsüchtigem Seufzen, weiten weißen Hemden, dem Tod Chattertons, des achtzehnjährigen Dichters. Melancholie ist neu erschaffene Depression. Statt »Ich bin deprimiert« sollte man besser sagen: »Ich fühle mich heute schwermütig, also bleibe ich lieber zu Hause oder mache einen Spaziergang durch den Obstgarten.« Dann verwandele dein Elend in einen kreativen Akt.

Außerdem meine ich, dass Medikamente, Therapie und Selbsthilfebücher dem Einzelnen eine zu große Last aufbürden. Sie sagen aus, dass du durcheinander, schuldig, instabil, anomal, in einem chemischen Ungleichgewicht, extrem, verdreht bist und deshalb geheilt und wieder in die Gesellschaft eingegliedert werden musst. Aber könnte es nicht genauso gut der Fall sein, dass nicht das Individuum schuld ist, sondern die Gesellschaft mit ihren verfluchten Klingeltönen und ihrer Arbeitsmanie? Die Welt ist verrückt, nicht ich. Die Revolution des Individuums als Befreiung vom Kollektiv hat zur Straffung der vom Geist geschmiedeten Fesseln geführt.

Man könnte einwenden, dass ich widersprüchlich argumentiere: Erst mache ich die Gesellschaft und nicht den Einzelnen für unsere Depression verantwortlich; ich gebe dem Kapitalismus, dem Ding, dem Konstrukt, der Genossenschaft – wie immer wir es nennen wollen – die Schuld an unserem Elend; dann fahre ich fort, dass jeder Mensch selbst für sein Leben verantwortlich sei und dass die Schuldzuweisungen aufhören müssten. Das Paradoxon ist: Beide Aussagen treffen zu. Wir sind sowohl die Ursache als auch die Folge des Kapitalismus. Wenn ich die Gesellschaft beschuldige, mache ich auch dem Individuum Vorwürfe, denn wir als Individuen sind mitschuldig an der Schaffung der Gesellschaft, die uns unterdrückt. Deshalb sind wir unsere eigenen Unterdrücker, und deshalb sind wir eindeutig nicht und gleichzeitig doch auch fundamental schuld an der bestehenden Situation. Aber immerhin können wir uns andererseits zur Schaffung der guten Dinge in der Gesellschaft beglückwünschen.

Es kommt darauf an, Verantwortung zu übernehmen und entsprechend zu handeln. Zu kündigen, die Stimmabgabe zu verweigern, keine Pharmadrogen zu nehmen – dies sind keine Akte der Apathie, sondern Ausdruck einer radikal neuen Beziehung unseres eigenen Ichs zur Gesellschaft. Faul und apathisch ist man hingegen, wenn man einen Arbeitsplatz hat, seine Stimme abgibt und Fluctin schluckt, denn auf diese Weise überlassen wir anderen die Kontrolle über unser Leben und akzeptieren stillschweigend, dass wir mehr oder weniger nutzlos sind, wenn wir uns nicht krümmen, um uns in ein für uns vorgeplantes Handlungsmodell einzupassen. Dies sind Akte des Aufgebens. Sobald du dich aber von den dich fesselnden Strukturen löst, beginnst du, dir ein neues Leben der Eigenständigkeit aufzubauen. Und Eigenständigkeit hilft dir im Gegensatz zur Heftpflastermethode, dich mit deiner Melancholie abzufinden, statt sie mit Medikamenten zu verbannen. Ohnehin wirken Medikamente nicht: Eine Untersuchung nach der anderen bestätigt, dass Placebos die gleiche Wirkung haben wie Tabletten und dass der Körper selbst es ist, der die Genesung herbeiführt. Auch gute Ärzte helfen dabei: Wenn der Patient dem Arzt vertraut, ist es wahrscheinlicher, dass der Körper sich selbst heilt.

Eine sehr einfache Lösung für diejenigen, die ein Gegenmittel zur Melancholie suchen, ist körperliche Arbeit. Brotbacken, Gartenarbeit, Tischlern – diese Dinge sind produktiv, kreativ und verlangen einen körperlichen Einsatz. Sie vereinigen Körper und Seele und erzeugen ein Gefühl der Harmonie. Man mag überrascht sein, dass ein Müßiggänger die Vorzüge körperlicher Arbeit empfiehlt, aber sie ist unzweifelhaft hilfreich. Wir müssen die seelenzerstörende durch eine seelenerschaffende Arbeit ersetzen.

In seiner »Ode an die Melancholie« (1820) rät Keats, sich nicht volllaufen zu lassen (was er als Lethe bezeichnet) und keine Antidepressiva zu nehmen (die er Bilsenkraut und Nachtschatten nennt). Stattdessen schlägt er vor, einen Spaziergang zu machen, die Blumen zu betrachten und einzusehen, dass Melancholie eine Schwester der Freude ist und anerkannt werden muss:

1.
Nein, nein, geh nicht zu Lethes dunklem Reiche,
Dem Bilsenkraut musst du den Saft nicht rauben;
Und leide nicht, dass dir die Stirn, die bleiche,
Nachtschatten küsse mit den Purpurtrauben;
Flicht nicht den Rosenkranz aus Taxusbeeren,
Lass nicht den dunklen Totenfalter sein
Der Psyche Bild – und nicht die Eule wähle,
Um deines Grams Mysterien zu hören.
Auf Schatten dringt zu traumhaft Schatten ein,
Umnebelt wird die wache Angst der Seele.

2.
Doch soll die Schwermut dir vom Himmel sinken,
Schnell, wie die Wolke weinend niederquillt,
Aus der die welken Knospen Leben trinken
Und die in Schnee die grünen Hügel hüllt,
Dann lass am Rosentau dein Leid sich weiden,
Am Regenbogen auf der salzigen Flut,
An der Päonie reicher Blütenpracht.
Und will im Zorn dich die Geliebte meiden,
Fass ihre Hand, lass ihr den raschen Mut
Und schau ihr tief, tief in des Auges Nacht.

3.
Sie weilt bei Schönheit – Schönheit, welche stirbt,
Und Freude, die zum Abschied an die Lippen
Den Finger drückt, und Wonne, die verdirbt,
Zum Gifte wird, wenn Bienen daran nippen
Ja, grade in der Freude Tempel lässt

Die Schwermut sich errichten den Altar;
Nur sichtbar ihm, der kühn voll Leidenschaft
Den Kelch der Lust an seine Lippen presst;
Sein Geist allein wird ihre Macht gewahr,
Und als Trophäe hält sie ihn in Haft.

SCHMEISS DIE TABLETTEN WEG

18
Jammer nicht; sei fröhlich

Es ist unsinnig, sich beklagen zu wollen,
weil ja nichts Fremdes darüber entschieden hat,
was wir fühlen, was wir leben oder was wir sind.
Sartre, Das Sein und das Nichts, 1943

Sir, ich habe mich noch nie über die Welt beklagt,
und ich glaube auch nicht, dass ich Grund zur Klage habe.
Man kann sich eher darüber wundern,
dass ich so viel habe.
Dr. Johnson, in: Boswell,
Das Leben Samuel Johnsons, 1781

Als ich mich durch *Das Sein und das Nichts* von Sartre hindurcharbeitete, stellte ich zu meinem Erstaunen fest, wie praktisch die Existenzphilosophie ist, wenn man sie auf das Leben anwendet. Auf den ersten Blick scheint das Buch schrecklich abstrakt und wissenschaftlich zu sein, voller Ausführungen über Sein für sich selbst und Sein für andere, über Faktizität und Essenz. Aber den Kern des Projekts bildet der schlichte Aufruf, die Verantwortung für unser Leben zu übernehmen und zu begreifen, dass wir unsere eigenen Reaktionen bestimmen und uns für die Freiheit entscheiden können. Wenn im Herzen des Menschen ein Nichts ist – eine Ansicht, die auch Thomas von Aquin vertritt –, dann liegt es an uns, Sinn zu schaffen. In unserer Trägheit meinen wir, der einzige uns verfügbare

Sinn sei der zufällig in unserer Gesellschaft vorherrschende: in Form der uns überlieferten Mythen, des bourgeoisen Konstrukts. Doch schon ein flüchtiger Blick auf die Gesellschaften der Geschichte und anderer Kulturen der Welt sollte uns deutlich machen, dass die Art, wie wir im industrialisierten Westen vorgehen, nur eine unter unzähligen Möglichkeiten ist.

Zum Beispiel kann ich mich nicht darüber beklagen (was ich trotzdem tue), dass man mich als Autor dieses Buches ausbeutet. Dadurch, dass ich diesen Text einem großen Unternehmen anbiete, akzeptiere ich, dass ich zehn Prozent des Ladenpreises erhalte und dass andere die übrigen neunzig Prozent unter sich aufteilen. Dabei handelt es sich um verschiedene Spekulanten, die hoffen, mit meinem Text Geld zu verdienen: um den Verleger, den Großhändler und den Einzelhändler. Darüber könnte ich mich beklagen, doch da ich mich dem System freiwillig angeschlossen habe, wäre das sinnlos. Als Alternative könnte ich die volle Verantwortung für mein Buch übernehmen und es im Selbstverlag herausbringen. Ich könnte durch das Land fahren, Buchläden aufsuchen und den Ladenbesitzern vorschlagen, eine Bestellung aufzugeben.

Jammern heißt, sich seiner Verantwortung zu entziehen. Manche verdienen damit Geld, besonders Anwälte. Bei Scheidungen zum Beispiel empfehlen sie beiden Partnern, dem anderen die ganze Schuld an den Problemen der Beziehung zuzuschieben. Anwälte sind Experten darin, den Kläger von jeglicher Verantwortung zu entlasten; sie versichern ihrem Mandanten, er trage nicht die geringste Schuld, vielmehr sei die andere Seite offensichtlich übergeschnappt. So etwas macht süchtig. »Anwälte sind wie

Heroin«, sagt mein Freund Bill Drummond, und meiner Erfahrung nach hat er recht. Sie sorgen dafür, dass man sich wohlfühlt und dass man mehr und mehr von dem haben will, was sie anbieten. Außerdem sind sie sehr, sehr teuer.

Ich habe meinem Sohn Arthur erklärt, dass er nicht zur Schule zu gehen braucht, wenn er es nicht will. Es gibt andere Möglichkeiten, ihn auszubilden und aufzuziehen. Wenn er in die Schule geht, dann deshalb, weil er sich dafür entschieden hat. Ein Soldat hat sich entschieden, die Möglichkeit zu akzeptieren, dass er in einem Krieg kämpfen und sich auf Tod oder Verwundung einstellen muss.

Trotzdem jammern wir alle. Ich zum Beispiel stöhne dauernd über die Steuern und die Bürokratie. Sicher, es kann Spaß machen zu jammern, und mein Freund Murphy behauptet: »Ich stöhne gern.« Das ist vermutlich in Ordnung. Wenn du zugibst, dass du gern jammerst, dann übernimmst du die Verantwortung dafür, und du begreifst es als Jammern, nicht als rationale, objektive Reaktion auf die Umstände.

Wir mögen zu Recht empört über den vorhandenen Grad an Ausbeutung, Brutalität und Kontrolle sein. Darüber können wir uns beklagen, aber wir müssen auch unsere Mitschuld an der Situation einräumen. Wenn du dich über deinen Arbeitsplatz beschwerst, dann solltest du kündigen und dir eine eigene Beschäftigung aufbauen.

Vor kurzem habe ich an Frauen etwas Schockierendes entdeckt. Wenn sie sich beklagen, *suchen sie anscheinend nicht nach Lösungen*. Sie wollen einfach nur jammern, damit ihr Mann mit ihnen sympathisiert und ihnen zustimmt. Auf keinen Fall wollen sie das, was sie von Ehemännern gewöhnlich hören: einen Ratschlag. Sie wollen keine Empfehlung, »einen Kurs zu belegen« oder »sich eine Arbeit zu suchen«, sondern sie möchten bloß jammern. Das kommt einem geradlinigeren Mann verrückt vor. Aber so ist es nun mal. Vielleicht hilft ja die Bestätigung, dass das Jammern vergnüglich sein kann. Victoria meint, dass ich fluche, statt zu jammern. Dadurch mache ich meinem Zorn Luft, um mich dann wieder normal zu verhalten.

Wir sollten unsere Klagen für uns behalten und die Dinge, die wir hassen, durch Dinge ersetzen, die wir lieben. Zum Beispiel bebaue ich nun, statt zum Supermarkt zu fahren, einen Gemüsegarten, habe Freunde, die mich besuchen, Bücher, ein Pferd und Umgang mit Leuten, die ich mir selbst aussuche. Vermeide den Blödsinn. Ignoriere ihn. Ja, die Welt ist voll von Schrott und den denkbar schlimmsten Produkten. Also ignoriere sie und schaff dir eine erfreuliche Welt mit hochwertigen Produkten.

Wenn ich ein Konto habe, kann ich mich nicht darüber beschweren, dass ich der Bank Zinsen und Gebühren zahlen muss. Aber es liegt auf der Hand, dass sie versuchen wird, so viel Geld wie möglich aus mir herauszuquetschen. Das entspricht ihrem Wesen als Bank. Alternativ könnte ich auf ein Konto und eine Kreditkarte verzichten.

Besonders häufig knurre ich über Tankstellen. Wenn ich einen solchen Höllenpfuhl mit teurem Gerümpel aufsuche, überkommt mich Snobismus. Arme Trottel, denke ich, die ihr auf all den Mist hereinfallt. Dann wird mir klar, dass ich selbst ebenfalls auf den Mist hereinfalle. Was also gibt mir das Recht, mich den anderen überlegen zu fühlen? »Wer zum Teufel sind all diese Leute?«, stöhnen wir, wenn wir im Verkehr stecken bleiben. Na ja, sie sind wir, denn wir gehören schließlich mit dazu. Manchmal jedoch, wenn ich beschlossen habe, heiterer Stimmung zu sein, sitze ich im Bus, der durch die Oxford Street fährt, und bin entzückt von der Vielfalt des Lebens um mich herum.

Es gibt unterschiedliche Arten des Jammerns. Da ist das Stöhnen, mit dem man sich bloß vor der Verantwortung drückt, und dann ist da noch das verantwortungsvolle oder positive Jammern. Wenn Jammern zur Übernahme von Verantwortung führt, dann kann es ein positiver Akt sein, ein Schritt in die erforderliche Richtung. Penny Rimbaud meinte: »Unser Leben gehört einzig und allein uns selbst. Das ist eine Verantwortung, die anscheinend wenige zu tragen bereit sind.«

In letzter Zeit hat sich im Vereinigten Königreich eine Redewendung verbreitet, die zunächst unüberlegt positiv klingt, mir aber bei genauerer Betrachtung für eine existenzielle Feier aller Lebensaspekte zu stehen scheint. Die Wendung lautet: »It's all good.« Sie wird in der Regel sofort nach einer Klage gebraucht. Wenn ich also einem Freund zehn Minuten lang mein Leid ausschütte, könnte ich mit den Worten schließen: »Oh, well, it's all good«, was bedeutet: All das gehört zum Leben, und wer weiß, ob die eine Sache besser ist als die andere? Ist Florenz wirklich besser als Swindon?

Einer der großen Vorteile für einen Schriftsteller ist der, dass er, wenn ihm etwas Schlimmes zustößt, einfach denken kann: »Oh, das könnte ein guter Stoff für mich sein.« Als ich unlängst wegen Fahrens ohne Versicherung vor Gericht erscheinen musste, beschloss ich deshalb, das Erlebnis zu verarbeiten, statt mich darüber zu beschweren.

Zelebriere das Schlechte, zelebriere das Gute, denn vielleicht sind sie sogar identisch. Jedenfalls kam ich noch einmal davon.

SEI DANKBAR FÜR DAS, WAS DU HAST

19

Leb ohne Hypothek; sei ein beschwingter Wanderer

Man wird meinen wenigen erklärenden Worten entnehmen, dass die Thesen – Gott ist böse, und Eigentum ist Diebstahl – nicht bloße Paradoxa sind. Obwohl ich an ihrer buchstäblichen Bedeutung festhalte, will ich den Glauben an Gott genauso wenig zu einem Verbrechen machen, wie ich Eigentum abschaffen will.

Pierre-Joseph Proudhon, 1864

Ach, wenn wir diese verfluchte Hypothek nur loswerden könnten! Wann immer ich Vorträge über die Freuden und Vorteile des Müßiggangs halte, werde ich gefragt: »Was ist mit der Hypothek?« Die Zuhörer nennen ihre Hypothek als Hauptgrund dafür, dass sie einer Arbeit nachgehen, die ihnen missfällt. »Es ist schön und gut, vom Sitzen in der Sonne zu reden«, sagen sie, »aber ich habe eine Hypothek.« Offenkundig ist die Hypothek zum Symbol der Unterdrückung geworden. »Ich brauche nur noch die Hypothek abzuzahlen, dann bin ich frei«, behaupten sie. Es ist also der mächtige Elefant der Hypothek, der uns den Weg versperrt. Eigentum, das Freiheit verspricht und Sklaverei liefert!

Was also ist eine Hypothek? Sie ist ein sehr hoher Kredit, den man aufnimmt, um in einem Haus oder einer Wohnung leben zu können. Da der Kredit in einem Zeitraum von fünfundzwanzig Jahren zurückgezahlt wird, ist der Zins im Vergleich zu kürzerfristigen Darlehen relativ niedrig. Wir verpflichten uns zur Zahlung einer bestimmten Monatsrate, wobei die Höhe von unserem gegenwärtigen Einkommen und vielleicht von unserer Hoffnung auf ein höheres Gehalt in der Zukunft abhängt. Eine Hypothek zu haben gilt als vernünftig, weil man am Ende Besitzer einer Immobilie ist. Mithin stützt sich die Hypothek auf die Vorstellung einer Nation von Haus- oder Wohnungseigentümern. Doch während wir hinter diesem Traum herjagen, übergeben wir den Löwenanteil unseres Eigentums der Bank. Die Vorstellung, dass uns dieses Haus gehört, ist also eine Illusion – es gehört der Bank, solange wir abzahlen. Die Zinsen für das Darlehen sind am Ende der Frist höher als die eigentliche Summe. Zum Beispiel zahlt man für eine Hypothek in Höhe von 200 000 Pfund bis zu ihrem Ablaufen weit über 240 000 Pfund an Zinsen. Die Bank hat dir also 200 000 Pfund für 440 000 Pfund verkauft – ein stattlicher Aufschlag. Bei alledem setzen wir voraus, dass der Zinssatz einigermaßen niedrig bleibt. Doch er kann steigen, und das völlig ohne unser Zutun. Eine Zeit lang übertölpelte man uns mit dem System der Hypothekenversicherung, bei dem monatliche Zusatzbeträge an der Börse investiert wurden. Dies stellte sich später (weit später und für viele zu spät) als gewaltige Bauernfängerei heraus. Manche lehnen es prinzipiell ab, ein Haus oder eine Wohnung zu mieten, weil man damit »Geld zum Fenster hinauswirft«, aber das Hypothekensystem ist eine organisierte Methode, Geld aus einem anderen Fenster, das den Wucherern gehört, hinauszuwerfen.

Genau das, was wir auf uns nehmen, um uns Sicherheit – ein Heim – zu verschaffen, scheint ein Gefühl der Angst und der Gefangenschaft mit sich zu bringen. Warum? Die gängige Meinung (ich könnte auch von dem Ergebnis einer Gehirnwäsche sprechen, weil wir in unserer Arroganz manchmal glauben, diesen Einfall ganz allein gehabt zu haben) besagt, man solle sich mit der höchstmöglichen Hypothek belasten. Ich las von einem abscheulichen Tory-Ehepaar in Notting Hill, das angab, »jeden finanziellen Muskel angespannt« zu haben, um sich ein bescheidenes Reihenhaus im modischen West-London zu kaufen. Abgesehen davon, dass die beiden wegen ihrer Übelkeit erregenden Formulierung, sie hätten »jeden finanziellen Muskel angespannt«, in gesitteten Kreisen nicht geduldet werden sollten, haben wir es mit einer albernen Vorstellung zu tun: Mach dein Leben zur endlosen Qual, nur um vorzutäuschen, dass du genug Geld besitzt, um in einem eleganten Stadtteil wohnen zu können.

Da Hausbesitzer gewöhnlich eine Hypothek aufnehmen, die ihre finanziellen Möglichkeiten übersteigt, fühlen sich auch die Vermögenden unter ihnen arm. Ich kann die erfolgreichen mittelständischen Ehepaare in meinem Bekanntenkreis nicht mehr zählen, die in Riesenpalästen, finanziert durch gigantische Schulden, leben und über die Hypothek und die schrecklichen Heimsuchungen klagen, *als hätten sie gar keine andere Wahl gehabt*.

Aber es gibt viele praktische und psychologische Auswege. Wir werden uns im Folgenden die praktischen Alternativen zur Hypothek und auch die Denkweise anschauen, durch die wir die Hypothek in unserem Geist zu einer Fessel gemacht haben. Dabei würde es in Wirklichkeit keine Nanosekunde dauern, sich davon zu befreien. Außerdem werde ich, hier und anderswo, die preiswerte, unaufwendige und sehr unterhaltsame Lebensweise namens Permakultur empfehlen.

Sich eine Unterkunft zu mieten oder zu pachten ist natürlich die sich anbietende Alternative zum Abschluss einer Hypothek. Seit vier Jahren mieten wir unser Haus in Devon, während wir unsere Bleibe in London vermieten. Ein Nachteil mag der sein, dass man eine Unterkunft, die einem nicht gehört, weniger gut einrichtet, aber der Vorteil sind die extrem niedrigen Kosten, denn obwohl die Miete genauso hoch oder höher sein kann als die monatliche Zinszahlung, gibt es keine Instandhaltungskosten, keine Boiler, die ersetzt werden müssen, und so weiter. Darum kümmert sich der Hauswirt.

Das Mieten wäre also bei günstigen Zahlungen und Verträgen eine sehr vernünftige Alternative zum Hauskauf. In den vergangenen zwanzig bis dreißig Jahren haben die Kräfte des Marktes jedoch sämtliche humanitären Aspekte vernichtet. Wir alle sind den Pfeilen und Schleudern des wütenden Marktes ausgesetzt, und wir alle müssen Minikapitalisten werden – das heißt eine kleine Kapitalmenge aufbauen und dann riesige Kredite zur Finanzierung der Expansion aufnehmen –, um unsere Rolle in der aggressiven meritokratischen Gesellschaft zu spielen. Die Mieten sind in die Höhe geschossen, und Mietverträge können in vielen Ländern binnen eines Monats gekündigt werden. Als Mieter bist du den unberechenbaren Launen des Marktkapitalismus völlig ausgeliefert. Dadurch wird es schwer, Wurzeln zu schlagen. Zum Beispiel mietete die Bloomsbury Group das Charleston Farmhouse und übernahm die Instandhaltung. John Seymour mietete sein baufälliges Häuschen von einem Bauern. Er führte sämtliche Reparaturen persönlich aus und zahlte eine bescheidene Miete. Die CRASS-Leute haben ihr Dial House in Essex für dreißig Jahre gemietet. In all diesen Fällen braucht man keine Anzahlung zu leisten, wodurch man sich und anderen eine Menge unerfreulicher Arbeit erspart.

Uns geht es weniger um Eigentum als um einen Ort, an dem wir leben können, ohne dauernd einen Hinauswurf befürchten zu müssen – einen Ort, an dem wir Obstbäume pflanzen und Gemüse züchten und Hühner halten können. Im Mittelalter waren die Pachtgelder meist niedrig, da die Besitzungen von Mönchen verwaltet wurden. Sogar die Gutsherren waren nachsichtiger, als man gemeinhin annimmt. In *The Common Stream*, Rowland Parkers Geschichte des Dorfes Foxton in Cambridgeshire, lesen wir, dass Jahrespachten von einem Penny für ein 27 Morgen großes Grundstück gezahlt wurden – ein Betrag, der vielleicht einem Hundertstel des bäuerlichen Jahreseinkommens entsprach. Man stelle sich vor, heute 300 Pfund pro Jahr für einen zehn Morgen großen Hof zu zahlen. Der Boden war auch gleichmäßiger verteilt: In Foxton wurden 840 Morgen von 27 Familien bewirtschaftet.

Gutsherren und Mönche hatten nichts mit den heutigen Bauträgern gemeinsam. Sie kauften Immobilien nicht in der Hoffnung, gewaltige Gewinne zu erzielen. Vielmehr waren sie langfristige Hüter der Gebäude und Ländereien. Die Institution – sei es die Familie oder das Kloster – überlebte das einzelne Individuum. Damit war Nachhaltigkeit gewährleistet. Rowland Parker nennt Beispiele dafür, dass die Pacht fünfhundert Jahre lang unverändert blieb. Manchmal handelte es sich auch um rein symbolische Beträge. Wie in anderen Lebensbereichen war es viel wichtiger, eine gesunde Gemeinschaft aufrechtzuerhalten, als Geld zu verdienen, und durch niedrige Pachten und lange Verträge wurde die lokale Harmonie gefördert.

In *Masterless Men*, seiner Untersuchung der Landstreicherei zwischen 1560 und 1640, merkt A. L. Beier an:

> … im Hochmittelalter waren die Armen relativ fest mit dem Boden verwurzelt. Vor der Mitte des sechzehnten Jahrhunderts besaßen sie noch Gärten und kleine Höfe, wo sie weiterhin einige Lebensmittel anbauen konnten … sie hielten Vieh auf dem Gemeindeland und ergänzten ihr Einkommen durch Gelegenheitsarbeiten und Heimindustrie. In schlechten Zeiten wurden sie unzweifelhaft von Verwandten, Nachbarn und Freunden unterstützt.

Im späten sechzehnten und frühen siebzehnten Jahrhundert wurde dieses System allmählich abgebaut. Beier schreibt: »Das gesamte Muster der Landwirtschaft in Dörfern mit Gemeindeland ging von einer kommunalen in eine individualistische Form über.« Im sechzehnten Jahrhundert hatten die neuen Grundeigentümer die Pachten erhöht und zusätzliche Abgaben verhängt, und »um 1600 waren dem englischen Volk die Hauptressourcen entrissen worden«. Im Mittelalter war es zu einer fast kommunistischen Verteilung von Grundeigentum und Pachtbesitz gekommen. Nun jedoch stieg der Anteil der landlosen Haushalte von 3,5 Prozent im Jahr 1279 auf 32 Prozent im Jahr 1544 und auf 63 Prozent im Jahr 1712. Die entwurzelten bäuerlichen Armen »waren nicht länger Teil der Gutswirtschaft«.

Vor 1600 führte der Durchschnittsbauer ein recht angenehmes Leben. Er besaß mehr Freiheit, als man gemeinhin vermutet. Sein Lebensstil entsprach genau dem, der von einem heutigen Börsenmakler angestrebt wird, denn er hatte ein großes Haus auf dem Land mit Pferden, Vieh und einem beachtlichen Grundstück. Allerdings brauchte der Bauer nicht an jedem Wochentag von 7 Uhr morgens an in der City zu schuften, um sich diesen Lebensstil leisten zu können, sondern er arbeitete im Schnitt nur ein oder zwei Tage pro Woche auf dem Land seines Gutsherrn. Jeder Pächter traf seine eigene Vereinbarung mit dem Herrenhaus. Rowland Parker nennt folgende zwei Beispiele aus dem dreizehnten Jahrhundert:

> Thomas Vaccarius stehen neun Morgen Land mit einem Haus zur Verfügung, und er muss jährlich hundert Tage Arbeit leisten, einen Morgen pflügen und, wenn erforderlich, Fuhrdienste verrichten. Er bekommt eine Henne und soll mähen und stapeln. Seine Dienste werden mit zehn Shilling pro Jahr bewertet, und er zahlt eine Pacht von drei Pence.
>
> John Aubrey hat 18 Morgen Land mit einem Haus, und er muss 52 Tage Arbeit im Jahr leisten, muss zwei Tage lang pflügen, bei der Ernte zwei unentgeltliche Arbeiten erledigen, die Wiese zwei Tage lang mähen, das Heu karren, das Dach des Herrenhauses reparieren, den Haferboden mit seinen Gefährten eggen, und er erhält eine Henne und 16 Eier. Seine Dienste werden mit neun Shilling, acht Pence bewertet, und er zahlt eine Pacht von zwei Shilling und sechs Pence.

Thomas Vaccarius zahlte nur einen Bruchteil seines Lohnes als Pacht für ein Grundstück von neun Morgen Größe.

Er arbeitete lediglich zwei Tage pro Woche. John Aubrey hatte 18 Morgen Land und eine Beschäftigung, die ihm nur einen Arbeitstag pro Woche abverlangte. Dafür wurden ihm – nach heutigem Wert – jährlich 30 000 Pfund gezahlt (seine Pacht lag bei 7000 Pfund – ein bescheidener Betrag für einen so stattlichen Besitz). Während der übrigen Zeit dürften John und Thomas auf ihren Grundstücken gearbeitet und ein oder mehrere Handwerke ausgeübt haben, wodurch sie zusätzlich Geld verdienten.

Dann erfolgte der heimtückische Angriff Heinrichs VIII. und der Puritaner auf die alten Bräuche. Die Hypothek, die dem Individuum die gesamte Last des Haus- oder Wohnungskaufs aufbürdet, ist das logische Resultat der Individualisierung des Eigentums. Entscheidend ist jedoch, dass wir uns haben weismachen lassen, wir hätten alle Haus- oder Wohnungseigentümer zu sein, womit wir auf einen gigantischen Wuchertrick hereingefallen sind.

Wir müssen den Grundbesitz ausweiten, Wucherhypotheken verbieten, die Mieten stabilisieren und die Hauspreise senken. Das wäre vielleicht dadurch zu bewirken, dass wir einfach das Interesse am Geldverdienen verlieren. Und Hauswirte müssen sich zu freundlichen Gönnern wandeln, die kein Interesse am Profit haben. Eine gute Aufgabe für die Reichen bestünde darin, Immobilien für wenig Geld und mit langen Verträgen an uns zu vermieten. Auch müssen wir damit aufhören, ständig größere Häuser haben zu wollen. Einer der besonderen Vorzüge der Permakultur besteht darin, dass sie uns zeigt, wie wir das Beste aus unserem Besitz und unserem Standort machen, statt unsere Probleme mit dem Mangel an Raum oder Geld oder Zeit zu begründen.

Bevor dieser wunderbare Tag eintritt, könnte man sich als Hausbesetzer versuchen. Das wäre für den Freiheitssucher durchaus vernünftig. Hausbesetzer lassen sich in leeren Gebäuden nieder, was sehr gut funktionieren kann. Eine Gruppe unserer Freunde hielt mehr als fünf Jahre lang ein Haus besetzt. Allmählich renovierten sie das Gebäude und eigneten sich gleichzeitig die notwendigen Fertigkeiten an. Sie zahlten keine Miete und brauchten für keine Hypothek aufzukommen, weshalb einer der Hauptgründe für die Übernahme unerfreulicher Arbeiten wegfiel. Also genossen sie einen hohen Grad an Freiheit.

Die großartige Performance-Gruppe Mutoid Waste Company machte die Hausbesetzerei in den Achtzigern und Neunzigern zu einer Kunstform. Die Mitglieder besetzten überall in London, dann in Berlin und in anderen europäischen Städten Häuser. Sie zogen in große Lagerhäuser, wo sie tagsüber fantastische Skulpturen aus Schrott herstellten und nachts Partys feierten. Wahrhaftig, die Troubadoure ihrer Zeit. Wie der heilige Franz von Assisi verzichteten sie auf Geld und reisten lieber als Narren und Wahrsager durch die Länder.

Eine andere realistische Möglichkeit ist das Gemeinschaftsleben. Tu dich mit ein paar Freunden zusammen und teile dir mit ihnen ein Haus. Ihr könntet sogar zusammen eine Unterkunft kaufen und euch die Hypothek teilen. Oder schließ dich einer schon bestehenden Kommune an. Laut *Diggers and Dreamers*, einem Verzeichnis von gegenwärtig im Vereinigten Königreich stattfindenden Kommune-Experimenten, gibt es mindestens 2500 Menschen, die in über hundert Gemeinschaften leben. Und ich bin sicher, dass die wahre Zahl erheblich höher ist, denn viele sind vermutlich nicht aufgeführt. Findet vier Reihenhäuser nebeneinander und reißt die Wände ein wie die Beatles in *Help!*.

Viele teilen sich als Studenten Wohnungen miteinander, und dieses System funktioniert recht gut, abgesehen von dem Dreck, der sich ausbreitet, wenn vier verantwortungslose und unnütze junge Erwachsene in derselben Unterkunft hausen. Später gelangen wir zu der Meinung, dass unsere eigene kleine Wohnung, vielleicht geteilt mit einem Partner, einer der Vorzüge der Lohnsklaverei ist. Die Flucht aus der Studentenbude wird zu einer Statusfrage. Aber man überlege sich, wie gut vernünftig gewordene junge Erwachsene zusammenleben könnten.

Betrachten wir das konkrete Beispiel von Dial House in Essex. Es ist ein Cottage mit fünf Zimmern, in dem hin und wieder bis zu zwanzig Personen gewohnt haben (zurzeit sind es allerdings nur drei). Hier zeigt sich, was nicht mit Geld, sondern mit Menschen zu erreichen ist: Das Haus ist wunderbar ausgestattet, und die Gärten sind in einem prächtigen Zustand. Die Bewohner haben im Garten Schuppen und zusätzliche Unterkünfte gebaut. Es ist ein überzeugender Versuch, und die einzige Überraschung besteht darin, dass nicht mehr Leute diesem Beispiel folgen. Schließlich geht es im Grunde nur darum, dass sich ein paar Freunde gemeinsam ein Haus mieten. Das Cottage gehört nun einem Konsortium, welches das Haus kaufte, als seine Existenz durch Bauunternehmer bedroht wurde.

Der ursprüngliche Gedanke von CRASS war, ein offenes Haus zu führen. Mit anderen Worten, jeder war willkommen, und jeder durfte mit Gastfreundschaft und einer

Unterkunft rechnen. In diesem Sinne ist es das säkulare Gegenstück eines mittelalterlichen Klosters: ein Ort des Friedens und der Zuflucht, der auch ein blühendes Arbeitsumfeld darstellt, denn die Bewohner kochen, backen, betreiben Landbau und stellen Dinge her. Penny Rimbaud ist eine Art weltlicher Priester, während seine Mitkünstlerin Gee Vaucher die Rolle der Äbtissin einnimmt. Pennys neuestes Projekt ist ein schlichtes Holzgebäude mit einem Glockenturm und Buntglasfenstern. Es sieht verdächtig nach einer Kapelle aus. Vielleicht nähert sich das CRASS-Cottage dem Modell der Brüder des freien Geistes noch weiter an, jener Bohemiens des dreizehnten und vierzehnten Jahrhunderts, die in »Häusern der freiwilligen Armut« lebten. Penny Rimbaud stellt sich ein Netzwerk solcher Häuser im ganzen Land vor, die nur einen Tagesmarsch voneinander entfernt sein sollen. Mehr von uns müssten diesem Beispiel folgen und ihre eigenen Häuser und Wohnungen für Reisende öffnen.

Eine weitere Möglichkeit wäre es, sich ein sehr billiges Haus am Ende der Welt zu kaufen. Dann kann man jederzeit in die Großstadt reisen und bei Freunden wohnen, aber man braucht nur eine winzige Hypothek aufzunehmen. Oder bau dir selbst ein Haus. Anscheinend werden Gebäude aus Cob (Sand, Ton und Stroh), gedeckt mit Strohdächern, wieder beliebt. Kauf dir zwei Morgen Land und errichte darauf ein Häuschen. Dann vergrößere es im Lauf der Jahre. Sei Architekt. Teile dir die Kosten mit Freunden.

Eine andere Frage, die du dir stellen musst: Brauche ich wirklich ein derart großes Haus? Ich kenne viele erfolgreiche Finanzmenschen, die sich enorme Hypotheken aufgehalst haben, um ein Anwesen auf dem Land zu erwerben, und die dadurch jetzt an ihren Arbeitsplatz gefesselt sind. Obwohl sie ein nach normalen Maßstäben fantastisches Gehalt beziehen, fühlen sie sich durch die Schulden belastet und greifen deshalb zu skrupellosen Strategien, um ihren Arbeitsplatz zu sichern oder um befördert zu werden. Sie verdienen eine Menge Geld, doch sie werden von Angst niedergedrückt. Und worin besteht der Sinn des großen Hauses? Jedenfalls verursacht es erstaunliche Unkosten. Je größer es ist, desto mehr Arbeit verlangt es dir ab. Du musst länger sauber machen, mehr Möbel finden, mehr Belastungen auf dich nehmen.

Auch in diesem Zusammenhang würde ich empfehlen, einen Blick in die Zeitschrift *Permaculture* zu werfen. Dort stößt man auf zahlreiche Beispiele von Leuten, die einen weniger teuren Lebensstil für sich gefunden und manchmal Häuser tief im Wald gebaut haben. Das Hauptproblem bereiten ihnen, wie bereits gesagt, die Baugesetze. Aus irgendeinem verrückten Grund lassen Planer stets zu, dass überflüssige Supermärkte unsere Städte verstopfen, aber wenn man eine Blockhütte im Wald bauen will, steht man vor fast unüberwindbaren Hindernissen. Offensichtlich können die Behörden Menschen, die frei sein wollen, nicht ausstehen.

Eine weitere Alternative ist die der Landstreicherei. Entledige dich deiner Hypothek und begib dich auf Schusters Rappen. Die Landstreicherei war, wie erwähnt, im Mittelalter gesellschaftlich anerkannt, hauptsächlich durch das Beispiel des heiligen Franziskus und seiner Bettelmönche. Jesus schien sich nie mit monatlichen Hypothekenzahlungen abmühen zu müssen; er war ein Wanderer, der sich auf die Gastfreundschaft seiner Umwelt verließ. Im heutigen

Indien gibt es das Beispiel der Sadhus, der verrückten heiligen Männer, die in ein Dorf kommen, ein paar Tage lang ernährt und untergebracht werden und dann weiterziehen. Die Inder verordnen den Sadhus kein Reintegrationsprogramm, um sie zum Arbeiten zu bewegen. Sie bemitleiden die heiligen Männer auch nicht, weil diese obdachlos sind. Genauso sollten wir handeln, wenn die Mutoid Waste Company in die Stadt kommt: Wir sollten sie mit offenen Armen willkommen heißen und sie nicht zwingen, einer ordentlichen Arbeit nachzugehen.

Das Problem bei der Landstreicherei ist, dass größere Regierungen sie nicht ausstehen können. Sie hassen das Chaos, die aufsässigen Elemente, den Gedanken, dass Menschen durchs Land ziehen und tun, was sie wollen. Je mächtiger Regierungen werden, desto unduldsamer gehen sie gegen Landstreicher vor. Nachdem diese neunhundert Jahre lang in Ruhe gelassen oder sogar ermutigt worden waren, verabschiedeten die aggressiven, zentralistischen, ordentlichen und ordnenden Regierungen der Tudorzeit eine Reihe von Gesetzen gegen die Landstreicher. Dafür, dass diese Menschen den Behörden Sorge bereiteten, bieten sich zwei Erklärungen an. Erstens hatten nach der Reformation und den Flurbereinigungsgesetzen Tausende ihren Arbeitsplatz verloren. Die alten kollektiven Lebensweisen wurden angegriffen, weshalb es mehr Bettler gab. Zweitens kümmerten sich die Klöster und die großen aristokratischen Haushalte nicht mehr um die Bettler. Einerseits waren die Klöster von den neuen habgierigen Pinkeln besetzt worden, und andererseits wurde die katholische Tradition der Gastfreundschaft durch den sich herausbildenden protestantischen Individualismus verdrängt.

Das neue Arbeitsethos ließ keinen Raum mehr für den gesellschaftlichen Zweck des Wanderers. Im Jahr 1565 schrieb der Regierungsvertreter Sir Thomas Smith über ihn: »Da er keine Mieteinkünfte und keinen Lebensunterhalt bezieht und müßig lebt, wird er als unverbesserlicher Vagabund zur Rede gestellt, manchmal ins Gefängnis geschickt und manchmal auf andere Art bestraft. So sehr ist unserer Politik der Müßiggang zuwider.« Als die Gefängnisse mit solchen unverbesserlichen Bettlern gefüllt waren, beschlossen die Behörden, sie zu den neuen Plantagen auf Jamaika zu entsenden, wo sie sieben Jahre lang als Leibeigene dienen mussten. Dem Vernehmen nach wurden sie schlechter behandelt als die Sklaven, denn die Eigner hatten ein Interesse daran, ihre Sklaven ausreichend zu ernähren und bei relativ guter Stimmung zu halten, damit sie lebenslange Dienste leisten konnten, während die exilierten Leibeigenen nach sieben Jahren wieder abreisen würden, weshalb es sich nicht lohnte, auf ihre Gesundheit oder auch nur auf ihr Überleben zu achten.

Besserungsanstalten waren das elisabethanische Gegenstück zu den nationalsozialistischen Konzentrations- oder Arbeitslagern. Ein Gesetz von 1576 vertrat die Meinung, dass »Jugendliche an Zwangsarbeit und Arbeit gewöhnt und damit erzogen werden können«! Träge Kinder zwischen fünf und vierzehn Jahren stellte man an den Pranger oder peitschte sie aus. Andere Menschengruppen, die von den Behörden mit Misstrauen betrachtet wurden, waren »Hausierer und Kesselflicker, Soldaten und Matrosen, Komiker, Studenten, nichtlizensierte Heiler, Wahrsager, Zauberer«. Zigeuner und Iren behandelte man als Landstreicher, und durch ein Gesetz von 1572 wurde den Iren, die man mit »Pfaffentum« und Rebellion in Verbindung brachte, empfohlen, nach Irland zurückzukehren. Es ist das Übliche: Die Regierung greift hart gegen Müßiggang durch.

Die vielleicht wichtigste Frage lautet: Was verstehen wir unter einem Zuhause? Es ist möglich, dass der obdachlose Wanderer sich eher zu Hause fühlt als der durch seine Hypothek gefesselte Banker. Eine Menge Zeit und Geld für Hypotheken und das »Traumhaus« aufzuwenden ist stets eine Ablenkung von dem eigentlichen Thema, nämlich von uns selbst und unserer inneren Befindlichkeit. Die Hypothek ist die kommerzielle Ausbeutung unserer Sehnsucht nach einem Zuhause.

Aber die entscheidende Lösung für das Problem der Hypothek besteht darin, sich deswegen keine Sorgen zu machen. Es handelt sich um eine Fiktion. Lass dich durch die Schulden nicht niederdrücken. Was machen sie schon aus? Wirst du je obdachlos sein und hungern? Das ist unwahrscheinlich. Wie schlimm kann die Situation also werden? Dem System ist es lieb, wenn du verschuldet bist. Die Geldmacher in der Stadt, denen deine Hypothek gehört, freuen sich über deine Schulden. Sie tun dir keinen Gefallen, auch wenn sie dir in ihren Werbebroschüren noch so sehr das Gegenteil versichern. Sie beuten dich aus. Die Wucherer haben eine Mordsgaudi. Lass um Himmels willen nicht zu, dass sie dir Schuldgefühle einflößen. Sie sind diejenigen, die sich schuldig fühlen sollten, denn sie sind Sünder und zum ewigen Fegefeuer verdammt! Fürwahr!

TEILE DEIN ZUHAUSE MIT ANDEREN

20

Die Anti-Kleinfamilie

Lass die Kinder in Ruhe. Schick sie hinaus
auf die Straße oder auf den Spielplatz und schenk
ihnen keine Beachtung.

D. H. Lawrence,
»Education of the People«, 1918

Wir hören häufig von gestörten Familien. Gedacht als Quelle des Vergnügens, der Freude, der Behaglichkeit und der Ernährung, scheint die Familie überall nur Elend, Zorn, Türschlagen, Brüllen, Grausamkeit, Kämpfe, Tod und Missbrauch hervorzubringen. Wir sind zusammengepfercht. Irgendetwas ist eindeutig schiefgegangen. Ich glaube, dass Familien im Allgemeinen schlicht zu klein sind. Außerdem sind sie unkreative Gebilde.

Viel zu oft bedeutet »Familie« nur noch, dass vier völlig verschiedene und einander feindlich gesinnte Personen unter demselben Dach wohnen. Die Haushalte der alten Zeit dagegen waren kreative, funktionsfähige, produktive Einheiten. Nähen, Stricken, Flicken und Anbau von Kräutern und Kopfsalat waren nicht unbedingt Schinderei (und sie sind bestimmt keine Schinderei, wenn man sie mit der ganztägigen Arbeit in einem Call-Center oder in einem Supermarkt vergleicht). Selbständige Arbeit, produktive Arbeit, autonome Arbeit, kreative Arbeit: das kann eine Freude sein. Schinderei ist nur dann Schinderei, wenn wir sie so nennen. Unser Geist macht sie dazu. Als der Haushalt noch ein lebendiger, atmender Organismus war, der Nahrung und Kleidung sowie Unterkunft lieferte, schufen wir unsere Tätigkeit weitgehend selbst. Der Familienwohnsitz bot Arbeit, Fröhlichkeit, Kleidung und Lebensunterhalt.

Während die Unternehmen wachsen, schrumpfen die Familien. Megakonzerne werden zu Begründern von Gemeinschaften. Die zentrale Rolle des Haushalts als Produktionseinheit ist fast verschwunden, und das Heim ist nun eine Absteige, eine Entspannungszone und ein Zufluchtsort, an dem man fernsieht. Früher haben Familien zusammengearbeitet, heute sind sie passiv und durch und durch unkreativ geworden. Die moderne Familie steht lediglich für eine finanzielle Belastung – mit anderen Worten, sie ist ein Motiv dafür, Beschäftigungen zu übernehmen, die uns nicht gefallen. Kürzlich las ich von einer Mutter, die wider Willen in einem Supermarkt arbeitet, nur damit ihre Kinder sich teure Turnschuhe und Computerspiele kaufen und mit ihren Freunden mithalten können. Das ist das hilflose Sklavendenken, dem wir uns entziehen müssen, wenn wir nach Freiheit streben.

Übrigens ist es gegen alle Erwartung möglich, nützliche, unterhaltsame Aktivitäten mit der gefürchteten »Kinderbetreuung« zu verbinden. Die Kommerzialisierung der Kinderbetreuung ist eine weitere unselige Folge des Kapitalismus. Du tust etwas dir Verhasstes, damit du genug Geld verdienst, um andere für die Betreuung deiner Kinder bezahlen zu können. Die gestörte Familie lässt zudem eine riesige schmarotzerhafte Industrie aus Experten, Medikamenten, Therapieprogrammen und Bestsellern von John Cleese entstehen. All das hilft wenig – im Gegenteil:

Dadurch, dass man sich unaufhörlich über das Problem auslässt, verschlimmert man es nur. Wenn man das Vorhandensein eines Problems bestätigt, schafft man einen Markt. Deshalb erschafft die Pharmaindustrie ständig neue Krankheiten; deshalb erzeugt die Versicherungsbranche ständig neue Ängste; deshalb erfindet die Regierung ständig neue Feinde. Es ist dringend geboten, eine Entindustrialisierung einzuleiten.

Viel besser wäre es, all die teuren Ratschläge und Hilfsleistungen von »Experten« zu ignorieren und stattdessen im eigenen Haus Kinderarbeit einzuführen. Ernenne deine Kinder zu Produzenten und Schöpfern. Zum Beispiel habe ich festgestellt, dass es Kindern Spaß machen kann, im Garten zu helfen. An manchen Nachmittagen gehen wir mit einer Säge, einem Meißel und einem Stück Treibholz in die Werkstatt und stellen etwas her. Wir haben einen Elefanten, Flugzeuge, Raketen und eine abstrakte Skulptur vorzuweisen: »Wild Wood«, zwei zu einem Kreuz zusammengenagelte Bretter, die mit Zeitungsfetzen bedeckt sind und nun in der Küche eines bekannten Künstlers hängen. Das habe ich ohne die geringste Begabung oder Fähigkeit zustande gebracht. Allerdings muss ich zugeben, dass diese Spielsachen bei den Kindern nicht so beliebt sind wie etwa der ferngesteuerte Außerirdische oder die Schokoladenmünzen-Maschine. Aber Kinder sind stets nur ein Fingerschnippen von Hilfsbereitschaft und Kreativität entfernt. Wenn ich die Energie aufbringe, den Fernsehapparat abzuschalten, jammern sie ein paar Minuten lang, aber dann passen sie sich der Situation an. Bald spielen sie gemeinsam oder zeichnen oder bauen etwas Fantastisches aus alten Pappkartons.

Ratsam ist es auch, die Familie in kleinere Gruppen zu spalten. Dadurch kann die Spannung entschärft werden. Meiner Erfahrung nach benehmen die Kinder sich vorbildlich, wenn sie mit mir allein sind. Sie haben meine ganze Aufmerksamkeit, da ich nicht versuche, mit Victoria zu plaudern. Und ich übernehme die gesamte Verantwortung, weshalb ich nicht durch die Hoffnung abgelenkt werde, dass Victoria zum Beispiel Henrys Windel wechselt.

Vermeide Familienausflüge. Nichts führt so zwangsläufig zu einer Katastrophe wie der Plan, vier oder fünf Personen in einen Opel Vectra zu stopfen und einen Familienausflug zu machen. So etwas endet gewöhnlich damit, dass man Geld ausgibt – im Freizeitpark oder auf der Kegelbahn –, um die Familie zu retten. Das ist unweigerlich enttäuschend. Wir glauben, Geld sei mit Liebe gleichzusetzen, doch es kann zu Streitigkeiten und Vorwürfen durch die Kinder führen. Wir sind als Eltern so unfähig geworden, dass wir dauernd »Hilfe!« schreien, und die Konsumkultur antwortet: »Für ein Eintrittsgeld von 9,99 Pfund (oder 9,99 Pfund per Einzugsermächtigung) werden wir dir helfen.« Am Ende tun wir alberne Dinge. Statt die Kinder zum Beispiel in den Wäldern, auf den Feldern, in den Mooren und Tälern und an den Stränden in unserer Umgebung spielen zu lassen, fahren wir sie eine halbe Stunde lang in den nächstgelegenen Ort und laden sie unter großen Kosten in einer gepolsterten Lagerhalle voller Plastikröhren namens Bumper Back Yard ab.

Eine andere simple Lösung ist die, mehr Leute einzuladen. Teilt die Last. Tauscht euch aus. Füllt das Haus mit den Kindern anderer Leute. Bechert in der Küche mit ihren Eltern, während sich die Kinder im Haus oder im Garten austoben. Wenn wir zwei oder drei andere Sprösslinge einladen, verschwindet die ganze Bande, und ich kann einen Teil meiner Arbeit erledigen. Wir haben drei Jahre lang ein Kindermädchen beschäftigt (und einen Kredit auf das Haus aufgenommen, um sie zu bezahlen). Der große Vorteil war die Erweiterung des Haushalts; wir benahmen uns besser, wenn wir sie in der Nähe wussten; sie brachte Spaß und Tatkraft mit; wir konnten Schlaf nachholen. Aber der Nachteil war, dass Victoria und ich einen Teil unserer Verantwortung abluden. Ein Freund bemerkte, dass die Kinder uns gegenüber widerspenstig und dem Kindermädchen gegenüber gehorsam geworden waren.

Ein Hauptproblem der Kleinfamilie liegt darin, dass man zu eng aufeinanderhockt. Beispielsweise ist Arthur mit fünf Jahren von ständiger Unterhaltung abhängig geworden, sei es Fernsehen, Gesellschaft, Konsolenspiele oder der Computer. Er braucht immer wieder äußere Anreize. Unlängst rief er wütend: »Ich will … irgendeine … *Unterhaltung*!« Mit anderen Worten, er läuft Gefahr, die Fähigkeit zum selbständigen Spielen zu verlieren. Dadurch unterscheidet er sich stark von unseren beiden anderen Kindern, die häufiger allein gelassen wurden, weil sie das Zweit- und Drittgeborene waren. Auf diese Weise haben sie Eigenständigkeit entwickeln können. Arthurs Selbstentfaltung, die äußere Demonstration seiner Freiheit, beschränkt sich darauf, »Nein!« zu brüllen, wenn er gebeten wird, etwas zu tun.

Das Wunderbare an Kindern ist nicht ihre so genannte Unschuld, sondern ihre Leidenschaft für das Leben. Diese

Leidenschaft kann sich in Form von Tränen oder Gelächter äußern, und wir müssen uns klarmachen, dass Tränen ebenso wie Gelächter etwas Positives sind. Das eine ist ohne das andere nicht denkbar. Auch im Mittelalter schien man extreme Gefühle gutzuheißen. Diese sich in ihnen offenbarende Leidenschaft müssen wir in uns selbst wiederentdecken.

In D. H. Lawrence' langem, im Jahr 1918 geschriebenem Essay »Education for the People« findet sich ein sehr beeindruckender Ratschlag zur Kinderbetreuung. Er empfiehlt ein einfaches Herangehen ans Familienleben, das weniger Arbeit erfordert, keine Kosten mit sich bringt und bessere Ergebnisse liefert: »Erste Regel: Lass sie in Ruhe. Zweite Regel: Lass sie in Ruhe. Dritte Regel: Lass sie in Ruhe.« Lawrence hält übertriebene sentimentale Mutterliebe für schädlich. Sein Rat »Lass sie in Ruhe«, den ich jeden Tag als Mantra wiederhole, soll Kindern erlauben, auf ihre Weise aufzuwachsen. Die beschützende Einmischung, vorgeblich im Namen der Liebe, ist für viele Probleme verantwortlich. Der Versuch, der Natur eine bestimmte Ordnung aufzuzwingen, löst geistige und körperliche Krankheiten aus. Heutzutage hören wir immer wieder, wir müssten »inhaltlich hochwertige Zeit« mit den Kindern verbringen. »Nimm dir jeden Tag Zeit zum Spielen.« Solche Regeln wirken sich einfach deshalb negativ aus, weil sie die Elternschaft aus einem Liebesdienst zu einer Pflicht machen – zu einer Arbeit, der man sich möglichst entzieht. Die Kinderbetreuung wird zur Schinderei, während man einfach nur darauf abzielen sollte, sein Leben gemeinsam zu verbringen. Wenn man zuerst seine eigenen Bedürfnisse befriedigt und die Falle vermeidet, Dinge aus

Pflichtgefühl zu tun und sich später über sie zu ärgern, dann wird man ganz von selbst auch ohne Zeitplan mit den Kindern spielen.

Lawrence' »Lass sie in Ruhe«-Philosophie lässt zudem ein höheres Maß an Respekt gegenüber dem Kind erkennen als übertriebene Planung sowie Schuld- und Pflichtgefühle. Vielleicht wollen die Kinder ja gar nicht, dass ihre Eltern ihnen dauernd auf den Füßen stehen. Wenn ein Politiker verkündet, er wolle mehr Zeit mit seiner Familie verbringen, dann denke ich immer: Mag sein, aber wollen sie auch mehr Zeit mit dir verbringen? Und so wie Kinder ihre Eltern auffordern sollten: »Lasst uns in Ruhe«, sollten wir Erwachsenen zu unserer Regierung sagen: »Lasst uns in Ruhe.« Natürlich handelt es sich hier um den gleichen Prozess: Dadurch, dass wir uns zu sehr umsorgen lassen, verlieren wir unser Selbstvertrauen, und ein Gefühl der Untauglichkeit und Abhängigkeit schleicht sich ein.

»Gutartige Vernachlässigung« ist eine weitere hübsche Formulierung, mit der man die von mir bevorzugte Haltung beschrieben hat. Es wird Zeit, den Gedanken in die Praxis umzusetzen.

Was mich über die Maßen deprimiert, ist die Erklärung, die manche Eltern mit ermüdender Regelmäßigkeit, gewöhnlich über Jungen, von sich geben: »Er muss abgehärtet werden, denn die Welt da draußen ist hart. Es herrscht ein gnadenloser Wettbewerb.« Warum sagen sie nicht: »Die Welt da draußen ist wunderbar, also sollten wir ihn wunderbar werden lassen!« Wenn die Welt voll von Arschlöchern ist, sollte man das Problem nicht dadurch verschärfen, dass man seinen eigenen Sohn ebenfalls zu einem Arschloch erzieht. Gib ein gutes Beispiel!

In Wirklichkeit ist die Welt dort draußen nur dann hart, wenn du dich dafür entscheidest. Wenn du das Leben als Rennen oder als Wettbewerb siehst, dann wird es genau das sein. Siehst du es dagegen als eine Zeit voller Wunder und Zauber, dann wird es auch dazu werden. Dadurch, dass wir unseren Kindern mitteilen, alles sei grässlich und hart und unfair, vergrößern wir das Problem.

Wir reglementieren unsere Kinder auf verhängnisvolle Art und erzeugen eine Nation nutzloser Abhängiger, die nicht imstande sind, etwas für sich zu tun, außer völlig unbrauchbaren Beschäftigungen wie Computerspielen, Tennis oder Ballett nachzugehen. Wir schaffen eine Generation von Kindern, die nicht weiß, wie man spielt. Ich erinnere mich an eine Karikatur im *New Yorker*, in der zwei Kinder mit ihren Palm Pilots in der Hand nebeneinanderstehen. »In Ordnung«, sagt das eine, »ich kann dich nächsten Donnerstag um 16 Uhr für ungeplantes Spielen vormerken.« Die meisten dieser so genannten kindlichen Freizeitaktivitäten sind belanglose Ablenkungen, und wir sollten Kinder besser einfach miteinander spielen und ihre eigene Unterhaltung entwickeln lassen, was sie bereitwillig tun werden. Unterdessen kannst du deiner eigenen Beschäftigung nachgehen. Um mich nicht darüber zu ärgern, dass ich auf Kinder aufpassen muss, trage ich gewöhnlich ein Buch bei mir. Dann kann ich, wenn sie friedlich miteinander spielen, ein paar Seiten lesen.

Ein Beispiel für den auf Kinder gerichteten Planungswahn in meinem eigenen Leben besteht darin, dass Victoria für samstagmorgens um 9 Uhr eine halbe Fahrstunde von unserem Haus entfernt Tennisunterricht für Arthur verabredet hat! Da haben wir nun einen Morgen, an dem wir uns nicht beeilen müssen, um ihn für die Schule fertig zu machen, und sie setzt einen frühen Termin für ihn fest – dazu noch für teures Geld! Sie hat ein Gegenstück zur Schule gefunden. Wie verrückt ist das denn? Die wilde Überplanung muss aufhören! Lasst die Kinder in Ruhe!

Wir versuchen, das Problem mit Geld zu lösen. Dazu übertragen wir Experten die Betreuung unserer Kinder. Frauen kreischen: »Ich bin solch eine schlechte Mutter.« Väter stiefeln mürrisch durchs Haus und brüllen ihre Kleinkinder an. Und warum? Weil wir völlig hilflos sind. Die Haushalte sind zu klein, und wir haben keine Manieren. Lass die Kinder für dich arbeiten, das ist mein Rat! Aber da ohnehin alles vergeblich ist, spielt es keine Rolle, was du tust. Die Kinder werden schon ihren Weg finden. Also zerbrich dir nicht weiter den Kopf.

LASS DIE KINDER
IN RUHE

21

Entwaffne den Schmerz

Der größte Beitrag von GSK zur Gesellschaft besteht in der Entdeckung und Entwicklung von Medikamenten, die Menschen helfen, mehr zu tun, sich wohler zu fühlen und länger zu leben.

Website von GlaxoSmithKline

Das Leben, stets voller Schmerz, ist schmerzhafter in unserer Zeit als in den vorangegangenen beiden Jahrhunderten. Der Versuch, dem Schmerz zu entfliehen, treibt die Menschen zur Trivialität, zur Selbsttäuschung, zur Erfindung mächtiger kollektiver Mythen. Aber diese kurzfristigen Linderungen haben nur zur Folge, dass sich die Ursachen des Leides auf lange Sicht verstärken.

Bertrand Russell, »›Useless‹ Knowledge«, 1935

Schmerz bedeutet Profit – das wäre in einer ehrlicheren Gesellschaft die Parole des Pharmamonsters GlaxoSmithKline, denn die ungeschminkte Wahrheit lautet: Je mehr Schmerzen du hast, desto mehr Tabletten wirst du nehmen, und desto rascher wird der Aktienkurs von GSK steigen. Und je mehr Schmerzen es auf der Welt gibt, desto höher ist der Profit. Also ist es ein logischer Schritt, Schmerzen zu erzeugen und Elend, Depression und bipolare Störungen zu verursachen, um die Lösung für all den Jammer verkaufen zu können. Neue Störungen schaffen neue Märkte. Und genau das scheint sich abzuspielen.

Wir werden durch langweilige Arbeit, plärrende Fernsehgeräte und unerfüllbare Wünsche unterdrückt. Es gibt eine großartige Installation von Damien Hirst mit dem Titel *Looking Forward to the Total and Absolute Suppression of Pain* (In Erwartung der totalen und absoluten Ausschaltung des Schmerzes): Vier Fernsehgeräte strahlen gleichzeitig und ohrenbetäubend laut vier verschiedene Werbespots für Ibuprofen, Solpadeine und andere Kopfschmerztabletten aus. Die Lösungen für den Schmerz sind genau die Dinge, die ihn überhaupt erst haben entstehen lassen. Dasselbe System, das den Schmerz verursacht, verspricht, ihn zu beseitigen.

Das Ziel einer völligen Ausschaltung des Schmerzes, das nie erreicht wird, lässt hohe Gewinne entstehen. Der Chef von GlaxoSmithKline, Jean-Pierre Garnier, bezieht ein Jahresgehalt (Bonus eingeschlossen) in Höhe von 4,5 Millionen Dollar. Zudem leistet das Unternehmen jährlich gewaltige Beiträge zu seiner Altersversorgung, und natürlich besitzt er ein enormes Aktienpaket. Als ob das nicht genügte, sollte er im Jahr 2003 eine Prämie von 22 Millionen Dollar erhalten, doch der Antrag wurde von anderen Aktionären niedergestimmt. Der Jahresumsatz von GSK beläuft sich auf 20 Milliarden Pfund und sein Gewinn auf 6,1 Milliarden Pfund. Ein großer Teil des Gewinns wird durch das Antidepressivum Bupropion erwirtschaftet.

Von den 100 000 Angestellten sind 40 000 in Verkauf und Marketing tätig. Daneben verfügen die großen Pharmaunternehmen über eine mächtige Schar von »unbezahlten«Verkäufern in Gestalt der Hausärzte. Sie verschreiben Amoxicillin und Bupropion im Handumdrehen. Der CEO von GSK hat übrigens eine verblüffende Ähnlichkeit mit

Mr. Burns in den *Simpsons*. Ein neues Mitglied der Firmenleitung ist Sir Chris Gent, der im Dienst des schäbigen Handy-Hökers Vodafone ein Vermögen gemacht hat.

Die oben zitierte Losung von GSK ist recht kennzeichnend für den deprimierenden Ehrgeiz des modernen Menschen: »Mehr tun, sich wohler fühlen, länger leben.« Abgesehen davon, dass es sich dabei um verschwommene, inhaltslose Begriffe handelt, ist ihr Mangel an Leidenschaft für das Leben äußerst beunruhigend. »Mehr tun« – als wäre das Tun an sich etwas Gutes und mehr davon etwas noch Besseres. Wird auf der Welt nicht schon allzu viel »getan«? Die vernünftige Reaktion auf eine Welt, in der Einmischungen schreckliche Gesundheits- und Umweltprobleme hervorgerufen haben, würde doch darin bestehen, weniger statt mehr zu tun. Warum ist »mehr tun« schon an sich ein lohnendes Ziel? Hitler und Stalin »taten mehr«, doch offenkundig wäre es weitaus besser gewesen, wenn sie weniger getan hätten. »Sich wohler fühlen« – darin steckt der Wille, Schmerzen zu unterdrücken. Sie gelten als Hindernis für das »Tun«, während ich sie für eine willkommene Möglichkeit halte, ein paar Stunden oder Tage lang nichts zu tun. Sollten wir uns, wenn wir krank werden, nicht einfach ins Bett legen, mit einem Stapel Bücher und etwas Obstsalat neben uns? Und »länger leben« bereitet ein weiteres Problem. Lebensqualität ist der Lebensquantität geopfert worden. Das neue Ziel heißt offenbar, so lange, nicht so gut wie möglich zu leben.

Der Bericht des GSK-Chefs enthält eine seltsame Mischung aus Prahlerei über Profite und Prahlerei über die guten Absichten des Unternehmens. Die Welt der Tabletten, das moderne Sakrament, ist überwältigend und erschreckend. Die Korruption der mittelalterlichen katholischen Kirche ist nichts gegen die unvorstellbaren Gewinne und Gaunereien der globalen Hausierer mit Schlangenöl und Gift, die auf ihrer ruhelosen Suche nach Wachstum immer neue Märkte erobern.

Ich habe die durch Schmerzen entstehenden Gewinne lediglich in der Hoffnung skizziert, dass es leichter ist, uns der Schmerzen zu entledigen, wenn wir begreifen, dass ihre Erzeugung nützlich für das Profitsystem ist. Also kommt es einer Rebellion gleich, wenn wir uns unseres Lebens freuen und glücklich sind.

Die Angst vor Schmerzen kann das Leben beeinträchtigen und könnte sogar als Lebensfurcht gesehen werden, da Leben Schmerz ist. Deshalb wäre es sinnvoll, Schmerz und Not zu akzeptieren. Einer von Damien Hirsts Partytricks ist der, einen der Gäste zu fragen, was dieser am Leben liebe. »Äh, ich bin mir nicht sicher«, ist die übliche Antwort. Dann erklärt Damien: »Ich liebe alles daran.« Er liebt *alles*, die Höhen und die Tiefen. Er ist kein Anhänger des perfektionistischen Ideals einer Welt ohne Schmerz und Leid. Das Leben ist Schmerz und Not. Jeder Höhe scheint sich eine Tiefe anzuschließen. Wie der düstere Robert Burton schreibt:

> In einer Notlage ersehnen wir gedeihliche Umstände, und treten sie ein, fürchten wir uns vor der Not. … In welcher Lebenslage sind wir wirklich frei? Die Weisheit geht mit Anstrengung einher, der Ruhm mit Neid; Reichtum und Sorgen, Kinder und Belastungen, Freuden und Krankheit, Ruhe und bittere Armut sind untrennbar, und deshalb behaupten die Platoniker, der Mensch trete ins Leben, als solle er damit für vormalige Sünden bestraft werden.

Ob es möglich ist, sich über Schmerz zu freuen? Das scheint im Mittelalter der Fall gewesen zu sein, als die Menschen geradezu in ihrem Kummer schwelgten. Das Leben wurde mit einer Intensität gelebt, die wir rationalen Republikaner nur schwer nachvollziehen können. In *Herbst des Mittelalters* beschreibt Huizinga den leidenschaftlichen Geist, der die Menschen damals veranlasste, eine ganze Nacht lang Schlange zu stehen, um einen Prediger zu hören, dessen aufrührende Worte die gesamte Gemeinde am Morgen heulend und schluchzend aus der Kirche wanken ließen. Außerdem gab es die Flagellanten des dreizehnten Jahrhunderts, die sich absichtlich Schmerz zufügten, um dessen mystische Wirkung zu erfahren. Sie lieferten eindrucksvolle Spektakel, und ihre Schmerzen hatten positive Folgen, wie Norman Cohn berichtet:

> Die volkreichen italienischen Städte bildeten den ersten Schauplatz organisierter Geißlerzüge, die sich, 1260 von einem Einsiedler Perugias ins Leben gerufen, mit so verblüffender Schnelligkeit südwärts nach Rom und nordwärts über die lombardischen Städte verbreiteten, dass sie den Zeitgenossen wie eine plötzliche Bußepidemie erschienen. Zumeist von Priestern geführt, zogen Männer, Jünglinge und Knaben Tag und Nacht mit Bannern und brennenden Kerzen von Stadt zu Stadt, um sich in jeder Stadt, die sie passierten, gruppenweise vor der Kirche aufzustellen und sich stundenlang zu geißeln. Die Wirkung, die diese öffentliche Buße auf die breite Bevölkerung ausübte, ging tief. Verbrecher beichteten, Räuber erstatteten ihre Beute und Wucherer den für Darlehen genommenen Zins zurück; Streitigkeiten wurden vergessen, und Feinde versöhnten sich.

Öffentlicher Schmerz führte zu positiven Ergebnissen für die Gemeinschaft. Ich vermag mir nicht vorzustellen, dass sich so etwas in unserer schmerzfeindlichen Gesellschaft abspielen könnte. Nietzsche war der Meinung, die Ablehnung von Leid und Schmerz sei die Verneinung des Lebens selbst. In *Ecce homo* schreibt er:

> Ich sah zuerst den eigentlichen Gegensatz: den entartenden Instinkt, der sich gegen das Leben mit unterirdischer Rachsucht wendet (Christentum, die Philosophie Schopenhauers, in gewissem Sinne schon die Philosophie Platos, der ganze Idealismus als typische Formen), und eine aus der Fülle, der Überfülle geborene Formel der höchsten Bejahung, ein Jasagen ohne Vorbehalt, zum Leiden selbst, zur Schuld selbst, zu allem Fragwürdigen und Fremden des Daseins selbst …

Laut Nietzsche ist es das Neinsagen, die Verdrängung alles Unangenehmen, Schmerzhaften und Schwierigen, die unserem Leben die Farbe raubt. Sogar Grausamkeit sei Teil einer gewissen Lebensfreude:

> Jedenfalls ist es noch nicht zu lange her, dass man sich fürstliche Hochzeiten und Volksfeste größten Stils ohne Hinrichtungen, Folterungen oder etwa ein Autodafé nicht zu denken wusste, insgleichen keinen vornehmen Haushalt ohne Wesen, an denen man unbedenklich seine Bosheit und grausame Neckerei auslassen konnte.

In modernen Augen ist ein solches Benehmen unglaublich brutal, doch Nietzsche meint beschwichtigend: »Vielleicht tat damals – den Zärtlingen zum Trost gesagt – der Schmerz noch nicht so weh wie heute.«

Vor einiger Zeit befand ich, dass es vernünftig sein könnte, die Mühsal nicht zu vermeiden, sondern sie zu akzeptieren. Es mag seltsam klingen, wenn so etwas aus der Feder eines Müßiggängers kommt, aber könnte die Hinnahme von Mühsal nicht den Weg zur Freiheit weisen? Zum Beispiel dachte ich kürzlich daran, mir einen zugigen alten Landrover anstelle meines alten, luxuriösen amerikanischen Lieferwagens zu kaufen – zum Teil deshalb, weil man im Landrover stärker den Elementen ausgesetzt ist. Auch die Freuden des Holzfeuers sind ganz besonders intensiv, wenn du gerade draußen im Schnee gewesen bist und die Scheite gehackt hast. Ein solches Vergnügen bleibt Leuten mit Fußbodenheizung versagt. Genau das gefiel den Menschen des Mittelalters: der harsche Kontrast zwischen Mühsal und Freude.

Auf manche Schmerzen kann ich allerdings verzichten, und dem Himmel sei Dank für Ibuprofen, wenn wirklich starke Kopfschmerzen ausbrechen (allerdings ist die Wirkung die gleiche, wenn man sich für ein paar Stunden ins Bett legt). In einer weniger arbeitsorientierten Epoche – unbestreitbar im Mittelalter – hätte man vielleicht die Möglichkeit gehabt, sich bei Kopfschmerzen einfach hinzulegen, statt eine Tablette schlucken und weiterarbeiten zu müssen. Damals hatte man mehr Zeit, sich zu erholen. Alles lief langsamer. Aber auch damals gab es schon Schmerzmittel, das heißt Volksarzneien, Kräuter und so weiter. Darüber spottet man heute, aber wem dient der Hohn? Die Spötter sind bloß Opfer des kapitalistischen Projekts. Wenn du dich über die frei zugänglichen Arzneien lustig machst, die dich aus den Hecken geradezu anspringen, kommst du nur denen entgegen, die wollen, dass du Unsummen für ihre in der Fabrik hergestellten Quacksalberprodukte ausgibst. Jedenfalls ist die Kunst des Arztes die gleiche wie immer: die Unterhaltung des Patienten, während der Körper sich selbst heilt. Placebos sind – ich wiederhole – möglicherweise so wirkungsvoll und zweifellos weniger schädlich als die wirklichen Medikamente, solange du deinem Arzt oder deiner Ärztin vertraust und ihnen eine gewisse Zauberkraft nicht absprichst. Viele moderne Medikamente sind nichts als teurer und gefährlicher Unfug.

Wir werden immer Schmerzen haben. Leb mit ihnen. Statt Energie für die Beseitigung von Schmerzen aufzuwenden, sollten wir diese Energie in die Schaffung von Freude stecken. Freude für dich selbst und für deine Umgebung. Sex, Musik, Tanz, Bier und Wein, gute Gesellschaft, gute Arbeit, Fröhlichkeit – das sind die Mittel gegen den Schmerz, und sie sind natürlich nur Freuden, weil wir den Schmerz kennen. Ohne ihn gäbe es keine Freude.

AKZEPTIERE DIE MÜHSAL

22

Hör auf, dich um deine Rente zu sorgen; lebe

Die Menschheit weiß überhaupt nichts.
Nichts hat einen immanenten Wert, und jede
Handlung ist nichtig, bedeutungslos.
Masanobu Fukuoka,
The One-Straw Revolution, 1978

In den alten Zeiten bezeichnete das Wort »Pension« eine Summe, die ein Wohltäter einer Person alljährlich in Anerkennung öffentlicher Dienste auszahlte. Zum Beispiel wurde Dr. Johnson im Jahr 1762 eine Pension in Höhe von 300 Pfund durch König Georg III. gewährt. Diese Jahresrente war in erster Linie ein Dank für sein großartiges *Dictionary of the English Language* und an keine Bedingungen gebunden. Premierminister Lord Bute teilte Johnson mit: »Sie [die Pension] wird nicht für etwas gezahlt, das Sie tun sollen, sondern für etwas, das Sie getan haben.« Auch Soldaten erhalten traditionsgemäß Pensionen, und das zu Recht, denn warum sollte ein Soldat hartherzig beiseitegestoßen werden, wenn er zu alt geworden ist, um seiner Armee nützlich zu sein?

Geld für nichts sagt mir durchaus zu. Der Gedanke, Geld zu erhalten, ohne dafür arbeiten zu müssen, ist sehr attraktiv. Aber ich frage mich, ob die Renten und Pensionen wirklich denen zugutekommen, für die sie bestimmt sind. In beiden Fällen stecken riesige Apparate dahinter, die den Verteilern Arbeitsplätze und Vermögen verschaffen, doch anscheinend bleibt für die Empfänger wenig übrig. Die Regierung spricht immer wieder von einer »Rentenkrise« – aber beispielsweise nicht von einer »Verteidigungskrise« oder einer »Es-gibt-zu-viele-Beamte-Krise«. Das bedeutet, dass das vertrauensselige Individuum, das törichterweise geglaubt hat, der Staat werde ihm im Ruhestand eine nette Rente zahlen, wieder einmal die Folgen einer Riesensauerei ausbaden muss.

Aber auch bei privaten Rentenversicherungen weißt du nie, ob dir irgendein betrügerischer Magnat dein Geld stiehlt. Zumindest ist es offensichtlich, dass die smarten Manager mit Rentenversicherungen einen Haufen Geld verdienen. Du brauchst nur das Haus oder die Häuser deines durchschnittlichen Rentenversicherungsmanagers mit deiner eigenen bescheidenen Unterkunft zu vergleichen. Es ist dein Geld, mit dem er sich seinen Champagner kauft. Zudem gibt es hier einen moralischen Gesichtspunkt: Die Rentenversicherungen sammeln mit den Monatsbeiträgen der Versicherten gewaltige Summen ein, die auf den Weltmärkten zwischen irgendwelchen Geschäftemachern hin und her geschoben werden. Du hast keine Ahnung, wofür man deine kleinen Beiträge verwendet. Viel besser ist es, die leeren Versprechungen des Staates und der Geschäftswelt zu ignorieren und eigene Vorkehrungen zu treffen oder, noch besser, sich ein Leben aufzubauen, das es unnötig werden lässt, sich zur Ruhe zu setzen.

Die Künstler unter uns sollten nach spendierfreudigen privaten Geldgebern Ausschau halten. Die Bereitstellung von Pensionen der altmodischen Art – Geld für nichts –

sollte die heutige Aufgabe der Monarchie und der Aristokratie sein. Nachdem die Aristokraten vom Mittelstand attackiert, mit meritokratischen Idealen ausgerüstet, mit Forderungen nach Erbschaftssteuer überhäuft und aus dem Oberhaus entfernt worden sind, suchen sie nach einer Rolle, und die Lösung liegt auf der Hand: Sie sollten Pensionen für große Schriftsteller, Dichter, Philosophen, Musiker und Künstler – mit anderen Worten, für Müßiggänger – bereitstellen. Im achtzehnten Jahrhundert gab es die Mode, einen Einsiedler zu beschäftigen, der in einer Grotte im Garten wohnte. »Einsiedler« wäre tatsächlich ein netter Posten. Die Reichen sollten auch ihre Häuser öffnen und in der großen Tradition der Gastfreundschaft Brot und Bier und Süßigkeiten verteilen. Zurzeit haben sich Großunternehmen wie der Informationsdienstleister Bloombergo der die Mobiltelefongesellschaften dieser Rolle der Reichen bemächtigt.

Die Rentenversicherungsbranche gibt sich alle Mühe, uns armen Verbrauchern Angst vor der Zukunft einzujagen. Auf dem Bahnsteig oder im Bus gefangen, werden wir von ihren besorgniserregenden Botschaften überflutet. Alles Mögliche könne passieren, deshalb sei es vernünftig vorzusorgen. Natürlich ist es leicht, Produkte auf der Grundlage noch nicht eingetretener Ereignisse zu verkaufen, denn man bewegt sich auf jungfräulichem Territorium, auf dem sich allerlei Ängste schüren lassen. Die Zukunft kann nach dem Willen der Werbeleute gestaltet werden. Die Wendung »Was wäre, wenn…?« sollte in achtbaren Kreisen verboten werden. Tatsache ist, dass du morgen durch einen Autounfall ums Leben kommen kannst, wonach all deine Rentenplanung vergebens gewesen wäre.

Deshalb wäre nichts verantwortungsbewusster, als zu rufen: »Steckt euch die Rente in den Arsch«, was zu sagen Philip Larkin in seinem berühmten Gedicht »Toads« (»Kröten«) den Mut hatte.

Es ist eine außerordentliche Unverschämtheit, dass die Regierung vor kurzem das Rentenalter wegen der »Rentenkrise« erhöht hat. Seit Jahren wird über diese »Rentenkrise« gesprochen, und wenn dann alle wirklich besorgt sind, haut einem der Staat als Lösung um die Ohren, dass man schwerer und länger arbeiten muss! (Wieder einmal doktert der Staat an den Problemen herum, die er selbst geschaffen hat.) Wer kann sich vorstellen, wie sich nun diejenigen fühlen, die geglaubt haben, nur noch drei Jahre bis zur Rente warten zu müssen, um dann zu hören, ihre Arbeitszeit sei erheblich verlängert worden?

Warum soll die Regierung eigentlich über das Rentenalter bestimmen? Wann ich mich zur Ruhe setze oder nicht, geht die Regierung überhaupt nichts an. Unser Rentenalter sollte von einem Privatvertrag zwischen uns und unserem Arbeitgeber abhängen oder, noch besser, durch unsere eigene Entscheidung festgelegt werden.

Die Darstellung der Rente als irdische Belohnung dafür, dass man vierzig Jahre oder mehr auf einem ungeliebten Arbeitsplatz durchgehalten hat, ist etwas Neues. Eine Rente ist zu etwas geworden, für das man arbeitet; sie ist nicht mehr etwas, das man nach der Arbeit erhält. Mit anderen Worten, sie ist Ausdruck der Anerkennung, welche die Obrigkeit für gute Arbeit erteilt, für das »säkulare Jenseits«, wie es mein Freund Matthew de Abaitua formulierte. Leide jetzt – und zieh später ins Paradies ein.

Durch private Rentenversicherungen kannst du angeblich eine beruhigende Sicherheit erwerben, das heißt Freiheit von Furcht, aber die Realität sieht ganz anders aus: Man verkauft uns Angst und dann die scheinbare Lösung: Geld. Doch diese Lösung funktioniert nie. Du wirst gehorsam kleine Beträge für deine Rente zusammenkratzen und in der Hoffnung auf eine bessere Zukunft Entbehrungen auf dich nehmen – und das, weil du der betrügerischen Botschaft der Werbeleute Glauben geschenkt hast. Angesichts der Rentenreklame sollten wir die klugen Worte des Troubadours Cercamon wiederholen, der im Jahr 1140 sang:

> All deine schönen Worte sind keinen Deut wert. Besser eine an meinen Busen gedrückte Wachtel als ein ganzes Geflügelhaus, das jemand anders abgesperrt hat. Verlass dich auf die Gaben anderer, und du starrst ins Leere.

Genau, auch ich hätte lieber sofort eine Wachtel als das vage Versprechen, morgen ein Geflügelhaus zu bekommen. Renten haben mit leeren Versprechungen zu tun. Sie sind teuflisch. Unterdessen treiben sich die Kapitalisten herum, kaufen höllische Blackberrys mit *deinem* Geld, sitzen in Taxis und kommen sich wichtig vor. Dabei sind sie nichts als *Börsenspekulanten*! Es wird Zeit, die Dinge umzukehren. Blick auf die Pfeffersäcke herab und erhöhe dich selbst! Nein, ich werde nie eine Rentenversicherung abschließen. Wenn ich Geld verdiene, dann möchte ich es für mich selbst behalten. Verwahre es unter dem Bett! Oder kauf dir etwas, das dir gefällt! In meinem Fall sind es Bücher. Ich würde lieber 50 Pfund im Monat für Bücher ausgeben, als sie einem Börsenmakler zu überlassen. Die angeborene Habgier der Rentenversicherungsverwalter bedeutet auch, dass sie anfällig für Schwindler sind. Ein mit mir befreundeter Anwalt hat mir gerade erzählt, wie eine Gruppe smarter City Boys eine Rentenversicherung mit dem Versprechen gewaltiger Renditen um 80 Millionen Pfund betrog. Mit anderen Worten, deine Rente ist genau das Gegenteil dessen, was für sie in Anspruch genommen wird. Sie ist alles andere als sicher, vielmehr ein katastrophaler Aufbewahrungsort für dein Geld. Wer in eine Rente investiert, lässt in Wahrheit einen unverantwortlichen Leichtsinn erkennen.

Wenn es um Renten geht, gehöre ich also eindeutig zu den Befürwortern der Maxime: »Iss, trink und sei fröhlich, denn morgen könnten wir sterben.« Der Glaube an Renten bringt eine Art Sklaverei hervor. Wenn du nicht an Renten glaubst, dann glaubst du an dich selbst und daran, für dich selbst sorgen zu können. Dadurch wirst du frei. Mir wäre es lieber, heute Geld zu haben und den morgigen Tag sich selbst zu überlassen. Wir können uns nicht beschweren, wenn wir unser Geld, habsüchtig wie wir sind, einer Bande von Spekulanten anvertrauen und sie es für feuerrote Ferraris verschleudern.

Der andere wichtige Gesichtspunkt in Sachen Renten: Sicherheit ist ein Hirngespinst. Sie existiert einfach nicht. Sie ist ein Produkt der Fantasie, eine bloße Hoffnung, ein Irrlicht. Die Dinge sind unberechenbar. Woher sollen wir wissen, was morgen oder auch nur in einer Minute geschehen wird? Eine Naturkatastrophe – oder ein Börsenkrach – könnte unsere Ersparnisse vernichten. Wenn du Geld hast, gib es um Gottes willen aus. Leben ist Wandel, Fließen, Fortschritt. Sicherheit ist eine Fiktion und das Gegenteil von alledem, auch wenn sie als Teil der »realen Welt« beschrieben wird. Die reale Welt ist die, in der wir leben – ein chaotischer, verworrener, gefährlicher und wunderbarer Ort.

Sich Sorgen um die Zukunft zu machen ist sinnlos, denn dadurch wird die Gegenwart nicht besser. Seltsamerweise sind die Menschen, die anderen raten, sich Sorgen um die Zukunft zu machen, genau jene, die dein Geld jetzt sofort haben wollen. Sie machen sich keine Sorgen um die Zukunft, sondern sie maximieren ihren Profit heute.

Triff deine eigenen Vorkehrungen. Weiter zu arbeiten könnte eine davon sein. Immobilienbesitz ist eine weitere Möglichkeit und der Verkauf deines Hauses noch eine. Man könnte auch schlicht aufgeben und sich von Gott versorgen lassen. Wenn ich »Gott« sage, meine ich Freunde, Verwandte und Nachbarn. Finanzinstitutionen sorgen dafür, dass wir uns verängstigt und einsam fühlen, damit wir sie für die Schaffung von Sicherheit bezahlen. Aber wir vergessen die Bereitschaft von Familienangehörigen, Freunden und der Allgemeinheit, uns in schweren Zeiten zu helfen.

Falls du dich fragst, wie du in Zukunft überleben kannst, solltest du daran denken, dein Haus zu verkaufen, wenn du in den Ruhestand trittst. Auch aus Erbschaftssteuergründen ist es sinnvoll, das Haus abzustoßen und von dem Geld zu leben. Du wirst dann keine große Erbschaft hinterlassen, aber warum sollen deine Kinder nicht für sich selbst sorgen?

Schlag die Vorsicht in den Wind. Selbst wenn du Renten von einem rationalen, vernünftigen Standpunkt aus betrachtest, sind sie gefährlich, weil der Markt so unberechenbar ist. Deine Rente hängt von der Börse ab. Deshalb wird sich dein schwer verdientes Geld bei einem Börsenkrach in Luft auflösen. Wer in Aktien investiert, lässt die Hoffnung über die Erfahrung triumphieren, wie Dickens und Edward Chancellor so deutlich aufzeigen.

Ich würde den Ruhestand völlig abschaffen. Es ist ein absurder Gedanke: Wenn mir die Arbeit Spaß macht, warum sollte ich dann in den Ruhestand gehen? Und wenn wir wirklich nicht mehr arbeiten können, sollte unsere Zunft für unseren Lebensunterhalt aufkommen. Dies ist ein weiteres Argument für eine Rückkehr zum Gildensystem. Die Mitglieder der Gilde sprangen füreinander ein, wenn jemand krank oder arbeitsunfähig war. Außerdem zahlten sie Beiträge, damit die Familien toter Mitglieder versorgt werden konnten. Man traf Vorkehrungen für Katastrophen, jedoch nicht durch angsteinflößende Werbekampagnen, sondern durch private Übereinkünfte zwischen lokalen Gruppen.

Ich selbst habe mich mit fünfunddreißig Jahren in gewissem Sinne zur Ruhe gesetzt, um ein Buch zu schreiben, und mit Gottes Willen werde ich nie wieder zur Arbeit gehen müssen. Das ist meiner Meinung nach unsere Pflicht: Statt auf die prächtigen Tage des Ruhestands zu warten, lasst uns schon jetzt unsere Freuden genießen. Wir sollten unsere Zukunft nicht irgendeinem Verwaltungsorgan überlassen, sei es die Regierung oder eine Rentenversicherung. Vertrauen wir unser Geld nicht jemand anderem zur Verwaltung an. Das ist überaus gefährlich und weit davon entfernt, uns Sicherheit zu verschaffen.

Wir müssen auf uns selbst aufpassen, und es ist der erste positive Schritt, die leeren Versprechungen der üblen

Rentenbranche nicht zu glauben. Wer die Rente ablehnt, akzeptiert sich selbst und zeigt den silberzüngigen Geldmachern den Stinkefinger.

SAG JA ZUM LEBEN

23

Verlass die Welt der Grobheit, tritt in eine neue Ära der Liebenswürdigkeit, Höflichkeit und Anmut ein

Die Menschen sind böse, verderbt, arglistig
und heimtückisch, ihren Nächsten lieben sie nicht,
sondern allein sich selbst, Gastfreundschaft, Barmherzigkeit
und Umgänglichkeit haben für diese Betrüger und
doppelzüngigen Heuchler längst allen Wert verloren, hartherzig
und erbarmungslos verfolgen sie nur ihre eigenen Zwecke
und sichern sich ihren Vorteil ohne Rücksicht darauf,
in welches Unheil sie andere damit stürzen.

Robert Burton,
Anatomie der Melancholie, 1621

Ein großartiges Buch mit dem Titel *Grobheit und der Aufstieg des Kapitalismus* wartet darauf, geschrieben zu werden. Die beiden Begriffe sind fast Synonyme. Der Puritanismus und sein Bruder, das Geldverdienen, sind ihrem Wesen nach grob, denn da sie den Profit in vollem Ernst über alles andere stellen, erfordern sie die Unfähigkeit, abweichende Meinungen anzuerkennen. Dieser Mangel verleitet Puritaner zu einer spektakulären Unhöflichkeit. Weihnachten abzuschaffen, was sie 1649 taten, war überaus unfreundlich. Damit nicht genug, die extremsten Puritaner waren so unkultiviert, dass wir am Ende einige von ihnen in die Vereinigten Staaten schickten, wo sie ungeachtet einer vortrefflichen Verfassung eine neue Nation aufbauen konnten, die ihrer Derbheit freien Lauf ließ. Dort drüben setzten sie ihre Schlacht gegen die Freude und das Leben fort, nämlich im Bürgerkrieg, in dem der unhöfliche Norden gegen den liebenswürdigen Süden stand.

Wir alle kennen wahrscheinlich jemanden, auf den folgende Beschreibung der puritanischen Geistesart – aufdringlich, moralisch überlegen, asketisch, humorlos – zutrifft, die der sanfte Bertrand Russell in seinem Essay »The Recrudescence of Puritanism« (Die Wiederkehr des Puritanismus) vorlegte. Jedenfalls ist dies eine gute Kennzeichnung eines britischen Premierministers um die Wende des einundzwanzigsten Jahrhunderts:

> Wir müssen lernen, unsere Privatsphäre zu respektieren und anderen nicht unsere moralischen Maßstäbe aufzuzwingen. Der Puritaner bildet sich ein, dass sein moralischer Maßstab *der* moralische Maßstab ist. Er begreift nicht, dass andere Epochen und andere Länder und sogar andere Gruppen in seinem Land Wertvorstellungen haben, die sich von seinen unterscheiden und die sie genauso vertreten dürfen wie er die seinen. Unglücklicherweise hat die Machtliebe, das natürliche Ergebnis der puritanischen Selbstverleugnung, zur Folge, dass die Puritaner zielstrebiger sind als andere, weshalb es schwierig ist, ihnen zu widerstehen.

Russells Wort »zielstrebiger« ersetze man durch »verdammt rüpelhafter«. Es kann grob sein, Dinge zu *tun*, weil sie möglicherweise nicht den Wünschen anderer entsprechen. Wer müßig ist, verhält sich in erster Linie höflich. Es ist höflich, nicht zu sehr zu brillieren, es ist höflich, nicht zu erfolgreich zu sein, es ist höflich, nicht zu fleißig zu arbeiten, es ist höflich, *andere in Ruhe zu lassen.* Der Müßiggänger ermöglicht den Menschen in seiner Umgebung, sich wohlzufühlen, denn er benimmt sich so, als sei er nicht besser, sondern schlechter als sie. Sich so zu benehmen, als sei man besser als andere, lässt einen Mangel an Rücksicht erkennen. Wilder Ehrgeiz ist unhöflich; Homer Simpson ist höflich.

Die Regierung, die als höfliche Einrichtung begann und die Menschen vor der Ausplünderung schützen sollte, hat sich in eine sehr derbe Institution verwandelt, die Menschen umbringt, ihnen vorschreibt, was sie tun und wie sie leben sollen, und die sie bespitzelt. All die Google-Recherchen, die du durchgeführt, und all die E-Mails, die du abgeschickt hast – die Regierung wird sich bald selbst ermächtigen, sie unter die Lupe zu nehmen, wann immer es ihr beliebt. Aber die Menschen haben diese Einmischungen gründlich satt. Unser Briefträger, ein lebenslanger Anhänger der Labour Party, ist außer sich vor Wut über das Vordringen der Staatsmacht in jeden Winkel unseres Lebens. »Sie sind überall«, sagt er. »Du kannst ihnen nicht entgehen!« Computer, Videoüberwachungsanlagen, Kundenkarten – man beobachtet jeden Schritt, den du machst, und alles wird dann in riesigen Datenbänken gespeichert.

Wie die kapitalistische Ethik mit dem Puritanismus heranwuchs, so sind auch Geld und Grobheit enge Gefährten. Manieren weichen vor dem Geld zurück. Wenn du jemandem Geld schuldest, scheint er die Berechtigung erworben zu haben, dich mit größter Verachtung zu behandeln. Wenn du deine Zahlungen an die Kapitalisten aufschiebst, reagieren sie schnell sehr boshaft. Dieselben Personen, die dich umwerben, dir schmeicheln und dich mit viel Geschick verführen, bis du ihnen deine Kreditkartennummer aushändigst oder ihnen eine Einzugsermächtigung erteilst, legen, wenn du ihnen Geld schuldest, plötzlich ihre Höflichkeit und ihren Respekt ab. Noble Manieren fliegen geradezu zum Fenster hinaus, Drohbriefe und einschüchternde E-Mails treffen ein. Nachdem der langjährige Partner meiner Mutter gestorben war, rief sie das Gasunternehmen an und erklärte, sie werde seine Rechnung begleichen, sobald die Erbschaftsformalitäten geregelt seien. Ihr Anruf wurde ignoriert, und ein unaufhörlicher Strom von immer unfreundlicheren Schreiben ergoss sich in den Briefkasten des Toten. Man drohte mit Abschaltung, Gerichtsvollziehern, Vorladungen, Entzug der Kreditwürdigkeit und allen übrigen Zwangsmitteln der modernen Macht. Die Höhe der Rechnung? 34,80 Pfund.

Verkäufer sind rüde. Jemanden an einem Sonntagmorgen anzurufen, um ihm einen neuen Telefonvertrag zu verkaufen, ist einfach unhöflich und ein Verstoß gegen die Freiheit. Wahre Freiheit erlaubt nicht, die Freuden anderer zu stören. Sie steht für das Recht, seine eigenen Freuden zu genießen und sein eigenes Leben aufzubauen; außerdem garantiert sie anderen das gleiche Recht.

Während ich diese Seite schrieb, rief mich jemand unangemeldet an. Es war ein Freitagmittag.

»Hallo, spreche ich mit Mr. Hoss-king-son?« Es knisterte in der Leitung, und der Anrufer hatte einen indischen Akzent. Offensichtlich ein armer Kerl in einem Call-Center in Delhi.

»Ähm … ja?«

»Darf ich fragen, ob Sie ein Handy besitzen?«

Ich hätte lieber kein Handy gehabt, damit ich schlicht hätte »Nein« sagen können, ohne zu lügen. Diese unerwünschten Anrufer stellen uns vor ein Dilemma: Einerseits möchte man sie auffordern, sich fortzuscheren, aber andererseits will man niemanden grob behandeln. Wie also wird man sie los, ohne zu brüllen: *»Lassen Sie mich in Ruhe!«*, und ohne den Hörer auf die Gabel zu werfen, wozu ich neige, wenn ich schlecht gelaunt bin?

»Verzeihung, aber ich möchte solche Anrufe nicht. Sie haben mich gerade bei der Arbeit gestört. Vielen Dank. Auf Wiederhören.«

Während ich den Hörer niederlegte, setzte er seine Verkaufssprüche unbeirrt fort.

Häufig geht es auch um Renovierungen. Eine arme, verzweifelte, nur über Provision bezahlte alleinerziehende Mutter ruft eines Sonntagmorgens an und verkündet: »Wir haben Mitarbeiter in Ihrer Gegend und hätten gern gewusst, ob Sie an einer kostenlosen Beratung interessiert sind.«

Oh, sie versuchen, munter zu klingen, während sie ihren Text ablesen. Ich könnte in Tränen ausbrechen. Diese Leute werden durch einen Manager motiviert, der ihnen versichert, er sei sechs Monate zuvor mittellos gewesen, aber dann habe er mit dem Verkaufen begonnen und nun fahre er einen Porsche. Einmal hörte ich ein paar jungen Burschen im Zug zu, die offenbar Handyverträge von Tür zu Tür verkauften. Das Gespräch drehte sich um eine fast mythische Gestalt, die angeblich ein »Wahnsinnsgeld« verdiente. So funktioniert die Sache im Verkauf: Es wird ein Goldschatz vorgegaukelt, ein Haufen Bargeld am Ende dieser unnötigen und nervtötenden Grobheit, und immer ist er knapp außer Reichweite. Im Vereinigten Königreich werden Verkäufer schlechter bezahlt als alle anderen Berufsgruppen. Die besten Gehälter zahlt man übrigens im Gesundheitswesen. Die Ärzte, jene Hausierer mit Antibiotika und anderen Pillen und Mittelchen, haben ihr Geschäft fest in der Hand.

E-Mails scheinen automatisch Ärger hervorzurufen. Das Medium beeinträchtigt unzweifelhaft die Qualität der Botschaft, und wir gestatten uns offenbar, in unseren E-Mails schrecklich brüsk zu sein und auf Grammatik, Rechtschreibung und vollständige Sätze zugunsten abgehackter telegrammartiger Abkürzungen zu verzichten. Jegliche Eleganz des Stils geht verloren. Kann sich jemand die *Gesammelten E-Mails* von Seamus Heaney vorstellen? Und da E-Mails Nuancen schlecht vermitteln, können sie leicht schroffer und unmanierlicher erscheinen, als man es beabsichtigt hatte. Manchmal spürt man, wie sich während einer E-Mail-Korrespondenz eine schlechte Stimmung einschleicht, und man beschließt, den Partner anzurufen. Wenn man normal miteinander spricht, löst sich die schlechte Atmosphäre in der Regel auf. Also empfiehlt es sich, kunstvolle Höflichkeitsfloskeln in unsere E-Mails einzuführen. Man könnte etwa mit »Mein lieber (oder meine liebe) …« beginnen und mit »Stets Ihr sehr ergebener …« schließen.

Der zeitgenössische Verlust von Formalitäten im alltäglichen Umgang miteinander kann die Gefühle verletzen. Wer höflich ist, nimmt Rücksicht auf das Zartgefühl des anderen. Außerdem sollten wir wieder richtige Briefe schreiben. Welch ein Genuss es ist, einen wirklichen Brief zu verfassen oder zu empfangen! Federhalter, Tinte, Papier, Post – das sind keine kostspieligen Freuden. Manche beschweren sich über die Post, aber ich habe sie immer als wunderbar empfunden. Für den Preis einer Briefmarke wird dein Schreiben überall im Land bereits am folgenden Morgen ausgeliefert! Und man kann Gegenstände mit der Post verschicken. Du kannst Sticker, Abzeichen und Zeitungsausschnitte in den Umschlag legen. Viele meiner Freunde verzichten inzwischen auf E-Mails. Für sie ist es befreiend, ohne dieses Hilfsmittel zu leben.

In Gesellschaften, in denen Geld keine derart zentrale Rolle spielt wie bei uns, haben die Menschen bessere Manieren. In Mexiko zum Beispiel wird erwartet, dass man, bevor man sich zum Schlafen zurückzieht, die Anwesenden bittet: *»Con su permiso«* (Mit eurer Erlaubnis) – eine erfreuliche Redewendung. Was gutes Benehmen und Höflichkeit betrifft, so ist stets ein spielerisches linguistisches Element daran beteiligt. Kropotkin verweist auf die guten Manieren und den Charme primitiver Gesellschaften. Zum Beispiel war Höflichkeit in der Mayakultur von höchster Bedeutung. Auch für Konfuzius waren gute Manieren das Öl, welches das reibungslose Funktionieren der Gesellschaft ermöglicht. Es ist nur folgerichtig, dass Manieren und Rituale in Gesellschaften, die sich auf ein kollektives Ideal stützen, äußerst wichtig sind, während sie in Gesellschaften, die auf den Idealen des Wettbewerbs beruhen, nur als Mittel zum Zweck dienen. Bei Cobbett und Hardy lesen wir von den »alten Sitten«, das heißt von der Höflichkeit und dem Respekt, mit denen die Menschen einander behandelten, bevor die aufdringlichen, sich einmischenden, nach Geld strebenden Calvinisten alles verdarben.

Der höflichste Mensch aller Zeiten war vermutlich der große Visionär und Vagabund des zwölften Jahrhunderts, der heilige Franz von Assisi. Er war zunächst ein fröhlicher junger Lebemann und Mitglied jener charmanten literarisch-musikalischen Bewegung der damaligen Zeit, der Troubadoure von Okzitanien (Südfrankreich). Später legte er jedoch das Armuts- und Keuschheitsgelübde ab und verzichtete auf Geld. Das allein ist über die Maßen höflich, weil es garantiert, dass sich andere in deiner Umgebung wohlfühlen, während der protzige Millionär mit mehreren Mädchen am Arm Neid hervorruft und sich daher schlecht benimmt. Chesterton sah einige der großen Qualitäten des heiligen Franz von Assisi in dessen Manieren: Er war allen gegenüber höflich und zeigte ein aufrichtiges Interesse an ihrem Innenleben. »Wir können sagen, dass sich der heilige Franz in der reinen und kargen Einfachheit seines Lebens an einen einzigen Fetzen des Luxus klammerte: an die Manieren des Hofes.« Er stufte sich nicht höher als andere ein, er war von dieser Welt und wusste, dass sie einer unbegrenzten Vielfalt von Menschen Platz bietet. Der heilige Franz agierte in dem Raum zwischen dem Diesseits und dem Jenseits.

In Südfrankreich, der Heimat der Troubadoure, galt Gastfreundschaft als selbstverständlich. Die Troubadoure waren nicht bloß umherziehende Minnesänger, sondern auch Komponisten und Musiker aus allen Gesellschaftsschichten, die die höfische Liebe als Ideal hochhielten. Das Wort »Troubadour« kommt vom lateinischen *tropator* (Entdecker). Diese große Gruppe von Künstlern erfand eine neue Art umgangssprachlicher vertonter Liebesdichtung. Ihre Texte waren satirisch, pastoral und manchmal zweideutig; sie handelten von Ritterlichkeit und oftmals von Freude. Die Troubadoure waren frühe Romantiker, die Popstars ihrer Zeit. Sie spielten Trommel, Laute, Flöte und die wunderbare Handorgel (oder Varianten dieser Instrumente). Auf ihren Reisen benoteten sie Herrenhäuser und Höfe nach der angebotenen Kost. Eine ideale Hauptmahlzeit bestand aus Reh, Wildschwein oder sonstigem Wildbret und Fisch, gewürztem und ungewürztem Wein, Kartoffelpuffern und Keksen oder auch aus Trappe, Schwan, Kranich, Rebhuhn, Ente, Kapaun, Gans, Huhn und Fasan, Kaninchen, Hase, Beeren,Wurzeln und Früchten. Häufig beklagen sich die Troubadoure in ihren Gedichten über geizige Reiche, die eine kümmerliche Tafel anboten. Zum Glück gibt es heute Künstler, die die energische Musik der Troubadoure neu erstehen lassen, und ich sitze abends gern in meinem Pub, dem Green Man, während der mittelalterliche Beat aus der Stereoanlage hämmert (besonders empfehlenswert sind die Werke des Unicorn Ensemble).

Vor allem priesen die Troubadoure das fröhliche Leben und die Höflichkeit. Berenguier de Palou aus dem zwölften Jahrhundert textete:

> Tant m'abelis jòis e amors e chants,
> E alegrièr, depòrt e cortesia,
>
> (So sehr schätze ich Freude und Liebe und Gesang,
> Frohsinn, Zerstreuung und Höflichkeit)

Gute Manieren und Gastfreundschaft waren auch für die frühe handwerkliche Mittelschicht wichtig, die sich, wie gesagt, in Gilden organisierte. Diese Kaufleute und Handwerker mussten den Aristokraten und Klerikern beweisen, dass Arbeit ohne Verstoß gegen die Regeln der Höflichkeit verrichtet werden konnte. So galt beste Verarbeitung zu einem tragbaren Preis als Ausdruck der Liebenswürdigkeit, während es für grob gehalten wurde, Kunden mit schäbigen Waren übers Ohr zu hauen.

Ebenso entsprach es den guten Manieren, die Armen zu versorgen und sich umeinander zu kümmern. Heinrich VIII., Cranmer und der Protektor Somerset führten dann neue, schockierend grobe Standards ein. Systematisch schafften sie sämtliche höflichen Neuerungen der mittelalterlichen Gesellschaft ab: die gemeinschaftlich genutzten Felder, die Klöster, die Gildenböden, den Brauch der offenen Tür. Ein besonderer Reiz des Mittelalters war der Umstand, dass es eine kindliche Lebensintensität mit dem Bemühen verband, gut miteinander umzugehen.

Heute müssen sich Rebellen mit dem Problem auseinandersetzen, dass gute Manieren seit der viktorianischen Epoche mit Unterwürfigkeit assoziiert werden. Leider wurden die Manieren im neunzehnten Jahrhundert durch den übertriebenen Nachdruck auf Etikette verfälscht, die eher auf Respekt vor höhergestellten Personen als auf wirklicher Höflichkeit beruhte. Während man von den unteren Ständen erwartete, dass sie die Oberschicht zuvorkommend behandelten, scheint dies umgekehrt nicht gegolten zu haben. Damit wurden Manieren von einem Zeichen der Rücksichtnahme zum Ausdruck von Servilität. Wer sich unkultiviert verhielt, begehrte also, wie man meinte, gegen autoritäre Werte auf.

Ein Moment der Überlegung macht jedoch deutlich, dass genau das Gegenteil der Fall ist und dass gute Manieren rebellisch und anarchisch sind. Mehr noch, sie sind antikapitalistisch. Mein Freund, der makellos gekleidete Gavin Clarke, betreibt eine brillante Zeitschrift namens *The Chap*. Sie beschwört eine Welt der pfeiferauchenden Gentlemen herauf, die voreinander den Hut ziehen. Doch Mitarbeiter und Leser der Zeitschrift raffen sich manchmal zu rebellischen Aktionen auf. Beispielsweise marschieren sie zu McDonald's, um Kedgeree und Lapsang Souchong zu bestellen. Zu den Parolen von *The Chap* gehört »Zivilisiert die City«, und für die Anhänger sind Kleidung aus Tweed und elegante Halbschuhe ein Ausdruck des Trotzes angesichts der Klingelton-Kultur, der Markentrainingsanzüge und der abstumpfenden Eintönigkeit der modernen Welt. *The Chap* steht für das exzentrische Element in einer Welt der Uniformität.

Hoffnung macht mir auch die Ausbreitung von Migranten um die Welt. Einwanderer aus altmodischeren Kulturen bringen ihre Liebenswürdigkeit mit ins Vereinigte Königreich, und dieser Prozess spielt sich seit Jahrhunderten ab. Sir William Temple bemerkt, wir hätten durch die normannische Eroberung »mehr Bildung, mehr Höflichkeit, eine zunehmende Verfeinerung der Sprache, der Sitten und Manieren … sowie eine Mischung aus Französisch und Normannisch erworben«. Fremde können uns helfen, gut zu leben.

Wir müssen zu unseren guten Manieren zurückfinden. Der *Idler*-Mitarbeiter Josh Glenn schrieb regelmäßig eine Etikettekolumne für die Zeitschrift. Beispielsweise propagierte er den Einsatz von Entschuldigungskarten, die man am Tag nach einer Party, auf der man sich danebenbenommen hat, verschicken solle. Wir müssen unbedingt lernen, uns anständig zu verhalten: mit Charme, Liebenswürdigkeit, Höflichkeit, Rücksicht. Zu oft betrachtet man diese Dinge nur dann als Tugenden, wenn sie einem kommerziellen Zweck dienen. Aber sie sollten Selbstzweck sein.

Bei uns zu Hause haben wir (bisher ohne Erfolg) versucht, Höflichkeitswettkämpfe abzuhalten. Dabei sollen unsere Konkurrenztriebe in eine Schlacht um Manieren umgeleitet werden: Wer ist auf besonders absurde Art überhöflich? »Guten Morgen, Pater. Dürfte ich dir vielleicht die Ungelegenheit bereiten, dich zu bitten, mir bei der Suche nach meiner Hose behilflich zu sein? Mater scheint sie verlegt zu haben.« »Gewiss, mein Kind. Es ist mir ein Vergnügen und eine Ehre, und bitte verlier kein Wort darüber. Übrigens, falls du bereit bist, aber nimm dir ruhig Zeit: Das Frühstück ist fertig.«

Der Verfall von Manieren ist ein Zeichen einer sich auflösenden Gesellschaft. Die späten Römer waren grob; die zeitgenössische amerikanische Regierung ist grob. Es ist grob, viele Tausende irakischer Zivilisten zu töten. Einmischung ist grob; Regierungen sind grob; Experten sind grob. Während die alte Gesellschaft auseinanderbricht, müssen wir ruhig und bescheiden eine neue an ihrer Seite aufbauen. Die alten kriegerischen Sitten werden sich von ganz allein zerstören. Der Wettbewerb wird sich selbst auffressen. Unsere Aufgabe ist es, eine gesittete Gesellschaft zu erschaffen. Wenn du dich selbst für frei erklärst, dann lässt du das Gleiche auch für andere gelten, was bedeutet, dass du nicht auf sie einwirken wirst. Du wirst sie auch nicht misshandeln.

Verzichte darauf, freie Republiken zu gründen oder in ein Land zu ziehen, in dem es mehr Freiheiten gibt. Erkläre einfach dich selbst zu einem unabhängigen Staat.

Ziehe niemand anderen heran, üb keinen Zwang aus. Das ist die einzige Methode, durch die wir eine wirkliche Revolution einleiten können. Sobald jeder von uns seine Freiheit und Verantwortung anerkennt, werden unsere Fesseln von uns abfallen. Um frei von schlechten Manieren zu sein, müssen wir selbst gesittet auftreten und die schlechten Manieren anderer ignorieren.

Gastfreundschaft hat ihren eigenen Lohn. Wenn wir Menschen bei uns aufnehmen, dann werden sie uns ihre Türen öffnen, wenn wir unsererseits darauf angewiesen sind. Gut zu anderen Menschen zu sein ist die einzige Versicherungspolice, die man benötigt. Genau wie du deinen Freunden und Nachbarn in Zeiten der Not hilfst, werden sie dir helfen, wenn sich das Blatt wendet. Einer meiner Pläne ist es, bei jedem Vollmond ein offenes Haus auszurufen. Freunde und Nachbarn werden wissen, dass sie an solch einem Tag vorbeikommen und mit guter Gesellschaft, gutem Wein, gutem Bier, gutem Essen und Frohsinn rechnen können.

Wer höflich ist, protestiert gegen die vielen Grobheiten des Alltagslebens. Mobiltelefone sind grob. Vor einigen Tagen saß ich im Pub mit einem Freund zusammen, der mir einen Vortrag über die großartige Revolution der Kommunikation durch die Handys hielt. Dann erhielt er eine SMS, und wir saßen schweigend da, während er eine Antwort tippte. Ein neuer Horror, schlimmer noch als Handys, sind Fernsehapparate in den Zügen. Zugfahrten boten früher eine Oase der Ruhe. Man konnte ein Buch lesen oder aus dem Fenster schauen. Nun jedoch will man an jeder Rückenlehne Fernsehschirme installieren, damit du während der Fahrt mit Nachrichten und Werbung bombardiert werden kannst. Ist das nicht grob? Es ist, als säße während der gesamten Reise ein Verkäufer neben dir, der unablässig auf dich einredet. Wo immer man ist, hat man das Gefühl, angeplärrt zu werden. Das können wir mühelos ändern, indem wir selbst nicht herumschreien. Sei herzlich. Finde die Freiheit in deinen Manieren.

SEI ANMUTIG

24

Selbstgefällige Puritaner müssen sterben

Eines der Symptome des sich nähernden Nervenzusammenbruchs ist der Glaube, dass die eigene Arbeit schrecklich wichtig sei und dass es alle möglichen Katastrophen mit sich bringen würde, Urlaub zu machen.

Bertrand Russell

Der Puritanismus führt zur Selbstgefälligkeit. Sobald man sich der Lehre der Prädestination zuwendet, der Vorstellung, dass es auf der Welt für das Heil Auserwählte gibt und dass die Übrigen zur Hölle fahren werden, und sobald man die Idee verinnerlicht, dass weltlicher Erfolg und Vermögen Zeichen von Gottes Billigung des eigenen Verhaltens sind, kann man sehr leicht zu einem unerträglichen Tugendbold und machtbesessenen Eiferer werden.

Der Lebensansatz des existenziellen, anarchischen, mittelalterorientierten Gelegenheitsarbeiters ist jedoch ein ganz anderer. Wenn alles eitel und das Leben absurd ist, warum sollen wir uns dann nicht dem Moment hingeben? Der mittelalterliche Mensch lacht über das Leben; ihm fehlt die religiöse Arroganz des Puritaners. Die mittelalterliche Theologie stand der Philosophie der Untätigkeit nahe, die schon der Taoismus befürwortete. Der Taoist zielt darauf ab, überhaupt keine Anstrengungen zu unternehmen, da sämtliche Handlungen nichtig und vergeblich sind. Der Mensch ist völlig belanglos. Die Schlacht zwischen den beiden Tendenzen des menschlichen Geistes zieht sich über viele Jahrhunderte hin und wird symbolisiert durch den englischen Bürgerkrieg, in dem die lebenslustigen Cavaliers gegen die gestrengen Roundheads standen. »In unserer Armee«, erklärt ein General der Cavaliers seinem Gegner Lord Fairfax, »haben wir die menschlichen Sünden: das Trinken und die Hurerei, aber in Eurer gibt es die Sünden jener beiden Teufel: die des religiösen Stolzes und die der Rebellion.«

In Shakespeares Stück *Was ihr wollt* wird die Arroganz der Puritaner satirisch durch die Gestalt des engstirnigen Malvolio wiedergegeben, dessen Dünkel ihn an der Erkenntnis hindert, dass Viola niemals Gefallen an ihm finden wird. Deshalb ist er eine leichte Beute für den Streich, den ihm Sir Toby Belch und Maria spielen. Die beiden repräsentieren die Lebenseinstellung des »Iss, trink und sei fröhlich, denn morgen könnten wir sterben«. Hier ist Marias Beschreibung von Malvolios Charakter:

> Den Henker mag er ein Pietist oder sonst etwas anders auf die Dauer sein als einer, der den Mantel nach dem Winde hängt! Ein gezierter Esel, der vornehme Redensarten auswendig lernt und sie in großen Brocken wieder von sich gibt; aufs Beste mit sich selbst zufrieden; wie er meint, so ausgefüttert mit Vollkommenheiten, dass er ein Glaubensartikel bei ihm ist: wer ihn ansieht, müsste sich in ihn verlieben. Dies Laster an ihm wird meiner Rache vortrefflich zustattenkommen.

Die Überzeugung, dass er ein überlegenes Geschöpf sei, ist für Malvolio ein »Glaubensartikel«. Maria und Belch verfassen einen gefälschten Liebesbrief von Viola an Malvolio, in dem sie dem Puritaner angeblich mitteilt, sie würde ihn gern mit gelben Strümpfen und kreuzweise gebundenen Kniegürteln bekleidet sehen. So demütigen die mittelalterlich Gesonnenen den Puritaner auf eindrucksvolle Art, doch uns bleibt Malvolios eisige Warnung im Ohr: »Ich räche mich an Eurer ganzen Rotte!« Und genau das tat er, denn seitdem hat die puritanische unzweifelhaft über die mittelalterliche Lebenshaltung gesiegt.

Das soll nicht heißen, dass die Anti-Puritaner nie zu Wort gekommen wären. Einer, den man niemals als Tugendbold hätte bezeichnen können, war der erwähnte Lord Wilmot, Earl of Rochester. Er war ein Dandy der Restauration, ein tollkühner, sexsüchtiger Libertin, ein Freund von Karl II. und einer der »fröhlichen Bande«, wie sein Zeitgenosse Andrew Marvell Rochester und dessen literarische Gefährten nannte. Kürzlich hatte ich das Glück, dass mir ein Besucher Wilmots Gedicht »Régime de vivre« auswendig vortrug:

Ich steh' auf um elf, ich esse um zwei,
Ich betrink' mich vor sieben; wenn das vorbei,
Ruf' ich meine Hure, und aus Angst vor schlimmem Los
Ergieß' ich mich in ihre Hand und spuck' in ihren Schoß.

Dadurch erhält man eine Vorstellung von Rochesters Prioritäten. Aber er war nicht nur ein Wüstling; er vertrat auch eine nihilistische, Sartre vorwegnehmende Einschätzung der Welt als im Wesentlichen absurd und sinnlos. In »A Fragment of Seneca Translated« behauptet er, alle Mythen von einem Leben nach dem Tode seien Trugbilder, Hirngespinste des Menschen. Zudem verurteilt er in der Gestalt des ehrgeizigen Eiferers die Selbstgefälligkeit nach Art Malvolios:

> Nach dem Tod ist nichts, und nichts ist Tod,
> Die letzte Grenze deiner Atemnot.
> Lass ehrgeiz'gen Eifrer nur vergessen
> Seine Hoffnung auf den Himmel, ohnehin vermessen;
> Lass Sklavenseelen ihre Furcht fortwerfen
> Und sich nicht durch die Frag' entnerven,
> Wohin danach ihr Geist wohl fällt.
> Tot werden wir zum Müll der Welt,
> Und werden zu dem Haufen gefegt,
> Wo sich das Zerstörte zum Ungebornen legt.
> Der Zeiten Schlund verschlingt uns ganz,
> Bis Seel' und Körper brechen im letzten Tanz.
> Denn Hölle und Teufel, die gemeinsam regiern
> Und in Gottes ew'gem Feuer die Kohlen schürn
> (Erfunden von Schurken, gefürchtet von Deppen),
> Dazu der Höllenhund, der uns will neppen.
> Sind müß'ge Märlein, törichte Geschichten,
> Träume und Launen, die wir uns erdichten.

Hier sehen wir die Verbindung zwischen Libertinismus und Freiheit: Der Libertin ist davon überzeugt, dass sämtliche Moralvorstellungen von Menschen erschaffen wurden, weshalb man sich auch nicht an sie zu halten braucht. Auch ein weiterer Nihilist, Samuel Beckett, soll Alkohol und Prostituierte geliebt haben. Doch warum auch nicht, da wir alle ohnehin am Ende ins Nichts übergehen. Was man dem Libertin unzweifelhaft nicht anlasten kann, ist Selbstgefälligkeit.

Man muss sich fragen, wieso der Puritanismus so einflussreich werden konnte. Dafür ist meiner Meinung nach der Groll verantwortlich. Der Puritanismus gab den zornigen unteren Ständen eine Möglichkeit, sich mächtig zu fühlen. Um sich selbst Macht zu verschaffen, fachten die neuen Bourgeois den Zorn der unteren Stände an. Diese Schlussfolgerung wird jedenfalls durch die Popularität eines frühen Puritaners, des florentinischen Mönchs Savonarola, nahegelegt. Im späten fünfzehnten Jahrhundert machte Savonarola sich durch seine dröhnenden Predigten einen Namen, in denen er die Korruption, die Lasterhaftigkeit und die Eitelkeit der Kirche, der Gesellschaft im Allgemeinen und der Familie Medici im Besonderen angriff, die Florenz weitgehend regierte. »Denkt gut nach, ihr Reichen«, donnerte er, »denn Leid wird über euch kommen. Diese Stadt wird nicht mehr Florenz sein, sondern eine Räuberhöhle, ein Ort der Verworfenheit und des Blutvergießens.« Er forderte seine Anhänger, bekannt als Wimmerer, auf, in die Häuser der Reichen zu gehen, deren Werke von Dante und Petrarca, ihre Gemälde nackter Frauen, ihre Seife, Seidenstoffe, Spiegel, Schachbretter, Harfen und Schmuckstücke mitzunehmen, auf dem Platz der Stadt aufzustapeln und dann zu verbrennen. Solche symbolischen Attacken auf den Luxus wurden Fegefeuer der Eitelkeiten genannt. Doch das Volk änderte seine Meinung sehr bald, und am 23. Mai 1498 wurde Savonarola wegen Ketzerei verurteilt, aufgehängt und dann an derselben Stelle auf der Piazza della Signoria verbrannt, wo er seine Fegefeuer abgehalten hatte.

Savonarola war erfolgreich gewesen, weil er den Groll der Bevölkerung manipuliert hatte. Das Gleiche galt für die Reformation. Calvin, Luther und die Anhänger von John Wesley schwatzten über korrupte Priester und das

Luxusleben der Geistlichkeit, um das Volk auf ihre Seite zu ziehen. Wie bei Chaucer nachzulesen ist, hat sich der Hass auf die Kleriker – weil sie faul und aufgeblasen seien, von der Arbeit des Volkes profitierten, Ablassbriefe verkauften und so fort – im vierzehnten Jahrhundert in Europa weit verbreitet. Diese Schwachstelle im System gestattete den Malvolios, die Macht zu übernehmen. Eine neue meritokratische, bourgeoise Elite löste die alte Führungsschicht der Aristokraten und des Klerus ab, doch wie Bertrand Russell, Chesterton und viele andere ausführen, waren die neuen Puritaner in Wirklichkeit noch brutaler und ausbeuterischer als ihre Vorgänger.

Groll führt also direkt zur Selbstgefälligkeit. Wer nicht von Groll erfüllt ist, dürfte andere nicht um ihre Reichtümer beneiden. In diesem Sinne sind Revolutionen von puritanischem Geist erfüllt. In Orwells *Farm der Tiere* schüren die Schweine den Groll der Tiere auf die Menschen: Warum sollt ihr schuften, damit sie im Luxus leben? Am Ende sind Schweine und Menschen, wie wir alle wissen, nicht mehr voneinander zu unterscheiden. Eine Tyrannei hat die andere ersetzt. Puritaner sind schlicht eifersüchtig.

Heute haben Konsumartikel und das Stellensystem den Platz der Puritaner übernommen. Sie versprechen, den Benutzer »aufzumotzen«, wie man im gängigen Jargon sagen könnte. Ein großes Auto ist ein Zeichen dafür, dass man etwas wert ist, ein Beweis für Gottes Gunst. Auch das Stellensystem mit seiner starren Hierarchie fördert die Selbstgefälligkeit. Nein, du bist nicht bloß ein Staubkörnchen, ein Nichts, sondern Filialleiter! Du bist Produktmanager! Du bist jemand!

Das alte aristokratische System der Ränge und Titel ist einem bourgeoisen System der Beförderung und Selbstbeförderung gewichen. Wer glaubt, wir lebten in einem nichthierarchischen Zeitalter, hat noch nie in einem Büro gearbeitet. Dort und an allen sonstigen Arbeitsplätzen blüht die Hierarchie. In wie vielen Marketingkonferenzen habe ich gesessen, wo die Anwesenden aufrichtig meinten, etwas Wichtiges zu tun! Wahnsinn! Wie Bertrand Russell klug bemerkt, ist es wahrscheinlich, dass dieser Wahnsinn, diese fälschliche Annahme, wir seien unentbehrlich, zum Nervenzusammenbruch führt.

Auch Handys lassen den Benutzer wie einen Jemand aussehen. Sie erzeugen Selbstherrlichkeit, darin liegt ihr Genie. Am Anfang befanden sie sich nur im Besitz von reichen und sehr beschäftigten Menschen. Allmählich beschlossen wir alle, wir seien wichtig genug, um ein Handy zu haben, obwohl wir eine Ewigkeit ohne solche Geräte ausgekommen waren. Inzwischen sind wir an diese absurden und teuren Nichtigkeiten gefesselt.

Aber wir wollen uns nicht an Savonarolas Einstellung orientieren und unsere Telefone verbrennen. Dadurch würden wir selbst zum Feind werden. Wer Führern folgt, wird stets enttäuscht. Ihre Versprechen sind leer, sie sind teuflische, verkappte Verschwender, die einfach nur ganz oben am Tisch sitzen wollen. Viel vernünftiger ist es, den anarchistischen Gedanken, dass es keine Autorität außer dir selbst gibt, aufzugreifen und, mit den Worten Kropotkins, »selbständig zu handeln«; zu essen, zu trinken und fröhlich zu sein.

Selbstgefälligkeit ist verfänglich, denn sobald wir uns für wichtig halten, gehen die Dinge schief. In Wahrheit sind wir völlig unwichtig, und nichts spielt eine Rolle. Das ganze Streben des Menschen ist sinnlos; jegliche Mühe ist verschwendet. Die Erkenntnis, dass nichts eine Bedeutung hat, ist ungeheuer befreiend, denn dadurch wird es uns ermöglicht, unser eigenes Leben aufzubauen und die Pläne, die andere für uns haben, zu ignorieren.

WIR SIND NICHTS

25

Befreie dich von den Supermärkten

Die Befriedigung des Konsumenten kann
und darf niemals erreicht werden.
Raoul Vaneigem, Handbuch der Lebenskunst
für die jüngeren Generationen, 1967

Supermärkte sind böse. Das ist eine Tatsache. Einer meiner Freunde erwiderte mir einmal: »Tom, ich glaube, es ist ein bisschen komplizierter.« Aber je länger ich mich mit der Frage beschäftige und je gründlicher ich sie untersuche, desto einfacher wird mein Standpunkt. Supermärkte ziehen viele Übel zu einem einzigen großen Übel zusammen. Sie sind unersättlich und haben ihrem Sündenverzeichnis in letzter Zeit auch noch den Wucher hinzugefügt, denn nun bieten sie sogar Kredite und Bankkonten an. Tesco führt fast fünf Millionen persönliche Bankkonten.

Die Supermärkte wollen alles haben. Sie wollen kontrollieren, was wir essen und wo wir einkaufen, und nun möchten sie auch noch von unserer Armut profitieren. Laut einem Interview mit Tesco-Chef Terry Leahy plant die Kette zudem, ins Reisegeschäft einzusteigen und unsere Freizeit auszubeuten. Nachdem man die kleineren Läden aus den Haupteinkaufsstraßen verdrängt und eine Vielzahl von Drecksstädten geschaffen hat, genauso wie

Hunderttausende von miserablen Stellen, will man nun Billigtourismus anbieten. Wo wir wohnen, wo wir arbeiten, wo wir unsere Freizeit verbringen – die Supermärkte wollen alles kontrollieren. Sie beuten Arbeitskräfte aus, sie täuschen und lügen. Sie produzieren Waren von entsetzlicher Qualität. Sie sind teuer. Sie bieten schlechte Dienstleistungen an – im Grunde überhaupt keine, denn sie sind lediglich gigantische Großhandelsmärkte, die Einzelhandelspreise verlangen. Die Speisen, die dort verkauft werden, sind fade und möglicherweise schädlich.

Ein Parlamentsbericht über die Situation im Vereinigten Königreich zeigte, dass jährlich rund 2000 kleine Einzelhändler ihre Geschäfte schließen und dass dieser Sektor bis 2015 völlig ausgelöscht sein wird. Die Supermärkte sind gierige Ungeheuer, die alles auf ihrem Pfad verschlingen. Jedes Jahr geben sie Abermillionen für Werbung aus, um uns weiszumachen, sie seien keine vom Profit getriebenen hungrigen Raubtiere, sondern öffentliche Dienstleister oder so etwas wie Wohltätigkeitsorganisationen, denen nichts mehr am Herzen liegt als das Interesse der Verbraucher. Kürzlich behauptete Leahy sogar, Tesco wolle mit seinen kleinen Läden in den Haupteinkaufsstraßen die alten Gemeinschaften regenerieren. »Unsere neuen Mitarbeiter gehen zu Fuß zur Arbeit und sind begeistert«, sagte er. Nach ihrem Zerstörungswerk loben die Supermärkte sich nun als Erbauer von Gemeinwesen.

Das ist der Gang der Dinge. Unsere Einmischung erzeugt Probleme, die wir dann durch verstärkte Einmischung zu lösen versuchen. Damit müssen wir aufhören. Es ist so, wie Masanobu Fukuoka in seinem Buch *The One-Straw Revolution* schreibt. Es ist das klügste Buch, das ich je gelesen habe, und ich empfehle es vorbehaltlos. Darin beschreibt der Autor seine Experimente mit der natürlichen Landwirtschaft in Japan zwischen 1935 und 1978. In jenem Zeitraum führte man dort Chemikalien und Maschinen in den Ackerbau ein. Mit seiner »Nichtbearbeitungsmethode«, durch die der Natur größtmögliche Freiheit gelassen wurde, erzielte er die gleichen Erträge wie die produktivsten Höfe der Gegend. Zudem erhöhte er die Reichhaltigkeit des Bodens unablässig. Fukuoka schreibt Folgendes über die modernen Bearbeitungsmethoden:

> Die Menschen begehen mit ihrer Einmischung einen Fehler, dann bringen sie den Schaden nicht in Ordnung und arbeiten, wenn sich die negativen Ergebnisse anhäufen, mit aller Macht darauf hin, sie zu korrigieren. Wenn die Reparaturmaßnahmen erfolgreich zu sein scheinen, betrachten sie diese Maßnahmen als hervorragende Leistungen. Das wiederholt sich ein ums andere Mal. Es ist, als würde ein Narr auf seinen Dachziegeln herumtrampeln und sie zerbrechen. Dann, wenn es regnet und die Decke zu verfaulen beginnt, klettert er hastig hinauf, repariert den Schaden und jubelt am Ende über die wunderbare Lösung, die er gefunden hat.

Von den Supermärkten hören wir dauernd in Form einer hypnotischen Werbung, wie großartig sie seien, und wir schenken ihnen Glauben. Nicht einmal Heinrich VIII., der die Nation ausplünderte, betrieb eine Werbekampagne, um dem Volk zu versichern, wie außergewöhnlich er sei. Weder Cobbett selbst noch Morris, noch Ruskin hätten sich die Gräuel der Supermarktkultur vorstellen können.

In unserer Nähe in Devon gibt es eine hervorragende Gemüsefarm namens Riverford, von der wir jede Woche eine Kiste mit Gemüse, Obst, Milch und Eiern – alles von höchster Qualität – beziehen. Guy Watson, der Riverford leitet, erzählte von einem Kontakt mit einem der großen Supermärkte, den er beliefern wollte. Er bekam einen Termin für einen Freitag. Watson rief an und bat, den Termin auf den Donnerstag vorzuziehen, da er am Freitag auf seinem Hof sein müsse. Die Verbindung brach ab. Watson rief erneut an und sagte: »Ich glaube, wir hatten eine Störung.« »Hören Sie zu«, erwiderte die Stimme am anderen Ende, »Sie sprechen mit Sainsbury. Wenn wir etwas sagen, haben Sie zu springen.« Watson schwor sich an jenem Tag, nie wieder zu versuchen, mit einem Supermarkt ins Geschäft zu kommen. Hier sind einige Fakten über Tesco:

Vorsteuergewinn 2004–2005: 2,03 Milliarden Pfund
Zahl der Niederlassungen im Vereinigten Königreich: 1779
Zahl der Beschäftigten im Vereinigten Königreich: 251000 (zweimal so viele Menschen wie in der Armee dienen)
Marktkapitalisierung: 24,7 Milliarden Pfund
Bankkonten bei Tesco: 4,9 Millionen
Gehalt des Vorstandsvorsitzenden: 2,97 Millionen Pfund
Prozentsatz der Bevölkerung des Vereinigten Königreichs, die jeden Monat bei Tesco einkauft: 66

Tesco ist allgegenwärtig, allmächtig, allesfressend und – durch sein Kundenkartensystem, das jeden Einkauf aufzeichnet – allwissend. Der mittelalterliche Klerus war harmlos im Vergleich zu Tesco. Vor einiger Zeit druckte die satirische Zeitschrift *Private Eye* eine Karikatur, in welcher der Weg zu einem Geschäft beschrieben wurde: »Sie finden uns auf der High Street, zwischen Tesco und Tesco.«

Im Vereinigten Königreich nimmt Tesco ein Drittel der für Lebensmittel aufgewendeten Beträge ein. Die Armen arbeiten für das Unternehmen und geben dann ihr Geld wieder dort aus. Wir rackern uns den ganzen Tag ab, um unseren Lohn nach der Arbeit an der Kasse der Supermärkte wieder zurück ins System einzuspeisen. Damit müssen wir sofort aufhören! Sind wir Schafe? Haben wir die Losung »Small is beautiful« vergessen? Hat Schumacher nie existiert? Wie konnten wir diese Situation zulassen?

Als Erstes müssen wir unsere Komplizenschaft bei der Schaffung der heutigen Abhängigkeit einräumen. Dadurch, dass wir in den letzten zwanzig Jahren in den Supermärkten eingekauft und ihre Versicherungspolicen erworben haben sowie auf ihre endlosen Betrügereien hereingefallen sind, ist ihnen eine enorme Macht zugewachsen, die sie nun gründlich missbrauchen. Das Supermarktsystem versklavt uns, denn es wird allein durch unaufhörlich steigende Gewinne motiviert, und seine amoralischen Aktionäre haben ausschließlich Interesse am Wachstum, um ihre Anteile zu einem höheren Kurs veräußern zu können. Felicity Lawrence, Autorin von *Not on the Lable: What Really Goes into the Food on Your Plate**, zitiert den Direktor der ökologisch ausgerichteten Soil Association zur Dynamik der Supermärkte:

* Nicht auf dem Etikett angegeben: Was das Essen auf deinem Teller wirklich enthält (Anm. d. Übers.)

> Es handelt sich weniger um eine Lebensmittelkette als um eine Kette der Furcht. Die Geschäftsführer der Supermärkte haben Angst, ihren Marktanteil zu verlieren und ihren Aktionären kein endloses Wachstum mehr bieten zu können. Der Einkäufer des Supermarktes hat Angst, seine Vorgaben nicht zu erreichen, und will stets billig einkaufen und teuer verkaufen; der Lieferant hat die tödliche Angst, dass seine Waren abgelehnt werden oder dass der Preis unter die Produktionskosten sinkt. Wie erneuert man das Vertrauen zu einer Kette, die von aggressiven Akteuren und Praktiken beherrscht wird? Dies ist die Folge des doppelten Drucks von Globalisierung und Machtkonzentration. Die Krise betrifft jeden Bauern im Land.

Von der Qual, in Supermärkten einzukaufen, gar nicht zu reden. Mein Freund Gordon spricht von Stressco und Strainsbury*. Hunderte von Menschen schieben ihren einsamen Wagen Seite an Seite durch die Gänge – in völliger Isolation, ohne ein Wort miteinander zu wechseln. Und dann die traurigen, niedergeschlagenen Mienen der Kassierer und Kassiererinnen, die genauso isoliert voneinander sind. Ich kann mir den Stress der Arbeit an einer Supermarktkasse, das Gefühl der Nutz- und Machtlosigkeit und Langeweile gar nicht vorstellen. Man vergleiche die düsteren, ausdruckslosen Gesichter dieser Angestellten mit denen der lebhaften Markthändler, jener unabhängigen Männer und Frauen, die immer noch von der Maxime »Small is beautiful« überzeugt sind. Sie sind frei, und das spiegelt sich in ihren Gesichtern wider. Wenn ich durch den Leather Lane Market in London gehe, kann ich bei

* Von engl. *strain*: Strapaze (Anm. d. Übers.)

den Händlern Witz und Lebenslust feststellen. Ihre Gesichter sind munter, weil sie die Kontrolle über ihr Geschäft haben.

Die Supermärkte haben uns einen Mythos weisgemacht: Ihre Waren seien billig, praktisch und vielfältig. Aber in Wirklichkeit sind sie teuer, und man ist auf eine von anderen getroffene Auswahl angewiesen. Doch was am schlimmsten ist: Die Supermärkte verurteilen Tausende zu langweiliger Arbeit.

Wie ganz anders waren die Dinge in den frühen Tagen des Handels, als die Gilden Qualität und Preise kontrollierten und die Gewinne nicht für das Gehalt des Firmenchefs, sondern für Feste, Fröhlichkeit, herrliche Gebäude, Kunst und Almosen ausgegeben wurden. Tescos lächerliches Gegenstück zu solchem Gemeinsinn ist das Angebot, »jungen Leuten Arbeit zu geben«, allerdings nur, wenn die Baugenehmigungen für noch mehr Supermärkte erteilt werden.

Also verkauf nichts an die Supermärkte, kauf nichts in ihnen ein, würdige sie keines Blickes. Vergiss sie. Sie sind eine seltsame Verirrung der jüngeren Geschichte, und eines Tages werden wir hoffentlich mit einem milden, verständnislosen Kopfschütteln auf sie zurückschauen und uns fragen, wie wir etwas so Unnatürliches haben zulassen können. Ich würde sie am liebsten bombardieren, aber wahrscheinlich ist es effektiver, einen Boykott über sie zu verhängen.

Das Wunderbare an der Befreiung von den Supermärkten ist die Freude, die wir uns selbst bereiten. Die Alternative besteht nicht darin, uns für ein Geld und Zeit verschlingendes Leben der Selbstverleugnung zu entscheiden und in frömmlerischen, überteuerten Reformhäusern einzukaufen. Vielmehr haben wir die Möglichkeit, einer üppigen Existenz des Genusses, der Leichtigkeit, der Qualität und des stark eingeschränkten Autofahrens den Vorzug zu geben. Lehne den Supermarkt ab und wende dich dem Leben zu.

Kaufe in richtigen Läden ein, wo Besitzer und Personal stolz auf die Dinge sind, die sie herstellen und verkaufen, nicht in Geschäften, wo ausgebeutete Angestellte Schund verhökern. Der Unterschied ist leicht zu ermitteln. Die Ersteren bieten hohe Qualität an und verbinden Fertigung mit Einzelhandel. Der Handwerkshistoriker Norman Wymer malt ein Bild der früheren Verhältnisse in seiner Studie *English Town Crafts*:

> In der Zeit der industriellen Revolution – und noch eine Weile danach – boten die Einzelhandelsläden einer durchschnittlichen Stadt ein ganz anderes Schauspiel, als wir es heute kennen. Viele der feilgehaltenen Waren wurden nicht nur an Ort und Stelle gefertigt, sondern meistens konnte man die Handwerker selbst bei der Arbeit beobachten. Manchmal, wenn die Bedingungen es zuließen, saßen sie, völlig im Blickfeld der Passanten, in ihren Schaufenstern. Doch üblicherweise belegten sie ein Hinterzimmer oder vielleicht einen Raum am Kopf einer wackeligen Treppe unmittelbar über ihrem Laden. Jedenfalls waren sie immer anwesend und bereit, die spezifischen Bedürfnisse eines Kunden zu erörtern und das Produkt in genauer Übereinstimmung mit diesen Bedürfnissen anzufertigen … Von Anfang bis Ende war es ihr Prinzip, stets die beste Ware herzustellen und die Wünsche des Kunden zu erfüllen, selbst wenn dies hin und wieder einen zweiten Versuch und

Arbeit für einen kümmerlichen Gewinn oder sogar mit Verlust erforderte. Schon die Handwerkszeichen vor dem Laden – sehr oft von einem lokalen Schildermaler angefertigt – schienen eine Art Garantie für den Stolz zu sein, der gewiss im Innern zu finden war.

Diese Form des Einzelhandels ist noch nicht ganz ausgestorben. In dem Londoner Bezirk Clerkenwell, in der Nähe meines Büros, sitzen Uhrmacher in den Fenstern ihrer winzigen Werkstätten und machen ihre Arbeit. Außerdem gibt es Schneider, gute italienische Delikatessengeschäfte und einen Zauberladen, in dem alle Angestellten vortreffliche Magier sind. Ich arbeitete ein Jahr lang in einem unabhängigen Skateboard-Geschäft, wo wir die Skateboards an Ort und Stelle anfertigten. Solche Läden können als soziale Zentren dienen. In unserem Nachbardorf findet man einen ausgezeichneten Schlachter und eine Schneiderin, die im Fenster ihres Hauses arbeitet. Kleine Eisenwarengeschäfte scheinen ihre Unabhängigkeit trotz des Vordringens der unsäglichen Baumarktkette B&Q und ihresgleichen bewahrt zu haben. Auf dem Lande erlebt das Schmiedehandwerk eine Wiedergeburt, und seine traditionellen Erzeugnisse können gute Preise erzielen.

In der Tat: Small is beautiful.

Wenn du dich von den Supermärkten befreien willst, versuch Folgendes:

1. Back dein Brot selbst! Gieß etwas mehr als einen Liter warmes Wasser in eine Schüssel. Füge eine Handvoll Hefe, eine Handvoll Zucker, eine Handvoll Salz und ungefähr ein Kilo Mehl hinzu. Vermische alles gründlich, bis das gesamte Mehl durchfeuchtet ist. Lass die Mischung ein paar Stunden lang stehen. Bestreue einen Tisch mit Mehl und

gib den Teig darauf. Knete ihn und schütte, wenn er zu klebrig wird, noch etwas Mehl hinzu. Wasch dir nicht die Hände. Füge weiteres Mehl hinzu. Teile den Teig in sechs Stücke und fülle sechs Brotbackformen jeweils zur Hälfte. Dann lass sie etwa eine Stunde lang, bis der Teig aufgegangen ist, an einem warmen Ort stehen. Stell die Formen zwanzig bis dreißig Minuten lang in einen heißen Herd. Schon ist es fertig: das Brot. Und wenn du Brot backen kannst, sind deine Fähigkeiten unbegrenzt. Es ist erstaunlich, wie viel Selbstvertrauen Brotbacken erzeugt.

Das Verfahren ist leicht und angenehm, und am Ende habe ich für wenig Geld sechs köstliche Brote, die uns zwei Wochen lang reichen. Und es ist richtiges Brot, Cobbett-Brot, kräftigendes Brot, kein Fabrikbrei.

2. Pflanze Gemüse an. Unser eigenes Gemüse zu züchten – na ja, wenigstens einen Teil davon – ist eine der großen Entdeckungen der letzten beiden Jahre für mich. Ich hätte nie gedacht, wie angenehm, einfach und zufriedenstellend das sein würde. Auch hat es einen hohen therapeutischen Wert. Als ich anfing, einen Flecken Erde umzugraben, um Samen darin auszusäen, hatte ich gerade höllische Probleme mit einem Verlagsprojekt. Anwälte waren eingeschaltet worden, und wann immer das Telefon klingelte, schienen weitere schlechte Nachrichten auf mich zu warten. Inmitten dieser Auseinandersetzungen war es sehr beruhigend, hinauszugehen und zwei oder drei Stunden lang körperliche Arbeit im Garten zu machen. Auf diese Weise teilt sich dem Geist Harmonie mit.

   Hinzu kam die verblüffende, zauberhafte Tatsache, dass die Samen zu etwas Essbarem heranwuchsen. Meine Londoner Medienpläne mochten scheitern, aber hier war etwas, das mir gelang. Zu verschwindend niedrigen Kosten pflanzte ich in jenem ersten Jahr Zwiebeln, Knoblauch, Kartoffeln, Pastinaken, Rettich, Karotten, Rote Bete. In einer Welt, in der Spaß gewöhnlich gekauft wird, kann man durch den Gemüseanbau Spaß mit Produktivität verbinden. Es ist eine erfreuliche und nützliche Beschäftigung, und man hat das Gefühl, etwas für sein Wohlbefinden zu tun.

Auch ist es viel rationeller, Gemüse zu züchten, als sich auf den Supermarkt zu verlassen. Einerseits kannst du Gemüse deiner eigenen Wahl anpflanzen, zum Beispiel merkwürdige viktorianische Stangenbohnen, die Supermärkte nicht anbieten würden, weil sie unwirtschaftlich sind. Plötzlich hast du eine neue Freiheit.

Zweitens brauchst du nicht mehr einzukaufen; das Gemüse wächst direkt vor deiner Tür. Es ist nicht mehr nötig, in die Stadt zu fahren und ein paar glänzende, fade, in Plastik eingewickelte Gemüsesorten auszusuchen, dann zur Kasse zu rollen und der Megamaschine Bargeld auszuhändigen. Stattdessen wird dein Gemüseeinkauf zu einem äußerst unterhaltsamen Spaziergang durch den Garten. Und du bist von nichts und niemandem abhängig: nicht von Lieferanten, Warenlagern, Personal, Lastwagen, neuseeländischen Farmen oder kilometerlangen Anfahrten.

Zudem ist dein Gemüsebeet einmalig. Solche Beete sind wie Fingerabdrücke; keine zwei auf der Welt sind gleich. Du wählst das Gemüse, die Arten, die Anordnung, die Erträge aus. Du drückst dich in jedem Regenwurm und jedem Stück Erde, jeder Nessel und jedem Unkraut aus.

Auch gehörst du nun einer neuen Gemeinschaft von Gärtnern an. Man hilft sich gegenseitig mit Tipps, tauscht Samen und Gemüse aus. Die Sache ist durch und durch kreativ, während das Einkaufen im Supermarkt durch und durch unkreativ ist. Im Gemüsegarten tust du alles selbst, im Supermarkt wird alles für dich getan. Deine Aufgabe reduziert sich darauf, die Kreditkarte herauszurücken. Inzwischen kommt es mir völlig albern vor, Obst und Gemüse in einem Supermarkt zu kaufen. Das ist zeitraubend, und die Waren sind teuer und von sehr schlechter Qualität. In dem Boden vor deiner Haustür angepflanztes Gemüse ist nicht nur das schmackhafteste, das du je essen wirst, sondern es ist auch eine Arznei.

3. Kauf im Großhandel ein. Das ist eines der Geheimnisse der modernen Zeit. Durch die Initiative eines Nachbarn haben wir uns mit mehreren anderen Familien aus der Gegend zusammengetan und geben ungefähr einmal im Monat eine umfassende Bestellung auf. Wir kaufen Säcke voll Mehl, dazu Konserven, Pasta, Reis – all die Grundnahrungsmittel. Daneben werden Haushaltsartikel wie Waschpulver und Toilettenpapier angeboten. Manche Großhändler akzeptieren eine Mindestbestellung in Höhe von nur 100 Pfund. Alle haben Kataloge, und du kannst an irgendeinem Abend die Preislisten durchblättern und entscheiden, was du kaufen möchtest. Dann werden die Sachen angeliefert. Kein Shopping! Keine Schlangen! Keine Autofahrt! Keine Parkplätze! Mehr Zeit zum Faulenzen!

   Indem du dich auf diese Weise mit anderen zusammentust, kannst du dir das Leben erleichtern und Geld sparen. Genau das wollen die Großunternehmen geheim halten. Sie möchten über das Fernsehen direkt mit dir in Verbindung treten. Sie wollen nicht, dass wir uns zu freien kleinen Gruppen zusammentun. Sie sind gegen Selbstregierung und Föderalismus. Wir müssen uns aus dem Griff gigantischer Institutionen lösen, seien es Supermärkte oder Regierungen.

4. Kauf in deiner Nachbarschaft ein. Das liegt so sehr auf der Hand, dass man es kaum zu wiederholen braucht. Unterstütze den Schlachter, den Gemüsehändler, den Tante-Emma-Laden und den Marktstand in deiner Umgebung, und zwar sofort, denn sonst könnten sie verschwinden und durch den Horror eines weiteren Tesco-Metro-Marktes abgelöst werden. Denk daran, dass das Geld, wenn du in der Nachbarschaft einkaufst, in der Gemeinde bleibt. Wenn du zu Tesco fährst, wird dein Geld in die Taschen der Firmenchefs und Aktionäre umgeleitet, die über uns Narren lachen, während sie erlesene Weine bestellen und ihr Vermögen in neue Häuser investieren. Damien Hirst schrieb einmal einen Artikel für den *Idler* mit der Überschrift »Warum Drecksäcke Scheiße an Dummköpfe verkaufen«, und dies scheint mir das Problem auf den Punkt zu bringen. Die Lösung? Sei kein Dummkopf und kauf keine Scheiße.

Wir sollten die Supermärkte niederreißen, zumindest im Geiste. Boykottiere sie auf ewig. Vergiss sie. Wir sollten diese Bauwerke der Unterdrückung und der Sklaverei dem Erdboden gleichmachen und durch Schrebergärten ersetzen. Entferne die Hässlichkeit und Abhängigkeit und löse sie durch Schönheit und Selbstversorgung ab. Mach das Land grün und freundlich. Kümmere dich um den Boden.

PFLANZ GEMÜSE AN

26

Die Herrschaft des Hässlichen ist vorbei; lang leben Schönheit, Qualität und Brüderlichkeit!

Schönheit ist Wahrheit, Wahrheit schön –
So viel wisst ihr auf Erden.

Keats, »Auf eine griechische Urne«, 1819

Und gehe … noch einmal hin und betrachte die Fassade
der alten Kathedrale … Betrachte noch einmal prüfend
diese hässlichen Kobolde und formlosen Ungeheuer …,
denn sie verraten das Leben und die Freiheit
jedes einzelnen Steinhauers; eine Freiheit des Gedankens
und eine Rangstufe des Wesens, wie sie keine Gesetze
noch Privilegien oder Mildtätigkeiten verschaffen können,
wie es aber die erste Pflicht des heutigen Europas sein müsste,
sie für seine Kinder wieder zu erobern.

John Ruskin, Die Steine von Venedig

Früher waren die Dinge schöner. Das ist eine Tatsache. Im Prozess der Industrialisierung wird alles objektiv hässlicher, da es sich der Herrschaft der Massenproduktion, der Billigarbeit und des Profits unterwirft. Edle, durchdachte Qualität wird durch käufliche, gierige Quantität aufgefressen. Im Vereinigten Königreich wurden die Dinge im neunzehnten Jahrhundert durch und durch hässlich. Damals nahm man den Menschen die Kunst weg, machte sie lediglich zu Bedienern von Maschinen und erlaubte den akademischen Berufsständen, sich die Verantwortung für alles Aufbauende und Schöpferische anzueignen. So genannte Wunder der Wissenschaft ließen grässliche Metallbrücken ohne Spaß und Leben entstehen. Im neunzehnten Jahrhundert, jener nüchternen und arbeitsbesessenen Epoche, begannen unsere Romanschriftsteller, gegen die Hässlichkeit zu wettern. Vor dem Jahr 1800 wurden solche Klagen in der Literatur kaum laut. Doch wie hässlich waren die Dinge hundert Jahre später geworden! Dazu der staunende D. H. Lawrence:

> Die wahre Tragödie Englands ... ist die Tragödie der Hässlichkeit. Das Land ist so schön, doch das von Menschen gemachte England ist so schrecklich ... es war die Hässlichkeit, die den Geist des Menschen im neunzehnten Jahrhundert verriet. Das große Verbrechen der vermögenden Schichten und der Förderer der Industrie in den glorreichen viktorianischen Tagen bestand darin, dass sie die Arbeiter zur Hässlichkeit, Hässlichkeit verdammten ... Die menschliche Seele braucht wirkliche Schönheit in noch höherem Maße als Brot.

Wir haben eine Verpflichtung der Schönheit gegenüber. Wir haben sie verstoßen und zugelassen, dass sie sich in der Gosse krümmt, aber ihre Rache an den Hässlichmachern wird rasch und fürchterlich sein. Die Dinge werden immer hässlicher – genau wie wir. Nachdem die Kleidung im fünfzehnten Jahrhundert einen Höhepunkt an Pracht erreicht hatte, ist sie im Lauf der Zeit zunehmend schlichter geworden. Die fließenden Kurven, die bunten Röcke und Gewänder, die grünen Übermäntel, verziert mit goldenen Vögeln und Kronen, die breiten Ärmel, bestickt »wie eine Wiese«, die Hermelinbesätze, die langen zugespitzten Schuhe, die raffinierten Hüte und reichen Farben wurden im neunzehnten Jahrhundert durch schwarze Zylinder, Rohre und Schornsteine ersetzt: Hüte sahen aus wie schwarze Schornsteine, Hosen sahen aus wie schwarze Schornsteine.

Die Menschen des Mittelalters waren wie Kinder; sie liebten es, sich herauszuputzen. Sie besaßen keine Hosen, und sie kleideten sich nicht in Schwarz. Dafür hatten sie Ringe an den Fingern und Glöckchen an den Zehen. Die Kurven wurden durch gerade Linien abgelöst. Heutige Kleidung ist Arbeitskleidung. Sportsachen haben sich in den Vordergrund gedrängt. Puritanisches Schwarz ist die Farbe Nummer eins, trotz der endlosen Versuche der Modebranche, ein »neues Schwarz« zu schaffen. Wir müssen wieder ein unpraktisches Element in die Kleidung einführen. Dem Himmel sei Dank für Vivienne Westwood. Dem Himmel sei Dank für die Punks und Hippies, die sich wie die Menschen des Mittelalters und wie Kinder mit fantastischen Farben schmückten.

Wieder mache ich die Puritaner verantwortlich. Sie lehnten die farbenprächtige Kleidung ab, die im Mittelalter bevorzugt wurde, und führten Schwärze ein. Farbe galt als eitler Firlefanz. Sieh dir die alten religiösen Gemälde an und bewundere die bunte, lebhafte Kleidung. Damals war es Brauch, biblische Gestalten in zeitgenössischer Gewandung abzubilden. Max Weber beschreibt, was dann geschah:

> Hier freilich legte sich die Askese wie ein Reif auf das Leben des fröhlichen alten England. … Der zornige Hass der Puritaner gegen alles, was nach »superstition« roch, gegen alle Reminiszenzen von magischer oder hierurgischer

Gnadenspendung verfolgte das christliche Weihnachtsfest ganz ebenso wie den Maibaum und die unbefangene kirchliche Kunstübung. … Das Theater war dem Puritaner verwerflich … Die Begriffe des »idle talk«, der »superfluities«, der »vain ostentation« … waren schnell bei der Hand, um gegen jede Verwendung künstlerischer Motive die nüchterne Zweckmäßigkeit entschieden zu begünstigen. Vollends galt dies da, wo es sich um den direkten Schmuck der Person, z. B. die Tracht, handelte. Jene mächtige Tendenz zur Uniformierung des Lebensstils, der heute das kapitalistische Interesse an der »standardization« der Produktion zur Seite steht, hatte in der Ablehnung der »Kreaturvergötterung« ihre ideelle Grundlage.

Mit anderen Worten, Heinrich VIII. und nach ihm die Puritaner leiteten eine Revolution der Verhässlichung ein, eine Revolution der Langeweile, der Askese und der Nüchternheit: Lebe wohl, Farbe; hallo, Schwärze. Heinrich und Cranmer und später Protektor Somerset entrissen dem Land die Schönheit, indem sie die Kunstwerke, die seit Hunderten von Jahren ungestört in den Kirchen verwahrt wurden, zertrümmerten oder stahlen: Wandschirme, Altäre, Statuen, goldene und silberne Ziergegenstände, Buntglasfenster, Kreuze und dergleichen. Der Vorwand war, dass schöne Dinge eitel, götzendienerisch und belanglos für die Religion seien, die einfach und unbelastet zu sein habe. Hier wird deutlich, weshalb Künstler und Schriftsteller traditionsgemäß zum Katholizismus neigen, während der Protestantismus die Religion für den ernsten, praktischen Geschäftsmann ist.

Schönheit und Vielfalt wurden auch zu Opfern der Flurbereinigung, welche die abwechslungsreichen mittelalterlichen Felder und Allmenden durch weite, monotone Flächen für die Schafhaltung ersetzte. Auch die industrielle Revolution ging gegen die Schönheit vor und gab der Nützlichkeit den Vorzug. Gewaltige rauchspeiende Fabriken, betrieben mit fossilen Brennstoffen, verdrängten die Wasser- und Windmühlen, mit denen die Britischen Inseln vorher übersät waren. Ich stelle mir oft vor, wie bezaubernd die Landschaft ausgesehen haben muss, als es überall Windmühlen gab. Wir halten uns für klug, wenn wir von Windenergie reden, aber sie war bereits ein zentraler Teil des Lebens im umweltfreundlichen Mittelalter, als man Kohle, Kernkraft und Strom noch nicht kannte.

William Morris beschreibt die viktorianische Epoche als wenig attraktiv. In *Kunde von Nirgendwo* bezeichnet er die Londoner U-Bahn als »Dampfbad«, in dem »verhastete und mürrische Reisegefährten schmorten«, und man könnte meinen, dass sich wenig geändert hat. Morris kritisierte auch die hässlichen Eisenbrücken über die Themse. Als sein Held im postrevolutionären England des Jahres 2005 aufwacht, stellt er fest, dass sämtliche Eisenbrücken abgerissen worden sind. Mehr noch, Schafe ziehen über den Piccadilly Circus, und man hat das Geld abgeschafft. Es ist eine herrliche Fantasterei.

Maschinen erzeugen Hässlichkeit, menschliche Hände Schönheit. Und der Glaube an die Überlegenheit der Nützlichkeit gegenüber der Schönheit zerstört die Schönheit. Dazu John Seymour, der Kanister und Tontöpfe miteinander vergleicht:

> Früher glaubte ich, ein alter Benzinkanister sei genauso gut zur Beförderung von Wasser geeignet wie ein Tontopf. Eines Tages las ich einen Text des Dichters Tagore,

> in dem er auf genau diesen Vergleich einging. Er schrieb, es stimme: Ein alter Benzinkanister eigne sich so gut zum Befördern von Wasser wie ein *chatti*, einer der prächtigen Töpfe, die indische Frauen auf dem Kopf tragen, abgesehen von einem Unterschied: Der Benzinkanister ist gemein. Er ist neidisch. Denn er dient nur einem utilitaristischen Zweck – und das ist alles. Darin lässt sich zwar wie im *chatti* Wasser tragen, aber ein *chatti* ist herrlich anzuschauen, fühlt sich herrlich an und ist ein angenehmer Besitz. Wann immer du ihn betrachtest, denkst du an die Liebe und Sorgfalt, mit denen er, durch die Hände eines Menschen, gemacht wurde. Wann immer du den Benzinkanister betrachtest, denkst du an eine riesige, hässliche, klirrende, schmutzige Maschine, die gedankenlos hässliche Objekte ausstößt. Denn kein von einer Maschine gemachter Gegenstand kann schön sein. Schönheit kann Artefakten nur durch die Hände des Handwerkers hinzugefügt werden, und man wird nie eine Maschine bauen, welche die Hände zu ersetzen vermag.

In der chinesischen Töpferei gibt es anscheinend eine Tradition, jedes Objekt mit einem kleinen Mangel zu versehen, damit es einzigartig ist. Perfektionismus ähnelt dem Tod; die Maschine kann Tausende perfekter Objekte produzieren, doch sie haben kein Leben.

Was können wir gegen die Verhässlichung der Welt unternehmen? Es gibt eine schlichte Antwort: Meide hässliche Dinge, ignoriere sie und wende dich dem Handwerk zu. Genau darum ging es in der Arts-and-Crafts-Bewegung. Jeder Mann und jede Frau sollten zwei oder drei Fertigkeiten meistern. Ich freue mich auf eine Wiederbelebung des Handwerks. Es stützt sich auf Menschen und Freude; es repräsentiert eine gleichberechtigte Gesellschaft, dazu Qualität und Spaß an der Herstellung. Das Handwerk steht für den Triumph der Qualität über die Quantität, der Selbstregierung über die Ausbeutung. Hole Schönheit in dein Heim – einen Topf Geranien auf die Fensterbank, ein Pelican-Paperback. Schneidere deine Kleidung selbst. Nähe rote Diamanten an deine Ärmel. Wenn du weniger Mühe für die Arbeit und das Ding, das Syndikat, das Konstrukt oder den Chef aufwenden musst, wirst du mehr Zeit für dich selbst und für deine Kreativität haben, mehr Zeit zu produzieren, statt zu konsumieren.

Kaufe nur schöne Dinge. Stelle nur schöne Dinge her. Es ist gewiss besser, jedes Jahr ein einziges Hemd von hoher Qualität zu kaufen, als fünf billige, die innerhalb von Monaten im Müll landen. Und Dinge, die du selbst herstellst, wie hässlich sie auch sein mögen, sind unweigerlich schöner als Waren aus der Massenproduktion, einfach weil sie Interesse erkennen lassen, selbst wenn sie wackelig und unregelmäßig sind und komisch aussehen.

Heute scheint man alles – ich meine, absolut alles – aus Plastik herzustellen: Züge, Kleidung, Möbel – genau wie Woody Guthrie in seinem Song »Talking Columbia« voraussagte. Weißer Kunststoff bedeckt die Nation wie ein biologisch nicht abbaubares Leichentuch. Plastik ist der Triumph der Quantität über die Qualität, der Fabrik über das Handwerk. Plastik ist kalt, steril, humorlos, giftig, hässlich, verschwenderisch, es verfault und verbrennt nicht; es ist ein stinkendes Nichts aus Öl und Geld. Plastik strahlt Habgier aus wie jener Freund von Bens Eltern in *Die Reifeprüfung*, der ihm bekanntermaßen rät, in welche Branche er eintreten soll: »Kunststoff, Ben, Kunststoff.«

Der Mann, welcher der Welt Tetrapaks verkaufte, häufte ein Vermögen damit an, dass er einen grässlichen Berg nicht verrottenden Abfalls erzeugte. Es ist noch nicht so lange her, dass wir alle prächtige Milchkannen hatten, mit denen wir zum Bauernhof gingen. In manchen Teilen Frankreichs existieren sie heute noch. Lasst uns unsere eigene Welt aus gemeißeltem Holz erschaffen.

Es ist eine fürchterliche Ironie unserer Zeit, dass etwas wie Plastik, das aus den begrenzten Ölvorräten gefertigt wird, billiger geworden ist als Holz, das endlos nachwächst. Mit einigem Einfallsreichtum kann es allerdings auch für wenig Geld erworben oder kostenlos gefunden werden. Wir sammeln Holzstücke in den nahe gelegenen Wäldern und versorgen uns am Strand mit Treibholz. Dann stellen wir Dinge daraus her. Zum Beispiel habe ich einen Spielzeugelefanten aus einem alten Stück Treibholz geschnitzt. Er wird, obwohl nicht gerade elegant, länger überdauern als der Plastikkram unserer Kinder.

Schönheit nährt uns. Anarchie ist Schönheit. Wir sind gegen die grauen Menschen. Wir wollen Dinge schmücken, wie jene fantastischen indischen Wagen, die mit Blumen bedeckt sind. Schönheit muss das Streben nach Ordnung besiegen; Ordnung ist hässlich. Die Nazis waren hässlich, und Florenz ist schön. Das nationalsozialistische Deutschland war eine Bürokratie, und Florenz wurde durch ein föderatives Selbstregierungssystem geschaffen. Damit ist der Beweis erbracht: Die Industrialisierung schuf Swindon, und die mittelalterliche Unabhängigkeit schuf Florenz. Triff deine Wahl.

Individuen oder Gruppen von Individuen haben die Aufgabe, etwas Hässliches schön werden zu lassen. Das wird beispielsweise durch das Skateboardfahren erreicht. Es lässt eine Art Alchemie auf den unsympathischen geraden Linien und Betonwällen der Moderne wirksam werden und verwandelt Parkplätze, Geländer und Unternehmenstreppen in Objekte der Schönheit, der Verheißung und des Vergnügens. Das Skateboarden bringt Schönheit in die Stadt. Mit anderen Worten, du brauchst die Stadt nicht zu verlassen, um ihr zu entkommen, denn du kannst dir deine eigene Stadt schaffen. Dieser Gedanke ist auch im Permakultur-Verfahren der Obst- und Gemüsezucht zu finden: Eine Fensterbank in der vierzehnten Etage kann zu einem Kräutergarten, Brachland zu Schrebergärten werden. Lasst uns die Hochhäuser mit Karotten, Pastinaken und Zwiebeln umgeben. Weg mit den dürren grünen Rasenflächen, welche die Wohnsiedlungen durchziehen. Grab den Boden um, leg einen Gemüsegarten an. Schaff dir deine eigene Stadt.

EIN HOCH AUF DEN MEISSEL

27

Stürze die Tyrannei des Reichtums

Tolle querelas
Pauper enim non est cui rerum suppetit usus
Horaz, 65–8 v. Chr.

(Lass ab vom Klagen, Freund; der ist nicht arm,
Wer reichlich hat, was er zum Leben braucht.)

Manchmal glaube ich, dass wir nicht mehr Reichtum, sondern mehr Armut brauchen. Der Reichtum verursacht die Probleme und Ungleichheiten.
Satish Kumar

Ich habe nichts – nichts! –, und ich bin begeistert.
Keith Allen

Oberflächlich gesehen ist Geld für den Freiheitssucher sehr attraktiv. Und es kann tatsächlich sehr angenehm sein, Geld zu haben. Es scheint dir Komfort, Behaglichkeit und vor allem Freiheit geben zu können. Freiheit der Bewegung, Freiheit von Einmischung durch andere, Freiheit von unerwünschter Arbeit. Jedenfalls ist das der Fall, wenn man sehr viel Geld hat. Was würdest du mit Millionen anfangen? Diese Frage wird auf jedem Schulhof debattiert. Du könntest deine Arbeit aufgeben, dir den Urlaub deines Lebens leisten, dir einen Ferrari kaufen.

Und wie wäre es mit »Fuck-off Money«? Diese vulgäre, doch ausdrucksstarke Redewendung verweist auf einen Reichtum, der dir ermöglicht, aus der Welt der PowerPoint-Präsentationen, der Geschäftspläne, Verkaufssprüche und all der Katzbuckelei auszusteigen, die gewöhnlich zum Geldverdienen erforderlich sind. Ein gewaltiges Vermögen bedeutet theoretisch, dass du dich nicht mehr zu versklaven, dich nicht mehr von deiner besten Seite zu zeigen brauchst, denn du hast genug Geld, um dich so zu verhalten, wie es dir beliebt. Du kannst »Nein« sagen. Mit anderen Worten, du versuchst, so viel Geld anzuhäufen, dass du dem Geld entfliehen kannst. Diese Methode mag zum Erfolg führen, und ich kenne ein paar Leute, die ihr Ziel erreicht haben. Aber es ist ein riskantes Spiel. Die meisten derartigen Pläne scheitern, und du bist stets den unberechenbaren Marktkräften ausgeliefert. Im Vereinigten Königreich gibt es heute ungefähr 8000 Superreiche, die einer arbeitenden Bevölkerung von 30 Millionen gegenüberstehen. Deine Chancen, irgendwann zu ihnen zu zählen, liegen also bei 1:4000, worauf sich kein Spieler jemals einlassen würde. Ist es bei so schlechten Chancen wirklich der Mühe wert?

Es ist nicht sehr rational, das Anhäufen von Geld als Lösung für jeden vorzuschlagen, denn es entspricht dem Wesen des Reichtums, dass nur wenige wirklich vermögend sein können: Der Reichtum des einen hängt von der Mittellosigkeit des anderen ab. So erläutert Ruskin in *Diesem Letzten*, dass »Reichtum eine Kraft wie die Elektrizität ist, die nur durch Ungleichheit und Verneinung ihrer selbst in Wirkung tritt. Die Macht der Guinee in deiner Tasche hängt ganz allein davon ab, ob die Tasche deines

Nebenmenschen leer ist.« Er schließt: »Die Kunst, sich selber zu bereichern, ist … gleichbedeutend mit der, deinen Nebenmenschen arm zu erhalten.«

Angeblich möchten wir alle reich werden. Das ist eine der Antriebskräfte unserer auf Wettbewerb beruhenden Welt. Das Streben nach Reichtum zwingt uns zu arbeiten, zu kämpfen, uns abzumühen, uns mit anderen zu messen, zu betrügen und unsere Moral aufzugeben. Und das Streben nach Reichtum ist der Impuls, den die Leute, die wirklich reich werden – die Wucherer und Investoren, die Manipulierer des Marktes –, ausnutzen, denn sie bedienen sich unserer Habgier für ihre eigenen Zwecke. Wer aber mehr Geld will, bringt sich um die Freude an der Gegenwart, was ein puritanischer Charakterzug ist. Wir sollten uns über das freuen, was wir haben. Der Wunsch nach Reichtum ist das erste Verlangen, das wir auf dem Weg zur Freiheit von uns weisen müssen.

Das Problem besteht darin, dass heute, im Unterschied zum Mittelalter, niemand arm sein möchte. Armut gilt als Zeichen des Scheiterns. Dazu William Godwin: »… die in vielen Ländern herrschenden Sitten sind genau darauf berechnet, die Überzeugung einzuprägen, dass Rechtschaffenheit, Tugend, Verstand und Fleiß nichts sind und Wohlhabenheit alles ist.« Das, was Godwin 1793 als »Sitten« bezeichnete, also die Methoden, mit denen eine beherrschende Ideologie im Volk verbreitet wird, vermitteln heute die Medien. Eine andere Möglichkeit wäre, dankbar für das zu sein, was man hat. Wirklicher Reichtum ist eine Frage der geistigen Einstellung. Robert Burton schreibt:

Eine der größten Miseren, die einem Menschen zustoßen können, was die Achtung durch die Welt betrifft, ist Armut oder Mangel … Doch wenn man es recht betrachtet, handelt es sich um einen großen Segen, einen glücklichen Zustand, der keinen Grund zur Unzufriedenheit bietet oder dazu, dass Menschen sich für wertlos, gottverhasst, verlassen, elend, bedauernswert halten sollten. Christus selbst war arm, in einem Stall geboren, und hatte sein Leben lang kein Haus, wo er sein Haupt betten konnte … Und was für ihn selbst galt, das teilte er auch seinen Aposteln und Jüngern mit. Alle waren arm, ob Propheten oder Apostel … Sie treten auf (wie Paulus sagt) »als die Traurigen, aber allezeit fröhlich; als die Armen, aber die doch viele reich machen; als die nichts innehaben und doch alles haben«.

Es gibt Reiche und Arme; es gibt gute Reiche und gute Arme; schlechte Reiche und schlechte Arme. In keinem Fall sollte man moralische Urteile über sie fällen, denn das ist völlig belanglos für die Freiheit. Die entscheidende Passage des oben zitierten Textes lautet: »Doch wenn man es recht betrachtet …« Arm zu sein ist nur dann eine Schande, wenn du und die Gesellschaft beschließen, es für eine Schande zu halten. Für eine Bewertung gibt es keine absoluten Maßstäbe, denn einer genauso plausiblen moralischen Einstellung zufolge ist es lobenswert, arm zu sein.

Ohnehin ist Reichtum mit vielen Belastungen verbunden. Da sind die sich zankenden Verwandten und Nachkommen, die Haie, die dich mit großzügigen Angeboten umkreisen und dich um dein Geld erleichtern wollen, die Clubs für Vermögende, die privaten Krankenversicherungen, die Rentenversicherungen und Investmentprogramme.

Wenn ich auf Zeiträume in meinem Leben zurückschaue, in denen ich Geld hatte, wird mir ganz mulmig bei dem Gedanken, wie verschwenderisch ich war.

Die Puritaner setzten den weltlichen mit dem religiösen Erfolg gleich. Wenn du reich warst, wurdest du von Gott begünstigt. Allerdings solltest du dich nicht an deinem Geld erfreuen, sondern es für die Zukunft sparen. Max Weber beschreibt die puritanische Einstellung zum Wohlstand wie folgt:

> Der Reichtum ist eben nur als Versuchung zu faulem Ausruhen und sündlichem Lebensgenuss bedenklich und das Streben danach nur dann, wenn es geschieht, um später sorglos und lustig leben zu können. Als Ausübung der Berufspflicht aber ist es sittlich nicht nur gestattet, sondern geradezu geboten. Das Gleichnis von jenem Knecht, der verworfen wurde, weil er mit dem ihm anvertrauten Pfunde nicht gewuchert hatte, schien das ja auch direkt auszusprechen. Arm sein wollen hieße, wie häufig argumentiert wurde, dasselbe wie krank sein wollen, es wäre als Werkheiligkeit verwerflich und Gottes Ruhm abträglich. Und vollends das Betteln eines zur Arbeit Befähigten ist nicht nur als Trägheit sündlich, sondern auch nach des Apostels Wort gegen die Nächstenliebe.

Ich würde die puritanische Haltung, die am Beginn der Passage beschrieben wird, umkehren und behaupten, dass Reichtum nur dann nützlich ist, wenn er dazu dient, »sorglos und lustig leben zu können«. Picasso machte die berühmte Aussage: »Ich möchte leben wie ein armer Mann mit einer Menge Geld«, womit er meinte, dass er es großzügig und freudig ausgeben würde. Für ein Bettlerbankett beispielsweise. So kann man mit einem Vermögen frei leben, während Geld und Besitz für die Puritaner nur eine weitere Bürde waren.

Der üble Methodistenführer John Wesley sagte: »Wir müssen alle Christen ermahnen, so viel zu erwerben und zu sparen, wie sie können, das heißt im Grunde, reich zu werden.« Heute können wir die gleiche Einstellung zum Geld bei der christlichen Rechten in Amerika beobachten. Reichtum bedeutet, dass Gott dich liebt. Das ist genau die gegenteilige Haltung zum Reichtum, die Jesus predigte. Das, wogegen ich mich bei alledem wende, ist nicht der Reichtum an sich, sondern die damit verbundene Rastlosigkeit und Gemeinheit. Wenn du dein Geld als Nebeneffekt einer Tätigkeit erhältst, die dir am Herzen liegt, dann wäre es vermutlich dumm, es zurückzuschicken, wie überzeugt man auch von den heiligen Vorteilen der Armut sein mag. Es jedoch um seiner selbst willen anzustreben – obwohl es weiß Gott ein paar Lasten lindern kann – dürfte gefährlich sein, wenn du wirklich nach Freiheit suchst. Für Burton war der Wunsch nach mehr Geld ein sklavisches Gelüst, und er schrieb über die Kaufleute:

> Jedenfalls sind die Habgierigen normalerweise Narren, Schwachköpfe, Verrückte, arme Teufel, die sich selbst verloren haben, keine echte Freude mehr kennen, sondern in ewiger Sklaverei, Furcht, in Argwohn, Kummer und Missmut dahinvegetieren und mehr Bitterkeit als Honig schmecken. Sie besitzen ihr Geld weniger, als es sie besitzt, schreibt Cyprian.

Statt uns um Reichtum zu bemühen, sollten wir versuchen, arm zu sein, indem wir einfach sparsam sind und die Kinkerlitzchen der Konsumwelt ablehnen. Kein Geld zu benötigen, indem man seine Bedürfnisse zurückschraubt, kann die gleiche befreiende Wirkung haben wie kein Geld zu benötigen, weil man eine Menge davon verdient. Hast du einmal gelernt, in einem engen finanziellen Rahmen zu leben, fühlst du dich sehr sicher, weil du dich von dem Wunsch nach mehr und dadurch auch von den entsprechenden Anstrengungen befreit hast. Dieser Weg, dem Geld zu entkommen, hat den großen Vorteil gegenüber dem Vermögenserwerb, dass er viel leichter zu beschreiten ist. Armut ist risikofrei, und den meisten von uns wird es nicht schwerfallen, weniger zu arbeiten und zu verdienen.

Ich verdiene mittlerweile weniger als die Hälfte dessen, was ich noch vor vier Jahren erhielt, aber ich habe gelernt, mit diesem Betrag zu leben, und kann in aller Ruhe meiner selbst gewählten Arbeit nachgehen. Gewiss, es gibt Engpässe, aber wir werden mit ihnen fertig. Unsere relative Armut war anfangs nicht geplant, doch wir haben gelernt, sie zu akzeptieren, mehr noch, sie mit offenen Armen zu begrüßen und uns an ihr zu erfreuen. Bescheiden und mit weniger Bedürfnissen zu leben verschafft dir enorm viel Zeit zum Nachdenken und für das Vergnügen. Schon das ist ein glücklicher Zustand. Wenn ich weiterhin ohne eine Stelle leben kann, werde ich mich in der Tat sehr glücklich schätzen.

Um frei von Armut zu sein, müssen wir also paradoxerweise die Armut akzeptieren. Wären wir alle arm, würden wir alle reich sein. Es gilt, kreativ mit dem umzugehen, was du hast, statt sich mit dem sklavischen Zustand der immer neuen Wünsche abzufinden.

Eric Gill praktizierte eine Art der Selbstversorgung, die er »positive Armut« nannte. In seiner Autobiografie erinnert er sich an seinen Vater, der eine Wurst in elf Scheiben schnitt, damit jedes Kind ein Stück erhielt. So etwas müssen wir bewundern, statt es zu bemitleiden. Godwin meint: »Wenn Bewunderung nicht allgemein als ausschließliches Eigentum der Reichen und Verachtung als ständiger Lakai der Armut angesehen würde, wäre die Liebe zum Gewinn nicht mehr eine allgemein verbreitete Leidenschaft.« Genau das war der Fall in der mittelalterlichen Welt, wo man den Kapitalismus (Wucher) und den Industrialismus (Sklaverei) unablässig verdammte. Natürlich gab es auch Reichtum. Manche Kaufleute wurden extrem vermögend; Dick Whittington lieferte ein berühmtes Beispiel. Aber die Liebe zum Gewinn war noch nicht zu einer »allgemein verbreiteten Leidenschaft« geworden.

Wir müssen freiwillige Armut wieder als etwas Wünschenswertes betrachten. Ich bewundere die *Idler*-Mitarbeiter Chris Yates, Mark Manning, Jock Scot und Keith Allen, welche die »Herrin Armut«, wie der heilige Franz von Assisi sie nannte, mehr oder weniger freiwillig umarmt haben. Ich sage »freiwillig«, denn alle hätten mühelos eine Menge Geld verdienen können, wenn ihnen der Sinn danach gestanden hätte, denn alle sind sehr begabt. Aber sie schätzen die Kunst, die Dichtung und das Leben höher als den Mammon. Diese Menschen sollten wir verehren, wie Godwin vorschlägt. Lasst Armut cool werden! (Übrigens sollte klar sein, dass ich nicht dafür bin zu hungern.)

Freiheit von Ärger und den Belastungen des Bargelds dürfte eines der Motive der K Foundation, bestehend aus Bill Drummond und Jimmy Cauty, gewesen sein, als sie

1977 eine Million Pfund von ihrem Konto abhoben (dieses Geld hatten sie durch verschiedene Schallplattenhits verdient), es zu einer fernen Hütte im schottischen Hochland brachten und dort alles verbrannten. Es war, wie ich meine, ein spektakulärer Akt in der Tradition Jesu und auch Abbie Hoffmans und Jerry Rubins, die in der Wall Street zum Entsetzen der Broker Fünfdollarscheine anzündeten. Aber die Aktion der K Foundation war mutiger. Sie verbrannten eine Million Pfund! Ihre Tat erinnert auch an Savonarolas Fegefeuer der Eitelkeiten. Doch während dieser einen frommen Angriff gegen das Vergnügen führte, war das Feuer der K Foundation eine von der Freiheit inspirierte Attacke gegen den Glauben an das Geld.

Auch durch den eigenen Gemüseanbau entkommt man der Welt des Geldes. Außerdem erntest du in der Regel einen Überschuss, den du verschenken kannst. Es gibt alle möglichen Methoden, sich von den Fesseln des Geldes zu befreien. Freecycling ist eine davon: ein neues System, anderen Dinge zu schenken, die man selbst nicht mehr benötigt. Der Tauschring LETS ist ein weiteres Beispiel. Die Permakultur-Bewegung hat damit zu tun, dass man sich innerhalb eines bestimmten Raumes Freiheit und Unabhängigkeit schafft, statt vergebens auf einen Lottogewinn zu hoffen. Fang jetzt an. Verschenk Dinge, und das Geld wird seine Macht über dich verlieren.

Betrachte das Geld einfach als etwas Unwichtiges und bau ein ganz neues Leben für dich auf. Du könntest dich an vielen unterschiedlichen Projekten gleichzeitig versuchen. Einige von ihnen werden Geld einbringen, andere nicht; einige werden funktionieren, andere nicht. Ich persönlich gehe einer Reihe von Aktivitäten nach, die alle

Arbeit und Leben zugleich sind. Manche, zum Beispiel das Bücherschreiben und der Journalismus, bringen Geld ein, andere dagegen – die Zeitschrift *Idler*, der Gemeindesaalausschuss, das Spielen mit den Kindern – nicht. Noch andere, zum Beispiel Gemüseanbau und Brotbacken, bringen zwar kein Geld ein, sind jedoch nützlich. Durch sie spare ich Geld. Noch andere, beispielsweise das Spielen auf der Ukulele oder die Tischlerei, mache ich um ihrer selbst willen, und die übrigen – Abwaschen, Saubermachen, Kochen, Fahren – sind genauso wichtig. Sehr leicht und angenehm ist es auch, die Abhängigkeit vom Geld dadurch zu verringern, dass man Sparsamkeit entwickelt. Das ist das Thema des nächsten Kapitels.

WÜNSCHE DIR WENIGER

28

Verschwende nichts; sei sparsam

Ich sage euch, das Wesen
des konkurrierenden Handels ist Abfall.
William Morris, Art, Labour and Socialism, 1884

Abfall ist unpoetisch, Sparsamkeit ist kreativ.
J. K. Chesterton, The Romance of Thrift, 1910

Make compost, not war.
Parole von Graham Burnett, spiralseed.com, 2005

Als dilettantischer Kleinbauer – chaotischer Winzigbauer wäre noch treffender – muss ich immer wieder an einen Satz aus John Seymours Schrift *Das große Buch vom Leben auf dem Lande* denken: »Die Müllabfuhr braucht den Kleinbauern nie aufzusuchen.« Als ich diese Aussage zum ersten Mal las, füllten wir noch drei oder vier schwarze Müllsäcke pro Woche. Ich erschrak bei dem Gedanken, wie viel unnötige Arbeit dieser Abfall erforderte. Da war die Mühe, den Müll in den Abfalleimer zu schütten, die Mühe, den Müllsack hinaus zur Abfalltonne zu bringen, die Mühe, die Abfalltonne am richtigen Tag nach draußen zu stellen. Dazu kamen die Arbeit der Müllfahrer, das Benzin, die Arbeitslöhne, der Aufwand für die riesigen, Abgase ausstoßenden Müllwagen, die Fahrten zur Müllhalde oder zur Giftmülldeponie. Müll bedeutet also Verschwendung von Zeit, Verschwendung von Energie, Verschwendung von Leben.

Das Gegenmittel ist Sparsamkeit – ein sehr unmodischer Gedanke in den Tagen von Kreditkarten und hohen Ausgaben. Sie wird uns als fromme, rechtschaffene, doch knauserige Lebenseinstellung präsentiert, als Philosophie der Geizkragen und Pfennigfuchser. Das Vorurteil gegen die Sparsamkeit geht vielleicht auf die mittelalterliche Meinung über Hamsterer, über Geldsäcke zurück, die oft in der Bildhauerei verspottet wurden, weil sie ihr Geld nicht ausgaben und nichts sozial Nützliches bewirkten.

Aber Sparsamkeit ist nicht identisch mit Geiz. Sie läuft einfach darauf hinaus, dass du dein Geld nicht für unnötiges Zeug ausgibst. Kurz, du gehst kreativ mit deinem Geld um und verhältst dich kreativ in deinem Haushalt. Ein Huhn liefert viele Mahlzeiten. Damit kann man Brühe, Sandwiches, Currygerichte und später in der Woche Eintopf zubereiten.

Da das Einkaufen heute als unsere patriotische Pflicht gilt, ist ein sparsamer Mensch also unpatriotisch, was einem das angenehme Gefühl verleiht, gegen den Staat zu rebellieren. Deine Pflicht als Freiheitssucher ist es, keinen Müll zu produzieren, denn er ist ein notwendiger Teil des kapitalistischen Systems. Denk an die Lebensmittel, die man in Supermärkten und Imbissen jeden Tag wegwirft. Inzwischen gibt es eine neue Bewegung namens »Freeganismus«. Damit ist die kostenlose Nahrungsbeschaffung aus Abfalleimern am Ende des Tages gemeint. Es scheint sich um ein vortreffliches Projekt zu handeln. Wohne in einem besetzten Haus, besorge dir dein Essen gratis, und es gibt keinen Grund, deine Zeit mit Arbeit zu verschwenden. Es ist erstaunlich, was die Menschen wegwerfen. Sparsamkeit gestattet dir, der Konsumkultur zu entgehen und das Schema Arbeiten–Verdienen–Ausgeben durch Schaffensfreude zu ersetzen.

In seinem prächtigen Essay mit dem Titel *The Romance of Thrift* (Die Romantik der Sparsamkeit) führt Chesterton aus, dass Wirtschaftlichkeit und Sparsamkeit alles andere als prosaisch und langweilig, sondern vielmehr romantisch sind:

> Wirtschaftlichkeit, richtig verstanden, ist eher poetisch. Sparsamkeit ist poetisch, weil sie kreativ ist; Verschwendung ist unpoetisch, weil sie Verschwendung ist. Es ist prosaisch, Geld wegzuwerfen, denn es ist prosaisch, irgendetwas wegzuwerfen; es ist negativ; es ist ein Eingeständnis der Gleichgültigkeit und damit ein Eingeständnis des Scheiterns.

Diese Art der leidenschaftlichen Sparsamkeit unterscheidet sich deutlich von der puritanischen, pedantischen, methodistischen Variante, in der die Gier der Fabrikanten zum Ausdruck kam. Sie predigten ihren Arbeitern den Wert des kargen Lebens und lehrten sie, mit ihrem kümmerlichen Lohn auszukommen, damit sie ihre eigenen Profite erhöhen konnten. Ich empfehle nicht Sparsamkeit als Selbstverleugnung; nicht Nüchternheit, Fleiß, Bedürfnislosigkeit und Tugend für die niedrigeren Stände, sondern vielmehr eine energische Verbesserung der eigenen Finanzlage. Je sparsamer du bist, desto weniger Geld benötigst du, und je weniger Geld du benötigst, desto weniger Lohnarbeit musst du verrichten. Sparsamkeit ist also mit Müßiggang und der Freiheit von Chefs, Angst und Schulden gleichzusetzen.

Auch mit unserer Zeit sollten wir sparsam umgehen, was bedeutet, nichts zu übereilen und seine Zeit an keinen

Arbeitgeber zu verschwenden. Das ist der Aspekt ganztägiger Arbeit, der mich am meisten ärgerte: die Zeitverschwendung. Ob du noch genug Arbeit für sieben Stunden hattest oder nicht, war gleichgültig – du musstest in jedem Fall sieben Stunden am Arbeitsplatz sitzen bleiben. Einen Monitor anzustarren und so zu tun, als würde man arbeiten, während draußen die Sonne schien, kam mir verrückt vor. Ich hätte stattdessen etwas Nützliches unternehmen können: Beispielsweise wäre es mir lieber gewesen, eine Kette aus Gänseblümchen zu flechten oder Ukulelespielen zu lernen.

Im Bereich der Mode protestiert *Cheap Date*, die Zeitschrift meiner Freundin Kira Jolliffe, gegen den gedankenlosen Erwerb der allerneuesten Sachen und macht stattdessen Reklame für Kleidung aus Gebrauchtwaren- und Wohltätigkeitsläden. Wenn du ein gut aussehendes Stück in einem Trödelladen finden kannst, beweist du, dass du echten Stil hast und nicht bloß automatisch der Mode folgst. Stil hat mit dir selbst zu tun, während Mode bedeutet, so sein zu wollen wie die anderen.

Die Mutoid Waste Company hat die schöpferische Kraft der Sparsamkeit aufgezeigt. Damit, dass sie für den Schrotthaufen bestimmte Fahrzeuge zu erstaunlichen Skulpturen verarbeitete, gab sie ein radikales Statement gegen die Verschwendung ab.

Schockiert durch John Seymours Aussage über die Müllabfuhr, beschloss ich, den Abfall in unserem Haushalt zu reduzieren. Seymour verweist darauf, dass der Kleinbauer einen umweltfreundlichen Stoffkreislauf aufbaut, in dem nichts verschwendet wird. Lebensmittelreste verwandeln sich in Kompost oder werden an Tiere verfüttert, genau wie altes Fleisch. Mit tierischen Abfallstoffen düngt man die Felder. Es gibt kaum Verpackungsmaterial, da die meisten Dinge zu Hause produziert werden; Marmeladengläser kann man mehrfach benutzen, Papier und Pappe können verbrannt oder für den Kompost geschreddert werden. Flaschen kann man ebenfalls häufig verwenden oder recyceln, und alte Kleidungsstücke lassen sich zu Patchwork-Decken verarbeiten. Holz kann zur Herstellung von Dingen benutzt oder verbrannt werden. Sogar Küchenabfälle können als Kompost dienen, statt in teure Kläranlagen abgeleitet zu werden. So hätte es beim mittelalterlichen Kleinbauern ausgesehen: keine Verschwendung, kein Müll; keine Abhängigkeit von Gemeinderäten und ihren komplizierten Entsorgungstechniken. Müll liefert uns ein weiteres Beispiel dafür, wie sich das System abmüht, Probleme zu korrigieren, die es selbst geschaffen hat. Wir verursachen das Abfall- und das Plastikproblem, und dann beglückwünschen wir uns zur Erfindung von schwerfälligen Strukturen zur Beseitigung dieses Abfalls. Besser wäre es, die Schwierigkeiten gar nicht erst entstehen zu lassen.

Unser erster Schritt bestand darin, Kompost zu machen, das heißt, unseren organischen Abfall verwesen zu lassen, bis er sich in nützliche Nahrung für den Boden verwandelte. Es gibt viele Bücher über die Kunst der Kompostherstellung, und wenn man richtig vorgeht, wird durch den Verwesungsprozess Wärme freigesetzt, so dass sich der Abfall innerhalb von Wochen in saftigen Kompost verwandelt. Aber selbst wenn man nicht richtig vorgeht, erhält man in einem Jahr Kompost. Falls du zur Kompostherstellung jedoch keine Lust hast, dann heb einfach einen Graben in deinem Gemüsebeet aus und wirf den Abfall hinein. Er wird in der Erde verfaulen und dem Boden all seinen organischen Glanz zurückgeben.

Plastik ist nicht unproblematisch, doch es kann auch für bestimmte Zwecke genutzt werden. Ich verwende durchsichtige Plastiktöpfe als Glocken, um kleine Sämlinge zu schützen. Wenn du zum Beispiel Salat anpflanzt, könnten ihn Schnecken vernichten, doch im Innern eines umgedrehten Joghurtbehälters wird er gedeihen. Pappe sollte nicht weggeworfen werden, denn man kann Kartons wunderbar zurechtschneiden. Vor einiger Zeit haben wir Eiscremeläden aus Pappkartons gebastelt. Außerdem nimmt zerkleinerte Pappe auf den Komposthaufen überschüssige Feuchtigkeit auf. Sie ist auch hilfreich, wenn du neuen Boden für den Anbau vorbereitest. Leg einfach eine Schicht über das Gras und die Unkräuter und bedecke die Pappe dann mit Kompost, Stroh und anderen organischen Stoffen. Mit Zeitungen kann man Feuer anzünden. Der Vorteil für den verantwortungsvollen Müßiggänger ist der, dass er seiner Umwelt mit jeder Anwendung dieser Methoden eine Menge Arbeit erspart. Es ist die Pflicht des Müßiggängers, nicht nur sein eigenes Leben so arbeitsfrei wie möglich zu gestalten, sondern auch unnötige Belastungen für andere zu vermeiden. Der größte Teil der Arbeit ist Verschwendung, und deshalb verhält sich der Müßiggänger sehr rationell.

Natürlich waren auch die Menschen des Mittelalters Permakulturisten. In einem Zeitalter ohne Öl war sämtliche Energie erneuerbar, Geld zirkulierte in lokalen Gemeinschaften, und es gab keinen Abfall. Alles diente irgendeinem Zweck und kehrte in einem freundlichen Zyklus in den Haushalt zurück.

Der traditionelle Einwand gegen anarchistische Ideen lautet: »Und wer soll die Schmutzarbeit machen?« Darauf gibt es eine ganz einfache Antwort: Wir erledigen unsere Schmutzarbeit selbst. Und wenn es dein eigener Schmutz ist, den du beseitigst, wird er dir nicht so schmutzig erscheinen.

Nehmen wir das Schaufeln von Scheiße. Meiner Erfahrung nach ist dies gar nicht mal die unangenehmste Aufgabe der Welt. Außerdem gibt es einen Riesenunterschied zwischen dem Schaufeln deiner eigenen Scheiße und dem Schaufeln der Scheiße eines anderen. Wäre ich gezwungen, in einer Fabrik sieben Stunden täglich Scheiße zu beseitigen, würde ich bestimmt sehr bald jeden Moment verabscheuen. Aber die eigene Scheiße auf deinem eigenen Grundstück zu einer dir genehmen Zeit zu schaufeln und sie zu nutzen – nun, das ist ein Vergnügen. Ich freue mich, wenn ich Hühner- und Pferdescheiße herumliegen sehe, weil ich weiß, dass sie eine fantastische Wirkung auf den Boden haben. Und sie kosten nichts. Deshalb ist es eine große Freude, sie aufzusammeln.

Es ist bemerkenswert, dass alles, was aus dem Hinterteil eines Pferdes oder einer Kuh oder eines Huhns herauskommt, dazu taugt, den Boden fruchtbar bleiben zu lassen. Wir sollten uns diese Tatsache unbedingt zunutze machen. Um frei zu sein, greif auf Dinge zurück, die frei erhältlich sind. Wer die Sparsamkeit gutheißt, heißt auch die Freiheit gut. Nur Sklaven und Trottel sind Verschwender; sie sind die Tölpel des kapitalistischen Systems.

SCHAUFEL SCHEISSE!

29

Hör auf zu arbeiten, fang an zu Leben

Idler: Kann man leben, ohne zu arbeiten?
Vaneigem: Wir können nur leben, ohne zu arbeiten.
In: »Conversation with Raoul Vaneigem«,
Idler 34, 2004

Was also ist die richtige Art zu leben?
Das Leben muss als Spiel gelebt werden … dann wird
ein Mensch fähig sein, die Götter gnädig zu stimmen
und sich gegen seine Feinde zu verteidigen
und den Wettkampf zu gewinnen.
Plato

Wenn dir deine Stelle wirklich zusagt, wenn du sonntagabends voller Freude ins Bett gehst, wenn du montagmorgens voller Aufregung und Vorfreude auf die Wonnen des kommenden Tages aus dem Bett springst, wenn du deinen Chef und deine Arbeit liebst, dann kannst du dieses Kapitel auslassen. Wenn du deine Stelle jedoch für mies hältst, für anstrengend, aufreibend, langweilig, frustrierend, erbitternd, erniedrigend und schlecht bezahlt, dann lies weiter. Du bist nicht unweigerlich an sie gebunden. Du brauchst dich nicht mit ihr abzufinden. Es gibt Alternativen. Arbeit und Leben brauchen nicht miteinander zu konkurrieren. Sie können sich im Gedanken des Spiels treffen.

Es war die Tragödie des neunzehnten Jahrhunderts, dass sich westliche Menschen in erster Linie als Arbeiter zu betrachten begannen. Das Leben wurde zu einer ernsten Sache. Frivolität, Frohsinn, Spiel, Ritual, Tanz, Musik, Heiterkeit, Verkleidung – jene kindlichen Freuden, die einst alle eine zentrale Rolle im Leben der Adligen, Priester und Bauern spielten – waren seit der Mitte des sechzehnten Jahrhunderts unablässig angegriffen worden.

Vor der Reformation feierte man in England eine nie endende Party. Es ging in der Tat fröhlich zu. Ronald Hutton, Autor eines herrlichen Buches mit dem Titel *The Rise and Fall of Merry England*, schildert die Festlichkeiten, die das ganze Jahr hindurch von den fröhlichen Engländern begangen wurden. Zum Beispiel dauerte Weihnachten nicht weniger als zwölf Tage, an denen niemand arbeiten durfte. Bald danach, am 2. Februar, folgte Mariä Lichtmess und dann, am 14. Februar, der Valentinstag. Am siebten Sonntag vor Ostern schloss sich Fastnacht an und erstreckte sich über drei Tage. Ostern dauerte ganze zehn Tage und ging in die Hocktide über. Nun hatte man ein wenig Zeit zum Arbeiten, bevor der Georgstag am 23. April folgte. Eine Woche später kam der Maifeiertag, der zwei Monate der Lustbarkeiten und der sexuellen Vergnügungen in den Wäldern einleitete. Am 24. Juni beging man die Sommersonnenwende und Fronleichnam. Am 28. Juni wurde der Peterstag gefeiert, gefolgt von Lammas am 1. August, der in eine Zeit der Sommerjahrmärkte und der Erntefeste überging. Im November folgten der Martinstag und im Dezember das Adventfasten, und damit war man wieder bei Weihnachten angelangt.

»Merry Old England« war laut Hutton »eine Gesellschaft, in der Rituale und Feste für viele unterschiedliche Zwecke auf vielen unterschiedlichen Ebenen genutzt wurden«. Er fährt fort: »Dann kam es zu einer direkten ideologischen Herausforderung durch den frühen Protestantismus, der sich anschickte, nicht nur den physischen und ideologischen Kontext des Gottesdienstes zu reformieren, sondern auch den größten Teil der Festlichkeitskultur zu zerstören, mit der die alte Kirche verknüpft gewesen war.«

Nach dem puritanischen Angriff auf das Vergnügen wurde im neunzehnten Jahrhundert schließlich ein neuer Gedanke laut: Statt die Freude zu verbieten, beschloss man, sie zu verkaufen und Geld mit ihr zu verdienen. Man bot uns an, unser Spielbedürfnis durch Produkte zu befriedigen. Beispielsweise steht die Schallplattenbranche für die Industrialisierung und Kommerzialisierung der Musik. Dadurch wird etwas, das seinem Wesen nach Nicht-Arbeit ist, in Arbeit verwandelt. Die Industrialisierung ist ein Verfahren, das Leben aufzusplittern und mit jedem Teilchen Profite zu machen. Andere Beispiele liefern der Kommunikationsbereich (bezahl, um zu reden), die Energiebranche (bezahl für den Wind), die Lebensmittelindustrie (bezahl für das, was die Natur kostenlos herstellt), die Unterhaltungsbranche (bezahl, um dich ablenken zu lassen) und so weiter. All diese Tätigkeiten waren einst häuslich und in den meisten Fällen kostenlos.

Die Grenze zwischen Kunst und Leben ist in primitiveren, weniger ernsten, spielerischen Gesellschaften noch heute verschwommen, etwa im ländlichen Mexiko, wo die Menschen von den Gebirgshöfen in die Orte kommen, um ihre kunsthandwerklichen Erzeugnisse auf dem Markt zu verkaufen. Die Produkte sind nützlich und schön: Teppiche, Keramik, Mützen, Holzspielzeug. Dies ist keine Sklavenexistenz, denn der Handwerker/Kleinbauer übernimmt die Verantwortung für sein eigenes Leben. Eric Gill schreibt über die alten Zeiten:

> Jeder Arbeiter war bis zu einem gewissen Grade verantwortlich – nicht nur für das, was ihm zu tun aufgetragen wurde, sondern auch für die geistige Qualität dessen, was seine Tätigkeit hervorbrachte. Er war mehr oder weniger unabhängig, und man erwartete von ihm, wofür er auch bezahlt wurde, dass er seine Intelligenz einsetzte, und deshalb ... war er jemand, der den Gegenstand, den er herzustellen hatte, sowohl reizvoll als auch nützlich gestalten wollte.

Gill sprach von »Integrität«. Damit meinte er jedoch nicht, man solle »seinen Prinzipien treu bleiben«, sondern man solle »die unterschiedlichen Teile seines Lebens integrieren«. Die Probleme, die Ängste, die Krankheiten, die Schulden würden durch die Trennung unseres Lebens in miteinander konkurrierende Zonen entstehen. Wir müssten uns bemühen, diese Zonen zu integrieren, sie in Einklang zu bringen, so dass Arbeit und Leben ein und dasselbe seien. Trotzdem kann man natürlich mit seiner jeweiligen Tätigkeit Geld verdienen. Ich zum Beispiel verbringe jeden Morgen damit, dass ich schreibe und lese, während der Rest des Tages von Haushaltsarbeiten in Anspruch genommen wird: Gartenarbeit, Saubermachen, Backen. Gartenarbeit hat den besonderen Vorteil, dass sie viel Trödelei mit sich bringt. Mindestens die Hälfte der Zeit dient dazu, in die Luft zu gucken. Manchmal kann ich die Kinder überreden, mich zum Gemüsebeet zu begleiten, wodurch ich die nützliche und erfreuliche Aktivität des Nahrungsanbaus mit der Kinderbetreuung verbinde. Die Abende sind dem Trinken und Essen sowie Gesprächen vorbehalten.

Vor der Industrialisierung bildeten »schön« und »nützlich« noch keine Gegensätze. Sie waren identisch. Der Bauer/Handwerker besaß einige Morgen Land und konnte einen Teil seiner Nahrung selbst produzieren. Diese Art Verantwortung für die eigene Tätigkeit ist beseitigt worden, und die Arbeit beschränkt sich nun ausschließlich darauf, einem übergeordneten Herrn Schichten des Lebens zu überlassen, um Geld zu verdienen – und zwar viel umfassendere Schichten, als von allen unterdrückten mittelalterlichen Leibeigenen erwartet wurde.

In *Homo Ludens* schreibt der ehrwürdige Huizinga, sämtliche Kulturen beruhten im Kern auf einem Konzept des Lebens als Spiel, nicht als Arbeit. Beispielsweise gäben sich die Japaner ihren *asobi* und *asobu* hin: »Das Substantiv *asobi* und das Verbum *asobu* bedeuten: Spielen im Allgemeinen, Entspannung, Belustigung, Zeitvertreib, Ausflug, Erholung, Ausschweifung, Würfeln, Nichtstun, Herumliegen, Unbeschäftigtsein.« Erstaunlich ist die Ähnlichkeit mit dem englischen gesellschaftlichen Phänomen, dass man mit dem Akronym ASBO (Anti-Social Behaviour Order) bezeichnet und das den neuesten gescheiterten Versuch der Gesetzeshüter darstellt, straffällige Jugendliche in den Griff zu bekommen. Das Spiel und sein Bruder, der Müßiggang, waren einst Teile der Arbeit. Früher überanstrengten sich nicht einmal die Richter. In *De laudibus legum Angliae*, entstanden im Jahr 1470, prahlt

Fortescue sogar damit, wie wenig Arbeit die Richter leisten. Dadurch hätten sie mehr Zeit zum Nachdenken, was sie zu besseren Richtern mache.

Solche Aussagen wären heute fast unvorstellbar, denn die meisten von uns versichern allen anderen, wie fleißig sie seien. In der Wechselwirkung zwischen Realität und Traum, zwischen Alltag und Jenseits hat das Hier und Jetzt schon zu lange einen beherrschenden Einfluss. Wir müssen das Gleichgewicht wiederherstellen. »Nur den Bogen schlagen von der Prosa zur Leidenschaft, dann werden beide erhöht werden, und die höchsten Höhen, zu denen menschliche Liebe sich aufzuschwingen vermag, werden sichtbar«, schrieb E. M. Forster in *Wiedersehen in Howards End*. »Nicht länger in Bruchstücken leben!«

Wir haben das Spiel, die Seele, die Kreativität verloren. Der große Junkie-Beatnik Alexander Trocchi verkündet in seinem Buch *Invisible Insurrection*:

> Der Mensch hat vergessen, wie gespielt wird. Und wenn man an die seelenlosen Aufgaben denkt, die jeder in der industriellen Umgebung abwickeln muss, an die Tatsache, dass die Erziehung zunehmend technisch und für den gewöhnlichen Menschen nicht mehr als ein Mittel der Anpassung an eine »Arbeit« geworden ist, dann kann es einen kaum verwundern, dass der Mensch verloren ist. Er hat geradezu Angst vor mehr Freizeit ... Da seine Kreativität gehemmt ist, orientiert er sich ganz und gar nach außen ...

Die Erziehung selbst ist ein Aufschub, eine Verzögerung. Wir werden aufgefordert, uns anzustrengen und gute Ergebnisse zu erzielen. Warum? Damit wir einen guten

Arbeitsplatz erhalten? Was ist ein guter Arbeitsplatz? Einer, an dem man gut bezahlt wird. Ach so. Und das war's? All die Qualen, nur damit wir eine Menge Geld verdienen, ohne jedoch unsere Probleme lösen zu können? Es ist eine tragisch eingeschränkte Vorstellung vom Leben. Dabei sollten wir dauernd herumalbern, um das Leben um seiner selbst willen zu genießen, und zwar jetzt, nicht erst in einer imaginären Zukunft. Es leuchtet ein, dass der fröhliche, heitere Mensch, der kindliche Erwachsene, am wenigsten vom Leben zu befürchten hat. Jedes Mal wenn ich eine Party entweder bei uns zu Hause oder im Gemeindesaal veranstalte, beschwert sich einer unserer Nachbarn. Er ist ein ängstlicher Typ, ohne Frohsinn, erfüllt von einem zwänglichen Ernst. Andere existieren für ihn nur als Schranken für seinen Kokon, den er als »Ruhe und Frieden« bezeichnet. Er ist aus dem Leben geflohen.

Man hat uns beigebracht, dass das neue System, in dem ein Dienstleistungsgewerbe die Dienstleistungen ersetzt hat – oder, um es anders zu formulieren, in dem wir nicht mehr für die Großgrundbesitzer, sondern für die Großunternehmen arbeiten –, einen Fortschritt für die persönliche Freiheit bedeute. Aber ich bezweifle diese Annahme. Kein feudaler Lehnsherr der Vergangenheit hatte je die Macht, den Einfluss und das Vermögen von Terry Leahy, dem Grafen von Tesco. Er verdient 10000 Pfund pro Tag, 1500 Pfund pro Stunde, und gebietet über mehr als 250000 Vasallen. Das ist fast ein Prozent der britischen Erwerbsbevölkerung. Sie alle sind Tesco in Knechtschaft unterworfen, und die meisten verdienen weniger im Jahr als Leahy an einem Tag. Es verblüfft mich, dass wir Schlange stehen, um dieser Bande von Mega-Aktionären zu dienen. Die Beschäftigung in einer Supermarktkette ist bar jeder Eleganz, jeder Anmut, jeder Gastfreundschaft. Kann der niedrigste Schänkenangestellte je so eingeschränkt gewesen sein wie ein Regalstapler bei Tesco? Die Supermärkte entziehen dem Leben die Romantik und das Temperament.

Wir verunglimpfen das feudale Arbeitssystem und schätzen uns heute glücklich, doch eine nüchterne Betrachtung des Gutsherrnsystems ergibt, dass die angeblich analphabetischen leibeigenen Bauern mehr Freiheit und größere Reichtümer besaßen sowie unabhängiger waren als der durchschnittliche heutige Lohnsklave. Wie oben ausgeführt, schuldete John Audrey aus Foxton dem Gut pro Woche nur einen einzigen Arbeitstag. Die übrige Zeit gehörte ihm selbst. Sein proportionales Einkommen entsprach mindestens 30000 Pfund nach heutigen Begriffen. Nach Lage der Dinge verdiente er für einen Arbeitstag pro Woche den drei- bis vierfachen Betrag seiner Jahrespacht. Er hatte 18 Morgen Land und ein Haus, und zudem dürfte er mehrere Handwerke beherrscht haben, denn jedes Dorf benötigte einen Schuhmacher, Maurer, Tischler und Schmied. Nun vergleiche man ein solches Leben mit dem eintönigen Los eines Call-Center-Angestellten, der für fünf Arbeitstage pro Woche jährlich 12000 Pfund verdient. Der Call-Center-Angestellte muss fünfmal so schwer für weniger als die Hälfte des Lohnes arbeiten.

Was die weit verbreitete Schicht der Hauseigentümer angeht, die, wie es heißt, einen der großen wirtschaftlichen Fortschritte der jüngeren Vergangenheit verkörpert, so haben wir es mit einem weiteren Schwindel zu tun. Wenn der Bausparkasse neunzig Prozent gehören, wie kannst du dann als Eigentümer des Hauses bezeichnet werden? Vielmehr wirst du durch zwei Instanzen versklavt: durch den Arbeitgeber und durch die Bausparkasse. Wenn du dich mit deinen Zahlungen verspätest, nimmt dir die Bausparkasse dein Haus wieder ab. Deshalb setzt du dich bei der Arbeit allen denkbaren Erniedrigungen aus, denn du hast Angst, deine Stelle zu verlieren. Diese Brutalität und Sklaverei übertreffen alles, was im mittelalterlichen System üblich war.

Wenn jemand daran denkt, seine Stelle aufzugeben, dann kann ich es ihm nur wärmstens empfehlen. Ich finde, es ist viel leichter, ohne eine Anstellung zu leben. Zum einen hat man viel weniger Arbeit. Eine Arbeitsstunde zu Hause entspricht zwei Stunden im unwirtschaftlichen Büro oder in der Fabrik. In solchen Institutionen vervollkommnen wir die Kunst, die kleinstmögliche Menge an Arbeit in der längstmöglichen Zeit zu erledigen. Eine gewaltige Stundenzahl wird verschwendet. Zu Hause kehren wir den Prozess um: Wir machen so viel Arbeit wie möglich in der geringstmöglichen Zeit. Damit werden vier Arbeitsstunden zu Hause zu einem ganzen Arbeitstag im Büro. Andererseits hörst du jedoch nie auf zu arbeiten, wenn du deinen Beruf und dein Leben vereinst. Oder du arbeitest nie – das musst du selbst entscheiden. Einen Artikel zu schreiben ist für mich nicht wichtiger oder unwichtiger, als eine Möhre auszugraben. Beides ist Teil des Lebens; alles ist gleichwertig, das Gute und das Schlechte, das Geldverdienen und das Nicht-Geldverdienen.

Zum anderen stellst du fest, dass du weniger ausgibst, wenn du keine Stelle hast. Die Kosten für das Pendeln zur Arbeit sind verschwunden, ebenso wie die für die endlosen Riesenkaffees. Du bist jetzt kein Sklave von Starbucks mehr! Endlich frei! Ebenso sparst du die Mittags-Sandwiches und die Drinks nach Feierabend mit Kollegen. Du brauchst auch nicht mehr so viele Kleidungsstücke. Deine Kosten sinken. Der Heimarbeiter kann mühelos 100 Pfund pro Woche sparen. Das allein verringert den Arbeitsdruck.

Ein Einwand, den ich höre – eine weitere vom Geist geschmiedete Fessel –, ist folgender: »Ich hätte nicht die Selbstdisziplin, freiberuflich zu arbeiten.« Auch das ist ein Mythos. Wir werden in dem Glauben bestärkt, wir seien nutzlos, unfähig, auf uns selbst aufzupassen, weshalb wir einen Arbeitgeber benötigten, der unsere widerspenstige Persönlichkeit bändigt und sie in einen strengen Stundenplan zwängt. Wenn du begreifst, dass du in Wirklichkeit frei bist, verebbt dieses Problem.

Etwas Wunderbares am Leben ohne Anstellung ist das fantastische Gefühl der Freiheit und Unabhängigkeit, das du jeden Tag empfindest. Ich würde lieber 10 000 Pfund im Jahr ohne Erwerbstätigkeit verdienen als 500 000 Pfund, wenn ich zehn Stunden am Tag als Angestellter verbringen müsste. Das ist überhaupt keine Frage.

Aktive Stellungslosigkeit lässt dir auch Zeit und Energie für Gemeinschaftsprojekte. Seit ich meinen Arbeitsplatz aufgegeben habe, bin ich in der Lage, in unserem lokalen Gemeindesaalausschuss mitzuwirken und Konzerte und Bankette zu organisieren. Es kann ein langsamer Prozess sein, die Kontrolle der Arbeit über dein Leben zu lockern und sie durch das Spiel zu ersetzen. Der Schlüssel zur Lebensfreude jenseits der Vollbeschäftigung liegt in der Erkenntnis, dass du, sobald du nicht mehr ganztags arbeitest, kein Konsument mehr bist, sondern zu einem Produzenten, einem kreativen Menschen wirst. Die frühesten Formen der Arbeit, welche die katholische Kirche billigte, waren kreativ. Die Mönche durften Brot backen, Bier brauen und im Garten werkeln, denn die Geistlichen meinten, die Arbeit solle Gottes eigenen Schöpfungsakt widerspiegeln. Und sie hatten recht: Diese drei Arten der Arbeit sind die erfreulichsten. Gärtner, Bäcker und Brauer sind überwiegend glückliche Menschen.

Übrigens ist es möglich, ein Lohnsklave, doch kein Sklave des Lohnes zu sein. Du brauchst deine Stelle nicht unbedingt aufzugeben, um die Freiheit zu erlangen. Stattdessen kannst du deine Tätigkeit in etwas verwandeln, das dir gefällt. Zum Beispiel beschloss ein Freund von mir, als Sozialarbeiter in der Praxis zu bleiben, statt in die Leitungsebene aufzurücken. Der Grund war, dass er so eine kürzere Arbeitswoche (von dreiunddreißig Stunden) hatte und sich geringeren Belastungen ausgesetzt sah. Er kümmert sich um Erwachsene mit Lernschwächen und kann dabei Dinge tun, die ihm Spaß machen, das heißt zum Beispiel, dass er im Garten arbeitet und Gitarre spielt. Daneben hat er noch viel Zeit und Energie, auch daheim im Garten zu arbeiten, Dinge herzustellen, seine Website zu aktualisieren und Zeitschriften zu drucken. Er hat also eine Stelle, aber er ist nicht völlig von ihr abhängig, denn er hat den kreativen Weg beschritten und sie seinem Leben angepasst – nicht umgekehrt.

Viele meiner Bekannten haben sich entschieden, Teilzeitarbeit zu machen. Wenn du an drei Tagen in der Woche im Büro erscheinst, verschaffst du dir einen psychologischen Vorteil, denn die Zahl der Tage, die du für dich selbst hast, ist höher als die der Tage, die du einem Arbeitgeber verkaufst. Verringere deine Stunden des Vasallentums; schraub deine Dienste zurück. Tu weniger.

Ein Vorteil des Freiberuflertums besteht darin, dass man viel sicherer lebt als bei einer Festanstellung. Arbeit ist gefährlich. Vierhundert Menschen kommen im Vereinigten Königreich jährlich bei der Arbeit um. Die überwältigende Mehrheit dieser Todesfälle ereignet sich am unteren Ende der Lohnskala, bei Lastwagenfahrern, Lagerhausangestellten, Mechanikern, Hafenarbeitern und so weiter. Ungefähr 30 000 nichttödliche Unfälle pro Jahr ereignen sich im Vereinigten Königreich bei der Arbeit, die Hälfte davon im Dienstleistungssektor. Laut offiziellen Angaben sind Müßiggänger demgegenüber kaum gefährdet. Die Anzahl an Verletzungen bei Freiberuflern und Selbständigen ist kaum der Rede wert.

Alles, was uns hilft, unsere Abhängigkeit vom Lohn zu verringern, ist begrüßenswert. Ich habe mir ein neues System der Dreistundenschichten ausgedacht. Der normale Arbeitstag sollte sieben Stunden umfassen und in zwei Schichten von etwas über drei Stunden geteilt sein. Damit hätte jeder pro Woche zehn Schichten abzuleisten. Zu unterschiedlichen Zeiten deines Lebens könntest du mehr oder weniger Arbeit machen. Mithin bringst du zuweilen sämtliche zehn Schichten hinter dich, während du manchmal nur ein paar Schichten abreißt. Ein derartiges System selbständiger Arbeit würde den Menschen allerlei neue Möglichkeiten eröffnen. Zurzeit, bei einer Fünfunddreißig- oder Vierzigstundenwoche, ist es zu schwierig, den Wald vor lauter Bäumen zu sehen und am Ende des Tages genug Energie für kreative Dinge aufzubringen:

dafür, Kompost zu machen oder Hennen zu halten oder Honig herzustellen oder Brot zu backen oder Bier zu brauen oder was immer dir sonst gefällt.

Außerdem habe ich eine zweite Idee: Odd Jobs. Das ist eine neue Dienstleistung, die ich auf der Website des *Idler* eingerichtet habe. Da ich bemerkt hatte, dass es *Idler*-Lesern schwerfiel, ihre Arbeit völlig aufzugeben und Geld ausschließlich durch kreative Unternehmungen zu verdienen, ließ ich mir Odd Jobs als Methode für Müßiggänger einfallen, Zeitarbeiten oder Halbtagsarbeiten zu finden, damit sie ihre anderen Aktivitäten aufrechterhalten können. Unter Odd Jobs kann man also seine eigenen Dienste annoncieren oder Arbeit anbieten. Ein Beispiel ist das eines freiberuflichen klassischen Musikers, eines Tuba-Spielers, der sich als Stuckateur ausbilden ließ, um in Flautezeiten in diesem zweiten Bereich Geld zu verdienen. Er beantwortete eine Anzeige in der Rubrik Odd Jobs, und jetzt wird er nach Italien reisen, um zwei Wochen lang bei einem Ehepaar zu wohnen und einige Stuckateurarbeiten zu erledigen; dafür erhält er einen kostenlosen Urlaub. Das ist der kreative Ansatz, den wir in der Welt brauchen. Odd Jobs hat nichts mit den ausbeuterischen Zeitarbeitsfirmen und der schädlichen Professionalisierung der Arbeit zu tun, denn das System stützt sich einfach auf einen privaten Vertrag zwischen zwei Individuen. Odd Jobs verkündet auch: »Wir werden nicht herumsitzen und darauf warten, dass Regierung und Gewerkschaften die Arbeitsbedingungen verbessern. Wir werden die ganze Sache ignorieren und ein neues, vitales System für das Leben und die Arbeit aufbauen.«

Spezialisierung ist ein Fluch. »Oh, ich verstehe nichts

von solchen Dingen«, sagen wir uns selbst mit unserem angelernten Gefühl der Nutzlosigkeit. Dabei ist es sehr leicht, ein Handwerk zu erlernen. Besser, ein Hansdampf in allen Gassen zu sein, als nichts zu begreifen. Victoria nahm in der Nachbarschaft an einem Kurs teil, in dem sie lernte, das Korbgeflecht für einen Van-Gogh-Stuhl herzustellen. Jeder Moment war ein Vergnügen, und am Ende hatten wir einen reparierten Stuhl, einen schönen und nützlichen Gegenstand. Handwerk verbindet Glück, Arbeit und Spiel sowie Kunst und Leben.

Sei ein Hansdampf in allen Gassen, gib den Perfektionismus auf. Bekenne dich zum Glauben an den Laien. Lass dich von Liebe, nicht von Geld leiten. Ein Spaten, eine Säge und ein Meißel – das ist alles, was du brauchst, um frei zu sein.

Im Spiel ist Freiheit, schreibt Huizinga, denn es wird von uns selbst gelenkt:

> Das Kind und das Tier spielen, weil sie Vergnügen daran haben, und darin eben liegt ihre Freiheit. Wie dem auch sei, für den erwachsenen und verantwortlichen Menschen ist das Spiel eine Funktion, die er ebenso gut lassen könnte. Das Spiel ist überflüssig. Nur insoweit wird das Bedürfnis nach ihm dringend, als es aus dem Vergnügen an ihm entspringt. Jederzeit kann das Spiel ausgesetzt werden oder ganz unterbleiben. Es wird nicht durch physische Notwendigkeit auferlegt und noch viel weniger durch sittliche Pflicht. Es ist keine Aufgabe. Es wird in der »Freizeit« gespielt. Erst sekundär, dadurch, dass es Kulturfunktion wird, treten die Begriffe Müssen, Aufgabe und Pflicht mit ihm in Verbindung. Damit hat man also ein erstes Hauptkennzeichen des Spiels: es ist frei, es ist Freiheit.

Wir sollten danach streben, dass jeder Moment unserer Zeit frei ist. Tu den ganzen Tag lang, was dir gefällt. Tu den ganzen Tag lang überhaupt nichts. Albere den ganzen Tag lang herum.

Wenn dir deine Arbeit Spaß macht, ist sie keine Arbeit. Es ist, wie meine Freundin Sarah sagt, der Schlüssel zum freien Leben, jeden Morgen aufzuwachen und zu rufen: *»Guten Morgen, Herr, was hast du heute für mich?«* Das funktioniert wirklich, versichert sie. Die Freiheit kann heute beginnen, jetzt sofort. Du kannst dein Leben in einer einzigen Sekunde ändern. Freiheit ist ein Geisteszustand.

SPIELE

Weiterführende Literatur

Hier ist eine Liste der Bücher, die ich beim Verfassen des vorliegenden Textes gelesen habe. Ich würde sie für die Bibliothek jedes Freiheitssuchers empfehlen:

Aquin, Thomas von, *Summe der Theologie* (Stuttgart: Alfred Kröner Verlag, 1938)

Aquin, Thomas von, *Summe gegen die Heiden* (Darmstadt: Wissenschaftliche Buchgesellschaft, 1990)

Der im dreizehnten Jahrhundert wirkende Thomas von Aquin war der Jean-Paul Sartre seiner Zeit. Er vertrat den Standpunkt, dass »alle Dinge eitel sind«.

Aristoteles, *Nikomachische Ethik* (Stuttgart: Reclam, 1990)

Aristoteles (384–322 v. Chr.) war im Mittelalter als »der Philosoph« bekannt. Sein entspannter Ansatz lieferte die geistige Motivation für Jahrhunderte der Bruderliebe und des Lobes auf das kontemplative Leben.

Armytage, W. H. G., *Heavens Below: Utopian Experiments in England 1560–1960* (London: Routledge and Kegan Paul, 1961)

Seit der Reformation unternehmen freiheitsliebende Briten noble Versuche, der Tyrannei durch die Einrichtung kommunaler Lebenssysteme zu entgehen. Armytage untersucht diese Experimente.

Arnold, Matthew, *Poetical Works* (London: Macmillan, 1890)

Der düstere Arnold legte eine seltsam aufmunternde Lektüre vor.

Beat, Alan, *A Start in Smallholding* (Holsworthy: Smallholding Press, 2004)
Inspirierende Darstellung des erfolgreichen Versuchs einer Familie, das gute Leben zu führen.

Beckwith, John, *Early Medieval Art* (London: Thames and Hudson, 1969)
Schlecht geschrieben, aber mit zahlreichen hübschen Abbildungen modern wirkender, manchmal komischer und häufig an Karikaturen erinnernder religiöser Gemälde und Schnitzereien aus der Zeit des so genannten finsteren Mittelalters.

Beier, A. L., *Masterless Men: The Vagrancy Problem in England 1560–1640* (London: Methuen, 1985)
Die Reformation erzeugte ein Landstreicherproblem von gewaltigen Dimensionen, wodurch die elisabethanische Regierung einen Vorwand erhielt, alle möglichen neuen Gesetze gegen Bettler und Wanderer zu erlassen. In dieser vorzüglichen Studie wird ein entscheidender Angriff auf das fröhliche alte England geschildert.

Belloc, Hilaire, u. a., *Distributist Perspectives* (Norfolk, VA: IHS Press, 2004)
Der Distributismus basiert auf der anarchistischen Idee, dass jede Familie ein eigenes Grundstück haben sollte, um einen Teil ihrer Nahrung selbst zu produzieren und damit unabhängig zu sein. Das Konzept war in den zwanziger Jahren populär, als es von katholischen Schriftstellern wie Belloc und Chesterton verbreitet wurde.

Benton, Janetta Rebold, *Medieval Mischief: Wit and Humour in the Art of the Middle Ages* (Stroud: Sutton Publishing, 2004)
Nackte Hintern, kopulierende Paare, harfespielende Esel – die Autorin wirft einen Blick in die verborgenen Winkel mittelalterlicher Kathedralen und Kirchen.

Biddle, Violet, *Small Gardens and How to Make the Most of Them* (London: C. Arthur Pearson, 1911)

Gartenbauanleitung aus der Arts-and-Crafts-Ära, in der Originalität und Spaß propagiert werden.

Blythman, Joanna, *Shopped: The Shocking Power of British Supermarkets* (London: Fourth Estate, 2004)

Eine brillante Darstellung des Ausmaßes, in dem Supermärkte unser Leben beherrschen.

Boswell, James, *Das Leben Samuel Johnsons* (Leipzig: Insel-Verlag, 1984)

Stets eine herrliche Lektüre.

Bulley, Margaret, *Ancient and Medieval Art* (London: Methuen, 1996)

Aufschlussreiche Information über Handwerksgilden und mittelalterliche Kirchen. Erstveröffentlichung 1926.

Bunker, Sarah; Charnock, Christine; Coates, Chris; Hodgson, David; How, Jonathan (Hrsg.), *Diggers and Dreamers: The Guide to Communal Living* 2004/2005 (London: D&D Publications, 2003)

Verzeichnis von kommunalen Gruppen im heutigen Vereinigten Königreich.

Burnett, Graham, *Permaculture: A Beginner's Guide* (Westcliffe-on-Sea: Land and Liberty, 2002)

Eine praktische Schrift, in der die Permakultur-Prinzipien des geringen Aufwands und der hohen Erträge im Gartenbau erläutert werden.

Burton, Robert, *Anatomy of Melancholy* (London: William Tegg, 1861)

Burton, Robert, *Anatomie der Melancholie* (München: Deutscher Taschenbuch Verlag, 1991)

Der Selbsthilfeklassiker aus dem siebzehnten Jahrhundert, ein auf paradoxe Art erfreuliches Buch.

Cash, Arthur H., *John Wilkes: The Scandalous Father of Civil Liberty* (Boston: Yale, 2006)

Biografie eines der größten Freigeister des achtzehnten Jahrhunderts.

Chancellor, Edward, *Devil Take the Hindmost* (London: Macmillan, 1999)
Erhellende Geschichte der Finanzblasen, von Tulpen bis zur Dotcom-Manie.

Chaucer, *Canterbury-Geschichten* (Leipzig: Bibliographisches Institut, 1897)
Porträts verschiedener Typen des vierzehnten Jahrhunderts, geschrieben mit leichter Hand und frechem Humor.

Chesterton, G. K., *Der Mann, der Donnerstag war* (Leipzig: Kiepenheuer, 1988)
Geschichte eines raffinierten Anarchisten. Erstveröffentlichung 1908.

Chesterton, G. K., *Franziskus. Der Heilige von Assisi* (Frankfurt am Main: Fischer Taschenbuch Verlag, 1986)
Porträt des höflichsten Menschen aller Zeiten, des »Morgensterns der Renaissance«.

Chesterton, G. K., *The Thing* (London: Sheed and Ward, 1931)
Essays über die Religion und über die Flucht vor dem Industrieprojekt. Graham Greene sprach von »einem der großen Bücher der Epoche«.

Chesterton, G. K., *William Cobbett* (London: House of Stratus, 2000)
Brillanter Essay über die Bedeutung Cobbetts als humaner Denker.

Clayton, Antony, *Decadent London* (London: Historical Publications Ltd, 2005)
Geschichten über die Londoner Künstler des Fin de Siècle: Wilde, Beardsley u. a.

Coates, Chris, *Utopia Britannica: British Utopian Experiments 1325–1945* (London: D&D Publications, 2001)
Versuche, Jerusalem in unserem grünen und schönen Land aufzubauen.

Cobbett, William, *Cottage Economy* (London: Peter Davies, 1926)

Cobbett, William, *Geschichte der protestantischen Reformation in England und Irland* (Mainz: Kirchheim, 1862)
Glühende Attacke auf Heinrich VIII. und seine Zerstörung der alten Bräuche.

Cohn, Norman, *Die Sehnsucht nach dem Millennium. Apokalyptiker, Chiliasten und Propheten im Mittelalter* (Freiburg i. Br.: Herder Verlag, 1998)
Untersuchung der unkonventionellen und amoralischen Bewegungen des Mittelalters, von den Sufis bis zu den Brüdern des freien Geistes.

Dante Alighieri, *Die göttliche Komödie* (Köln: Anaconda, 2005)
Mittelalterliche Dichtung vom Besten.

Debord, Guy, *Die Gesellschaft des Spektakels* (Hamburg: Edition Nautilus, 1978)
Der ungezügelte Situationist greift die Warenkultur an.

Donkin, Richard, *Blood, Sweat and Tears: The Evolution of Work* (London und New York: Texere, 2001)
Eine konzentrierte Darstellung der Arbeit durch die Epochen und unserer sich wandelnden Einstellung zu ihr.

Fattorusso, J. & M. L., *Florence: The City of Flowers* (Florenz: The Medici Series, 1950)
Malerischer Reiseführer.

Fearnley-Whittingstall, Hugh, *The River Cottage Cookbook* (London: HarperCollins, 2001)
Inspirierende Anleitung zum freien Leben und guten Essen.

Fortescue, Sir John, *De laudibus legum Angliae* (London: Hall, 1775)
Das klassische Werk des fünfzehnten Jahrhunderts über das englische Rechtssystem.

Fukuoka, Masanobu, *The One-Straw Revolution* (Mapusa, Goa: Other India Press, 2005)
Kluge und anregende Schilderung des Experiments mit der »Nichtbearbeitungsmethode«, bei der man der Natur die Arbeit überlässt.

Gandhi, Mohandas Karamchand, *Eine Autobiographie oder Die Geschichte meiner Experimente mit der Wahrheit* (Berlin: Union Verlag, 1982).
Wie Gandhi Freiheit durch Dienst findet.

Gardner, Edmund G., *The Story of Florence* (London: J. M. Dent & Co., 1908)
Nützliche Geschichte des großen freien Stadtstaats.

Gill, Eric, *Autobiography* (London: Jonathan Cape, 1947)
Gedanken des zum Bildhauer gewordenen Grafikers über Kunst und Leben.

Godwin, William, *Caleb Williams* (Oxford: Oxford University Press, 1986)
Eine fesselnde Geschichte über das Leben auf der Flucht.

Godwin, William, *Über die politische Gerechtigkeit* (Freiburg/Berlin: Rudolf Haufe Verlag, 2004)
Frühanarchistische Theorie von Mary Shelleys Vater.

Gombrich, E. H., *A Little History of the World* (London: Yale University Press, 2005)
Ursprünglich 1936 veröffentlicht, ist dies der brillant einfache Bericht des berühmten Kunsthistorikers über unseren Weg in die Gegenwart.

Griffiths, Jay, *Pip Pip: A Sideways Look at Time* (London: Flamingo, 1999)
Das einschlägige Buch über die Geschichte der Politik der Zeit.

Hesiod and Theognis (London: Penguin, 1973)
Griechische Ratschläge zur Landwirtschaft und schwule Liebesdichtung.

Hibbert, Christopher, *The Rise and Fall of the House of Medici* (London: Penguin, 1979)
Geschichte der großen Bankiersfamilie, die das mittelalterliche Florenz beherrschte.

Hills, Lawrence D., *How to Grow Your Own Fruit and Vegetables* (London: Faber & Faber, 1974)

Die Bibel für den organischen Obst- und Gemüseanbau, verfasst vom Gründer der Henry Doubleday Research Association.

Hoffman, Abbie, *Revolution for the Hell of It* (New York: Pocket Books, 1970)
Nieder mit den Spießern!

Hoggart, Richard, *The Uses of Literacy* (London: Penguin, 1965)
Studie über die Ansichten der Arbeiterklasse.

Houston, Mary G., *Medieval Costume in England and France* (Mineola, NY: Dover, 1996)
Spitze Schuhe, Glöckchen und leuchtende Farben – hier ist die ganze mittelalterliche Pracht zu finden.

Huizinga, Johan, *Herbst des Mittelalters* (Stuttgart: Kröner, 1987)
Hervorragendes Porträt eines leidenschaftlicheren Zeitalters, zuerst 1924 veröffentlicht.

Huizinga, Johan, *Homo Ludens. Vom Ursprung der Kultur im Spiel* (Reinbek b. Hamburg: Rowohlt Verlag, 1956)
Die Bedeutung des Spielerischen für die Zivilisation.

Hutton, Ronald, *The Rise and Fall of Merry England: The Ritual Year 1400–1700* (Oxford: Oxford University Press, 1993)
Zeigt auf, wie die Festlichkeitskultur des Mittelalters schrittweise durch die Reformation und die Puritaner zerstört wurde.

Hyams, Edward, *Pierre-Joseph Proudhon: His Revolutionary Life, Mind and Works* (London: John Murray, 1979)
Biografie des großen französischen Anarchisten.

Illich, Ivan, »Schöpferische Arbeitslosigkeit« in: *Fortschrittsmythen* (Hamburg: Rowohlt Verlag, 1978)
Kritik am Bekenntnis zum Professionalismus.

Illich, Ivan, *Schulen helfen nicht* (Hamburg: Rowohlt Verlag, 1984)
Ideen für eine erfreulichere Zukunft.

Ingrams, Richard, *The Life and Adventures of William Cobbett* (London: HarperCollins, 2005)

Zeitgenössische Studie des starrsinnigen Autodidakten und Radikalen von dem Gründer der satirischen Zeitschrift *Private Eye*.

Innes, Jocasta, *The Country Kitchen* (London: Frances Lincoln, 2003)

Wie man Brot, Bier, Marmelade und vieles mehr herstellt.

Jameson, Storm, *The Decline of Merry England* (London: Cassell, 1930)

Langer Essay gegen den Puritanismus.

Keen, M. H., *England in the Later Middle Ages* (London: Methuen, 1980)

Ein etwas fades Lehrbuch, das jedoch wertvolle Einsichten bietet.

Kesey, Ken, *Einer flog über das Kuckucksnest* (Frankfurt am Main: Zweitausendeins, 1977)

Keseys geniales Werk beschreibt, wie Schwester Ratched und der medizinische Apparat den freien Geist unterdrücken.

Kropotkin, Fürst Peter, *Gegenseitige Hilfe in der Tier- und Menschenwelt* (Karin Kramer Verlag, Berlin, 1975)

Kooperation bei Tieren und Menschen.

Kropotkin, Prince Peter, *Act For Yourselves* (London: Freedom Press, 1998)

Artikel aus der Zeitschrift *Freedom*, 1886–1907.

Lawrence, D. H., *Phoenix: The Posthumous Papers of D. H. Lawrence* (London: Heinemann, 1961)

Gesammelte Essays des hellwachen Freiheitssuchers.

Lawrence, Felicity, *Not on the Label: What Really Goes into the Food on Your Plate* (London: Penguin, 2004)

Du wirst nie wieder Lebensmittel in einem Supermarkt kaufen.

Le Goff, Jacques, *Für ein anderes Mittelalter: Zeit, Arbeit und Kultur im Europa des 5.–15. Jahrhunderts.* (Frankfurt/M., Berlin, Wien: Ullstein, 1984)

Die Geburt der Handelskultur und ihre Schlacht mit der Kirche.
Le Goff, Jacques (Hrsg.), *The Medieval World* (London: Collins & Brown, 1990)
Akademische Artikel von Mittelalterforschern über Ritter, Geistliche und Intellektuelle.
Le Goff, Jacques, *Wucherzins und Höllenqualen* (Stuttgart: Klett-Cotta, 1988)
Wucher im Mittelalter.
Lindsay, Jack, *The Troubadours and Their World of the Twelfth and Thirteenth Centuries* (London: Frederick Muller Ltd, 1976)
Porträt der Popstars jener Zeit, der dichtenden Musiker, die von Hof zu Hof zogen.
Livingstone, Karen, und Parry, Linda (Hrsg.), *International Arts and Crafts* (London: V&A Publications, 2005)
McCarthy, Fiona, *Eric Gill* (London: Faber & Faber, 2003)
Die wichtigste Biografie über Gill, die nicht nur seine Beiträge zur englischen Kultur, sondern auch seine sexuellen Eigenheiten beschreibt.
Marcus, Greil, *Lipstick Traces. Von Dada bis Punk. Eine geheime Kulturgeschichte des 20. Jahrhunderts* (Reinbek b. Hamburg: Rowohlt Verlag, 1996)
Punk und seine Vorgeschichte, von den Brüdern des freien Geistes zu Dada und zum Situationismus.
Marsh, Jan, *Back to the Land: The Pastoral Impulse in Victorian England from 1880 to 1914* (London: Quartet Books Ltd, 1982)
Viktorianer widersetzen sich der Industrialisierung.
Marx, Karl; Engels, Friedrich, *Das Kommunistische Manifest. Eine moderne Edition* (Hamburg: Argument Verlag, 1999)
Immer wieder einen Blick wert.
Michel, John, *Eccentric Lives and Peculiar Notions* (London: Thames and Hudson, 1984)
Das Leben einiger Freigeister.

Mill, John Stuart, *Grundsätze der politischen Ökonomie mit einigen Anwendungen auf die Sozialphilosophie* (Jena: Fischer, 1945)
Ein weiterer Freigeist in rationalistischer Gewandung.
Morris, William, *Kunde von Nirgendwo* (Frankfurt: Trotzdem-Verlag, 2004)
Morris' bezaubernde Utopie, in der es kein Geld gibt und in der Felder den Piccadilly Circus bedecken.
Morris, William, *Art, Labour and Socialism* (London: Socialist Party of Great Britain, 1962)
Ein leidenschaftlicher Aufruf zur Wiedervereinigung von Kunst und Leben.
Mumford, Lewis, *Mythos der Maschine. Kultur, Technik und Macht* (Wien: Europa-Verlag, 1974)
Wie Maschinen den Menschen von der Natur abgespalten haben.
Nietzsche, Friedrich, *Zur Genealogie der Moral* (Berlin: Akademie-Verlag, 2004)
Hier wird aufgedeckt, dass die Moral ein geistiges Konstrukt ist.
Nuttal, Jeff, *Bomb Culture* (London: MacGibbon & Kee, 1968)
Umfassende Studie über die Untergrundbewegungen der sechziger Jahre.
O'Brien, George, *The Economic Effects of the Reformation* (Norfolk, VA: IHS Press, 2003)
Nachdruck eines katholischen Angriffs aus dem Jahre 1923 auf Heinrich VIII. und eines Lobes auf das mittelalterliche Wirtschaftsverständnis.
Parker, Rowland, *The Common Stream: Two Thousand Years of the English Village* (St Albans: Paladin, 1976)
Die Geschichte eines Dorfes, zusammengestellt aus Gerichtsprotokollen und Gemeindeunterlagen; besonders faszinierend sind die Passagen über das mittelalterliche Rechts- und Gesellschaftssystem.

Parry, A.W., *Education in England in the Middle Ages* (London: W. B. Clive, 1920)
Hier wird nachgewiesen, dass kostenlose Erziehung keine Errungenschaft der Moderne ist.

Paterson, Linda M., *The World of the Troubadours: Medieval Occitan Society c. 1100–c. 1300* (Cambridge: Cambridge University Press, 1993)
Akademische Untersuchung mit großartigen Informationen über die mittelalterliche Kinderbetreuung.

Penty, Arthur, *The Gauntlet: A Challenge to the Myth of Progress* (Norfolk, VA: HIS Press, 2003)
Ein katholischer Schriftsteller (1875–1937) kritisiert die Industrialisierung.

Prabhavanda, Swami; Isherwood, Christopher (Übers.), *The Song of God: Bhagavad-Gita*, mit einer Einführung von Aldous Huxley (London: Phoenix House, 1947)

Proudhon, Pierre-Joseph, *Ausgewählte Schriften* (Aalen: Scienta-Verlag, 1973)
Hier erklärt Proudhon: »Ich bin Anarchist« und: »Eigentum ist Diebstahl«.

Rackham, Oliver, *The History of the Countryside* (London: Phoenix Press, 2000)
Eine Reise durch die Geschichte der britischen Hecken, Teiche, Steinbrüche, Wälder und Einöden, unter Führung eines Cambridge-Dozenten, der die ungebrochene Natur liebt.

Rubin, Jerry, *Do it!* (Reinbek b. Hamburg: Rowohlt Verlag, 1971)
Bibel der Yippies. Man soll »dieses Buch bekifft lesen«. Veraltet, aber anregend.

Ruskin, John, *Diesem Letzten* (Leipzig: Eugen Diederichs, 1902)
Essays über Leben und Kunst.

Ruskin, John, *Die Steine von Venedig* (Leipzig: Eugen Diederichs, 1904)
Ruskins große Abhandlung zu mittelalterlichen Gebäuden.

Russell, Bertrand, *Philosophie des Abendlandes. Ihr Zusammenhang mit der politischen und der sozialen Entwicklung* (Wien: Europa-Verlag, 1992)
Nützliche Anleitung, wiewohl ein bisschen unhöflich, was den großen Nietzsche angeht. Russell war immer ein wenig zu schlapp.

Russell, Bertrand, *Wissen und Wahn. Skeptische Essays* (München: Drei-Masken-Verlag, 1930)
Der lebenslustige Bertie schreibt über Puritaner, Erziehung und die Faulenzer Chinas.

Sartre, Jean-Paul, *Das Sein und das Nichts. Versuch einer phänomenologischen Ontologie* (Reinbek b. Hamburg: Rowohlt Taschenbuch, 1993)
Lang und kompliziert, aber der Mühe wert, besonders wenn man Gefallen am Abwaschen finden möchte.

Sartre, Jean-Paul, *Esquisse d'une théorie des émotions* (Paris: Hermann, 1966)
Hier scheint er zu behaupten, dass Emotionen nicht existieren.

Schama, Simon, *A History of Britain, 3000 BC–1603 AD* (London: BBC Worldwide, 2000)
Der bekannte Historiker führt ein paar hübsche Angriffe auf Thomas Cromwell und Heinrich VIII.

Schumacher, E. F., *Das Ende unserer Epoche* (Reinbek b. Hamburg: Rowohlt Verlag, 1980)
Gedanken dazu, wie Arbeit unterhaltsam, kreativ und zufriedenstellend gestaltet werden könnte.

Schumacher, E. F., *Small is beautiful. Die Rückkehr zum menschlichen Maß* (Reinbek b. Hamburg: Rowohlt Verlag, 1985)
Ein inspirierendes Lob auf menschengemäßere Institutionen, die im Zeitalter von Tesco mehr denn je benötigt werden.

Seymour, John, *Das große Buch vom Leben auf dem Lande* (Ravensburg: Otto Maier, 1976)
Eine herrliche Lektüre; sehr nützlich für jeden, der ein freies Leben führen will.

Seymour, John, *The Countryside Explained* (London: Faber & Faber, 1977)
Eine Geschichte der Landwirtschaft.
Seymour, John, *Wir ziehen hinaus aufs Land* (München: Ehrenwirth, 1979)
Das erste Buch dieses Maßstäbe setzenden Kleinbauern, in dem er den Aufbau seiner Farm beschreibt.
Simons, Arthur J., *The New Vegetable Grower's Handbook* (London: Penguin, 1975)
Das klassische Werk, das aus einer Reihe von Anleitungen für Gemüsegärtner während der Kriegszeit hervorging.
Svendsen, Lars, *Kleine Philosophie der Langeweile* (Frankfurt am Main: Insel-Verlag, 2002)
Eine spielerische Untersuchung, in der die Langeweile als Symptom des modernen Lebens dargestellt wird.
Tacitus, Cornelius, *Die historischen Versuche: Agricola, Germania, Dialogus* (Stuttgart: A. Kröner, 1955)
Der römische Soldat Tacitus rühmt die Gesellschaftssysteme der so genannten Barbaren.
Tawney, R. H., *Religion und Frühkapitalismus* (Bern: Francke, London: Penguin, 1946)
Der Übergang vom mittelalterlichen Föderalismus und Kommunalleben zur modernen profitorientierten Existenz und die Rolle des Protestantismus bei jenem Wandel.
Thompson, E. P., *The Romantics: England in a Revolutionary Age* (New York: The New Press, 1997)
Über die radikale Politik der romantischen Dichter.
Thompson, J. Eric S., *The Rise and Fall of Mayan Civilization* (London: Pimlico, 1993)
Porträt eines entspannten, kreativen Volkes.
Tolstoi, Leo, *Das Reich Gottes ist in euch* (Leipzig: Eugen Diederichs, 1903)
Tolstois großer pazifistisch-anarchistischer Essay.

Trocchi, Alexander, *Invisible Insurrection of a Million Minds. A Trocchi Reader* (London: Polygon, 1991)
Die besten Werke des Beat-Poeten.

Vaneigem, Raoul, *Handbuch der Lebenskunst für die jüngeren Generationen* (Hamburg: Edition Nautilus, 1980)
Die glänzende Attacke des Situationisten auf die leeren Versprechungen des Kapitalismus.

Weber, Max, *Die protestantische Ethik und der Geist des Kapitalismus* (München: Beck, 2004)
Wie die konkurrenzbewussten Protestanten die kooperativen Katholiken verdrängten.

Wells, H. G., *A Modern Utopia* (London: W. Collins Sons and Co. Ltd, 1905)
Technikfantastik über »schnelle Gleitzüge und Welteinheit, Weltsprache, globale Reisen«.

Wenner, Jann S., *John Lennon und die Beatles* (Höfen: Hannibal, 2002)
Lennon ganz offen.

Whitehead, A. N., *Kulturelle Symbolisierung* (Frankfurt a. M.: Suhrkamp, 2000)
Whitehead war ein philosophischer Gefährte von Bertrand Russell; in diesem Buch behandelt er unseren Hang zu Symbolen.

Wilde, Oscar, *Der Sozialismus und die Seele des Menschen* (Berlin: Karl Schnabel Verlag, 1928)
Wildes großer, von Kropotkin beeinflusster Essay über politische Freiheit.

Wymer, Norman, *English Town Crafts: A Survey of Their Development from Early Times to the Present Day* (London: B.T. Batsford Ltd, 1949)
Die frühere Bedeutung des Handwerks für das Alltagsleben der Engländer.

Kostenlose Hilfsmittel

Nachstehend ein paar Hinweise, die bei der Suche nach Freiheit helfen können. Am besten ist es, eine eigene Zeitschrift zu gründen oder eine Website einzurichten, damit man seine Ideen mit anderen teilen kann. Das Internet ist gut und schön, aber kein Ersatz für Gespräche mit anderen Menschen.

1 Verjag die Angst; sei sorglos

www.anxietyculture.com
Brian Deans nüchterne und vernünftige Website, die aufzeigt, dass Angst vor Verbrechen das Produkt einer zweckdienlichen Fiktion ist.

Eine bewundernswerte Sorglosigkeit kommt in »Pretty Vacant« von den Sex Pistols zum Ausdruck.

2 Wirf die Fesseln der Langeweile ab

Wenn du eine Ukulele kaufen willst, gönne Duke of Uke in London einen Blick: www.dukeofuke.co.uk.

Wenn du dir ein hochwertiges Skateboard zulegen willst, sieh dir die Website von Slam City Skates an, wo ich früher gearbeitet habe: www.slamcity.com. Ein Verzeichnis deutscher Skateboard-Läden findest du unter www.skateboard.de.

Tipps zur Herstellung deiner eigenen Sachen findest du unter www.readymademag.com.

3 Die Tyrannei der Rechnungen und die Freiheit des Einfachen

Eine anregende Website ist www.geocities.com/livingsimply now.

4 Pfeif auf die Karriere und all ihre leeren Versprechungen

Unsere eigene Website unter www.idler.co.uk wird dir helfen, den Mut und das Selbstvertrauen aufzubringen, ein Leben ohne sinnloses Leiterklimmen zu führen.

5 Raus aus der Stadt

Die Permakultur-Bewegung hilft dir, dein Heim in eine produktive Einheit umzuwandeln und mehr Natur in dein Alltagsleben einzubringen, wo auch immer du wohnst. Schau dir als Erstes www.permaculture.org bzw. www.permakultur.de an.

Wende dich an deine Gemeindeverwaltung und pachte einen Schrebergarten.

6 Schluss mit dem Klassenkampf

Wenn du die großen Herrenhäuser im Vereinigten Königreich besuchen willst, informiere dich beim National Trust unter www.nationaltrust.org.uk. Ein Verzeichnis deutscher Schlösser findest du unter www.deutschland-tourismus.de.

7 Wirf deine Uhr weg

Einen Einblick in einen fantastischen Protest gegen die Kultur der Eile erhältst du auf www.longnow.org; dort kannst du auch das Neueste über den langsamsten Computer der Welt, die Zehntausend-Jahre-Uhr (Clock of the Long Now), nachlesen.

9 Entkomme den Schulden

Wenn du Rat brauchst, wie du deine Schulden bewältigen kannst, wende dich an eine der lokalen Schuldenberatungsstellen oder gehe auf www.meine-schulden.de. Solche Fragen werden auch im Webforum des *Idler* häufig diskutiert.

10 Tod dem Einkaufen oder Flucht aus dem Gefängnis der Konsumsucht

Wirf einfach deinen Fernseher weg und kauf keine Zeitschriften.

11 Spreng die Ketten der Furcht

Reite auf einem Pferd.

13 Leg dein Schuldbewusstsein ab und befreie deinen Geist

Die Lektüre über große Wüstlinge und Gauner kann die bourgeoise Moral untergraben. Am umfassendsten belegt Max Weber in seiner *Protestantischen Ethik*, dass Schuldgefühle das Produkt einer kapitalistischen Verschwörung sind.

14 Das Ende der Hausarbeit oder die Macht des Kerzenscheins

Zwinge deine Kinder abzuwaschen. Informiere dich auf der vorzüglichen Website www.lazywoman.com über den so wichtigen Gesinnungswandel und über die Ablehnung des Perfektionismus.

15 Schluss mit der Einsamkeit

Gründe einen Verband oder einen Club. Trefft euch in deiner Küche.

16 Unterwirf dich nicht länger der Maschine, benutz deine Hände

Wirf einen Blick auf die Homepage der in den USA ansässigen Arts and Crafts Society unter www.arts-crafts.com.

17 Ein Lob auf die Melancholie

Lies die Autoren der Romantik.

18 Jammer nicht; sei fröhlich

Eine Einführung in den Existenzialismus findet man unter http://de.wikipedia.org/wiki/Existentialismus.

19 Leb ohne Hypothek; sei ein beschwingter Wanderer

Informationen über britische Hausbesetzungen erhältst du unter www.squatter.org.uk, über Hausbesetzungen in Deutschland unter www.squat.net.

20 Die Anti-Kleinfamilie

Die Alliance for Childhood unter www.allianceforchildhood.org.uk beherzigt offenbar das positive Prinzip, »sie in Ruhe zu lassen«.

21 Entwaffne den Schmerz

Sieh dir die Homepages der großen Pharmakonzerne an, um dir einen Überblick über den Horror des globalen Handels mit Schmerzmitteln zu verschaffen.

23 Verlass die Welt der Grobheit, tritt in eine neue Ära der Liebenswürdigkeit, Höflichkeit und Anmut ein

Lausche der Musik der Troubadoure, aufgenommen vom Wiener Unicorn Ensemble, www.unicorn-ensemble.at.

24 Selbstgefällige Puritaner müssen sterben

Informationen über den nihilistischen Samuel Beckett findest du unter www.themodernword.com/beckett.

25 Befreie dich von den Supermärkten

Eine gute Einführung in den Gemüseanbau findet sich unter www.spiralseed.co.uk oder bei www.biogaertner.de. Um Vollwertkost zu Großhandelspreisen zu kaufen, wendest du dich am besten an eine der vielen lokalen Einkaufsgemeinschaften, oder du gründest selbst eine. Daneben empfehle ich natürlich die Permakultur-Websites. Am besten sprich mit Nachbarn und tu's einfach.

26 Die Herrschaft des Hässlichen ist vorbei; lang leben Schönheit, Qualität und Brüderlichkeit!

Kauf einen Meißel. Erlerne ein Handwerk. Volkshochschulen und lokale Organisationen bieten kostengünstige Kurse an.

27 Stürze die Tyrannei des Reichtums

Tipps, wie man weniger ausgeben und intensiver leben kann, findet man etwa unter www.frugal.org.uk oder www.derknau serer.at.

29 Hör auf zu arbeiten, fang an zu leben

Siehe Pat Kanes www.theplayethic.com zum Gedanken der Arbeit als Spiel.

Danksagung

Mein herzlicher Dank geht an: Victoria Hull, Penny Rimbaud, John Nicholson, Simon Prosser, Cat Ledger, John Moore, Gavin Pretor-Pinney, Mark Manning, Clare Pollard, Dan Kieran, Bill Drummond, Brian Dean, Jay Griffiths, Marcel Theroux, Neil Boorman, Jock Scot, meine Eltern, Will Hodgkinson, Gee Vaucher, John Michell, Hannah Griffiths, Joe Rush, Keith Allen, Nick Lezard, Sally und Alan, Sarah Jones, Mathew Clayton, Damien und Maia, dem verstorbenen Jago Elliot, Louis und Murphy, Nick, Rob, Zoe und Mark von den Alabamas, Llama, Anna Ridley, Sarah Day, Francesca Main und Juliette Mitchell.